高等院校旅游教材

现代交际学

XIANDAI JIAOJIXUE YUANLI YU SHIWU

——原理与实务

匡玉梅 著

中国旅游出版社

前　言

交际是人们生活中的普遍现象。人具有社会性，任何人的生活和工作都离不开交际。尤其是在当今社会，随着人们交际面的日益扩大，交际频率的日益加快，交际的效率更高，交际的观念和方式也不断改变。因此，掌握交际的一些原理和实务，成为现代人的必需。

本书共分四个部分，分别为：交际原理编、交际语言编、交际形象编和交际礼仪编。其中，在交际原理编中，主要揭示了交际的内在含义和特征，分析了交际与交往及人际关系的不同概念；研究了交际的过程和交际方式，阐释了交际中人际关系的本质及人际关系的发展规律，最后对交际原则和交际方法的把握，在总结前人经验的基础上，进行了多方面的探讨。

交际语言编主要从语言在交际中的重要性的角度，首先对交际语言的形式和方法进行较为全面的介绍，然后根据交际语言在不同交际情境中的运用，分别探讨了言谈交际语言、劝说语言和谈判语言，此中除探讨了一些根本性的原则和准则以外，也介绍了许多可操作性技巧。

交际形象编分为内化的交际形象和外显的交际形象两章。在内化的交际形象一章中，通过对交际主体的角色定位、自我认知、心理训练和魅力展现四方面的分析，一个现代交际者应塑造的内在形象展现了出来。在外显的交际形象一章中，则从人们越来越注重外在形象的理念出发，较全面地分析了交际主体应有的仪表、服饰和仪态。

交际礼仪编首先介绍了在人们生活中常见的一些社交礼仪，如见面的礼仪、参加聚会的礼仪、人际往来的礼仪、通信的礼仪；然后从国际交往日益频繁的需要出发，介绍了国际交往中应遵循的交际惯例和礼仪，并介绍了世界一些主要国家和地区的交际风俗。

本书具有较强的适用性。可作为广大读者自学交际学的读本，也可作为大专院校相关专业的本、专科学生的教学用书。

目 录

第一编 交际原理

第二编　交际语言

第三编 交际形象

第四编　交际礼仪

绪　论

自从人类产生，交际就成了人们社会生活中的一种普遍现象。交际，是人与人相互接触，相互交流思想、观念、意愿、感情的过程。交际是人类社会形成的必要条件，是社会连接的纽带。人的本质特征是人的社会性，人的本质力量是在社会性的活动中发展起来的，而人的社会性活动是靠交际手段去实现的。交际是人类满足各种需要的必要手段。人类的需要包括生理的需要、安全的需要、社交的需要、获得尊重的需要、自我实现的需要。这些都需要通过交际在群体的社会性活动中得到满足。交际还是社会进步发展的巨大动力。人类靠交际活动互相沟通、互相联系、互相合作、互相学习、互相促进，通过群体社会性活动完善自身，并且获得改造自然、改造社会的巨大力量。交际范围越广泛，交际内容越深入，交际效率越高，人类形成的本质力量也越大。总之，人类社会生活就是丰富多彩不断发展变化的交际过程。

一、交际学的产生

对交际这一历史悠久的社会现象，人们一直给予了高度的关注，并且，古今中外的学者都进行了多方面的研究。现代社会是文明开放、充满竞争的社会，交际在人们生活中的作用越来越重要，因此，对交际问题的研究和探索就更加重视。现代交际学应运而生。

交际学是一门新兴学科，但人类对交际问题的关注则已有相当悠久的历史。可以说，自人类的先哲们开始思考有关人和社会的问题时，也就开始了对交际问题的观察和思考。在我国先秦诸子的著作中，几乎随处可以见到对交际问题的论述；在西方，在古代哲人苏格拉底、柏拉图和亚里士多德的著作中，也能找到有关交际问题的思想。

交际是最普遍的社会现象，因此，交际活动的形式、人们对交际现象的关注程度和思考深度，都因社会的不同而不同，并随着社会的发展而变化。总体上说，人们对交际问题的思考和研究大致可以分为以下几个发展阶段：交际哲学思辨阶段，交际经验研究阶段，交际行为研究阶段和交际学研究阶段。

（一）交际哲学思辨阶段

在这一阶段，人们对交际所作的研究是一种抽象的哲学思辨。它起源于人们对交际现象的观察，发现它的普遍性和意义所在。因此，希望通过抽象的思考，总结出规律来为社会服务，建立稳定的政治秩序和社会关系。

在我国历史上，这种交际哲学的思辨起源于对“礼”的探索和对“人性”的争辩。“礼”在中国交际文化中是个非常重要的概念，它是由原始时代的传习、遗风演变而来。最早出现的是西周时代的祭礼，以后转化为协调人际关系、指导人们交际的“人礼”。从文化的意义上说，中国文化历来重视人与人之间的关系，重视人际关系的和谐，因此，也特别重视人与人之间的交际，希望通过巧妙的交际建立起和谐的人际关系。对于整个社会而言，建立和谐人际关系的关键是要形成交际的社会规范，中国文化中的“礼”就是这种规范的总结，随着汉代“罢黜百家，独尊儒术”政策的出台，先秦百家争鸣的局面为儒家一统天下所取代，作为交际规范的“礼”，也就演变成了“三纲”、“五常”的所谓“礼教”。在漫长的社会生活中，它一直作为指导人们交际的规范，实际上成了套在人们脖颈上无形的精神枷锁。

对于为什么社会需要“礼”这个问题，荀子回答：“礼起于何也？曰：人生而有欲，欲而不得，则不能不求，求而无度量分界，则不能不争，争则乱，乱则穷，先王恶其乱也，故制礼义以分之，以养人之欲，给人之求。”对于“礼”的作用，《礼记》解释得更具体，它说：“礼仪以为纪，以正君臣，以笃父子，以睦兄弟，以和夫妇。”

可见，从交际学的角度来看，中国古代社会的“礼”，不仅系统阐述了交际的理论，而且具体规定了交际方法，它与今天人们讲的各种交际方法、交际艺术相比，毫不逊色。然而，也正是这种“礼”，以后发展演化为“礼教”、“礼法”，窒息了人们的思想和创造力，阻碍了社会的进步。

与“礼”的研究密切相关的是发生在春秋战国时期的关于“人性”的争辩。春秋战国时期之所以开始争论人性问题，有其社会历史和思想原因。首先，在奴隶主贵族的残酷统治下，作为主要生产者的奴隶，是完全没有独立人格的，他们只是一种会说话的工具。但在新的封建生产关系下，新兴地主阶级及其政治思想家，着眼于社会生产力的发展，为了提高劳动者的生产积极性，在客观上就面临一个承认不承认作为社会生产主要承担者的奴隶或平民的起码人格的问题，要不要给他们以人的起码待遇和自由的问题，而这是需要从理论上加以说明的。其次，新兴地主阶级为巩固和加强他们已经取得的经济和社会地位，必须对人民进行有效的统治。因此，在解决统治者与被统治者的关系问题上，必须对人的本性有一个基本的看法，以便从此出发建立自己的政权类型和统治方法。最后，在确定了“礼”作为交际规范和指南之后，在“礼”的具体实施上，即如何用“礼”来协调、处理各种社会关系时，究竟应该采用什么样的方法？是采用严厉专制的方法还是采用晓之以理、循循诱导的方法？必须从理论上找到依据，也就是说，要对人的本性有一个基本的和一般的估价。关于人性的论战便由此开始了。

其中，孔子是中国历史上第一个提出人性观的先哲，他的人性观体现在其名言“性相近也，习相远也”中。意思是说人性生来是相似的，其差异乃是后天所处的社会环境不同所造成的。告子的思想与孔子相似，他主张人性无善无不善论，主要是看往哪个方向去引导，说明他觉察到了后天社会环境对形成人性的重要作用。他的名言是“生之谓性”，“食色，性也”。他所认识的人性是作为人的生物性的本能，即饮食男女这些人人都具有的生理方面的需要，这样，人性当然就无所谓善恶。而孟子则提出了性善论。孟子主张性善，他不同意告子把人性理解为饮食男女之类的生物本能。他认为，如果像告子那样把人性理解为人的生理本能，那么，这种生理本能不仅人有，动物也有，岂不是人和动物没有区别了吗？孟子相信：“恻隐之心，人皆有之；羞恶之心，人皆有之；恭敬之心，人皆有之；是非之心，人皆有之。恻隐之心，仁也；羞恶之心，义也；恭敬之心，礼也；是非之心，智也；仁义礼智，非由外铄我也，我固有之也。”荀子提出的性恶论与孟子的人性观截然相反，荀子主张性恶。他认为：“人之性恶，其善者伪。”即人的本性是恶的，善乃是后天改造的结果。他说：“今人之性，生而有好利焉，顺是，故争夺生而辞让亡焉；生而有疾恶焉，顺是，故残贼生而忠信亡焉；生而有耳目之欲，有好声色焉，顺是，故淫乱生而礼义文理亡焉。”

人性观作为一种交际哲学，指导和支配着人们的交际行为，对社会的政治、经济、文化发展及社会生活产生了深远的影响。在政治领域，建立在人性观基础上的是不同的统治模式，亦即统治者与被统治者的交际行为模式，它们是孔子的“德治”模式、孟子的“仁治”模式和荀子的“法治”模式。

在经济领域，人性观导致了经济管理领域中现代人性假设理论和管理模式的诞生，它反映的是管理者与被管理者的交际模式。它们有建立在“经济人”假设基础上的 X 理论；以“社会人”为基础的人际关系理论；以“自我实现人”假设为基础的 Y 理论；以“复杂人”为基础的权变理论（又称超 Y 理论）；以“决策人”假设为基础的决策理论；以及以“文化人”为基础的 Z 理论等。

在文化领域，这种影响更是源远流长，人性问题成为哲学、文学、政治学、伦理学、心理学乃至医学等众多学科中不可回避的理论问题。当然，站在哲学的高度来看，马克思学说认为不存在抽象的人性，只有具体的人性，在阶级社会中便表现为阶级性。

交际哲学研究在西方文化中具有同样重要的价值，在苏格拉底、柏拉图、亚里士多德以及洛克、卢梭等众多思想家的著作中，可以见到与古代中国思想家同样有价值的论述。

人性论争在政治、经济、文化领域中发挥的作用必然通过种种渠道渗透到人民大众的日常社会生活中，形成人们日常交际的交际哲学和交际模式。而这才是我们在交际学中所要研究的对象。

（二）交际经验研究阶段

随着社会的发展，交际在人们生活中的地位愈加重要。因此，交际的哲学思辨已满足不了人们实际生活的需要。人们希望通过总结自己的个人生活经验，从而发现交际的内在奥秘和规律，用以指导人们的交际实践。人们在漫长的社会实践中积累了十分丰富的交际经验并形诸文字而保存下来，为交际学的研究提供了丰富的参考依据。交际经验研究的特点通常是研究者根据个人的生活经验而得出的结论，因此，具有很大的主观随意性和交际情境性。例如，明代散文大家张岱（张宗子）通过观察研究得出这样的交际规律："人无癖不可与交，以其无真情也，人无疵不可与交，以其无真气也。"此话一度为许多人奉为交友的至理名言。

我国历史上在交际经验研究方面最负盛名、影响最大的，要数三国时代的诸葛亮和刘劭，两人均有专著传世。诸葛亮的研究主要体现在他的著作《心书》中，其重点主要是怎样识别他人。他认为知人是交际的关键所在，而知人又是非常不容易的。他说："夫知人之性，莫难察焉，美恶既殊，情貌不一。有温良而伪诈者，有外恭而内欺者，有外勇而内怯者，有尽力而不忠者。"当然，人也并不是不能识别的，只要掌握了一定的方法，就能在交际中很好地了解各种各样的人。他提出了七种了解他人的方法。他说："然知人之道有七焉：一曰问之以是非而观其志；二曰穷之以词辩而观其变；三曰咨之以计谋而观其识；四曰告之以祸难而观其勇；五曰醉之以酒而观其性；六曰临之以利而观其廉；七曰期之以事而观其信。"

刘劭是三国时魏国邯郸人，他对交际的经验研究，反映在他的名著《人物志》一书中。刘劭从物质本原出发，对于人的性情及其外部特征进行了研究，提出了"九征"、"六机"、"八观"、"五视"及"七谬"等一整套理论和知人方法。"九征"即人的九种外在特征，它们是神、精、筋、骨、气、色、仪、容、言九个方面。“六机”是人的情感和行为表现的六种内在机制。大意是：顺从其欲望则高兴；不使其才能表现则怨怒；向其夸耀自己则会招致厌恶；以谦逊的态度向其请教则能使之喜悦；揭人之短并四处张扬必使其恼怒；如果以自己的长处专攻别人的短处，那就会招来更大的怨恨甚至引起仇杀。所谓知人，就是在交际中识别和了解他人的“九征”和“六机”，怎样识别呢？刘劭提出了“八观”和“五视”。

“八观”的大意是：一是观察其援助哪些人，打击剥夺哪些人，以了解他的社会地位；二是从其感情喜怒哀乐的变化中了解他固有的品格；三是通过观察他的气质和性情，从而推断他将来事业发展的前景或以后名声的显赫程度；四是观察他对人对事的态度，以了解他对别人是正确的批评还是攻讦；五是观察其所敬所爱而了解他感情发生、发展的通达情况；六是观察他的动机，了解其志向和志趣；七是从他所表现出来的缺点，来了解他的长处所在，从优点和缺点两方面辩证地看这个人；八是考察他的聪明程度，了解他的见识。

在“八观”之外，刘劭又提出了“五视”。按照刘劭的意思，“观”是观大略，是一种远距离的社会认知或叫做宏观社会认知；而“视”则是对人具体而详细的考察，或叫做微观社会认知。“五视”的大意是：当他不当官在家时看他的所作所为，与什么人交往；当他居于高位时，看他起用一些什么样的人才；当他有钱的时候，看他把钱施舍给一些什么样的人或是一毛不拔；当他陷于困厄、处于逆境时，看他的表现如何；当他贫穷时，看他是否人穷志不穷。

刘劭认为即使运用“八观”、“五视”的方法也不一定能在交际中准确无误地识别他人。因此，他又提出了知人中的“七谬”，即在交际中可能产生七个方面的偏差或错觉。“七谬”是：“一曰察誉，有偏颇之谬；二曰接物，有爱恶之惑；三曰度心，有大小之误；四曰品质，有早晚之疑；五曰辩类，有同体之嫌；六曰论材，有申压之诡；七曰观奇，有二尤之失。”这里“二尤”是说人有“尤妙”和“尤虚”之分。“尤妙之人，含精于内，外无饰姿，尤虚之人，硕言瑰姿，内实乖反。”

人类在漫长的社会生活中，对于交际的经验性总结是异常丰富的，我们仅举几例便足以说明这种经验总结，对于今天交际学研究的价值所在。当然主观经验的总结并不能代替科学的客观研究，人类对世界和人类自身的认识都会按照由低级到高级、由现象到本质、由主观到客观的必然模式发展下去。

（三）交际行为研究阶段

随着社会的发展，人类越来越注重对自身的反省和研究，因而导致了行为科学的诞生。作为人类重要形式的交际更是引起了行为学家们极大的兴趣。

行为科学是一门特殊的科学，它指的不是一门单一的科学，而是包括社会心理学、社会学、文化人类学、社会语言学等众多与人类行为的研究有关的学科组合体，它是一个学科群。行为科学的正式诞生时间是20世纪50年代，但它源于20世纪20年代工业心理学家对工厂管理问题的实验研究，即著名的“霍桑实验”。霍桑是美国西方电器公司一家制造电话交换机的工厂的名称。1927～1933年，以哈佛大学心理学家梅奥为首的心理学家研究小组，在这家工厂进行了四项实验研究，即“照明实验”、“福利实验”、“群体实验”和“谈话实验”，这四项研究即霍桑实验。按照研究者的设想，霍桑实验主要是研究工厂照明条件、福利条件、奖金以及工作情绪与工作效率的关系。四项研究的结果都表明，工厂中人与人的关系，人们之间的交际状况特别是管理者与被管理者之间的相互信任，是影响劳动生产率的重要因素。1933年，梅奥在霍桑实验的基础上出版了专著《工业文明中人的问题》。这本书的出版，标志着一个新的管理理论学派的诞生，这就是人际关系学派。

由于人际关系理论的影响，此后学术界掀起了研究人际关系的热潮，提出了种种新的理论，如莫雷诺的社会测量学说，列温的群体动力学理论等。一时间，人际关系和人类行为成了众多学科关注的研究对象，不仅社会心理学家和社会学家研究人的行为，文化人类学家、社会语言学家也在研究人的行为。至20世纪50年代，学术界感到建立一门专门研究人类行为的新兴科学已迫在眉睫，于是，行为科学于20世纪50年代在美国正式产生了。人们将它定义为一门研究人类行为的学科群，其主干学科是社会心理学、社会学、文化人类学和社会语言学等。除此之外，行为科学家认为，凡是与人类行为研究有关的学科都可包含于行为科学之中。

行为科学问世以后，大大促进了人类行为的学术研究，其中包括对交际行为的研究。这些研究包括：社会心理学家G. 米德提出的符号互动理论；社会学家戈夫曼的角色理论和社会学家霍曼斯的社会交换理论；文化人类学家对不同文化背景下各种交际模式的研究，以及社会语言学家对言语交际和非言语交际的研究等。

（四）交际学研究阶段

交际学是有关学者长期探索而创建的一门新兴学科，其目的是要更全面、更系统、更深刻地研究交际现象，以便改善和提高社会全体成员的交际生活水平，促进社会的稳定和发展。从此，我们便步入了交际学研究阶段。

交际学研究不同于以往对交际的研究，其主要特点在于：首先，它要从社会心理、文化等不同的角度和层面来研究交际问题，不仅要研究交际本身的内在结构和运行机制，而且要研究它与社会的关系，剖析交际活动的社会功能以及不同文化环境下人们不同交际模式、交际方法和交际活动规律；其次，交际学研究要吸收以往交际研究的成就，借鉴当代社会科学先进的理论和方法，从而使我们对问题的研究进入一个新的阶段。

二、交际学研究的对象和意义

（一）交际学的研究对象

交际学是一门综合性的交叉学科，也是一门新兴的应用学科。它的研究对象是个体交际行为、人与人之间的交际活动以及交际活动中的规律及艺术。

首先，交际学研究人们在进行人际交往时所涉及的各种规律，并且遵循这些客观规律，运用这些客观规律，使交际建立在一种科学规律的基础上，如交际语言规律，人际关系的发展规律等，强调交际的科学性。

其次，交际学研究交际主体。这里的主体是指进行交际活动的人。其中，主要研究人们在交际中的价值观念、心理特征、利益需求、情感变化、态度转变、行为方式等，充分尊重人的个性和主观意愿，充分发挥人的主观能动性和创造力，研究如何通过各种交际活动实现人的自身完善和人的自我价值的实现。

最后，交际学研究交际中各种交际技巧和艺术。交际学是应用性极强的学科，学习交际学不仅要掌握科学的理论，还要掌握各种交际技巧和艺术手段。交际活动是在复杂多变的外界环境中与各类人物所进行的社会活动，这里会涉及许多社会因素。同时，交际活动是在具有思想情感的人与人之间展开的，交际过程涉及人的富有创造性的活动，所以，交际学也是一门艺术。

（二）研究交际学的意义

作为一门学科的价值无外乎两方面，即理论价值和实用价值。交际学也是如此。虽然交际学是一门应用性学科，其价值主要表现在应用方面，但它的理论意义也是不容忽视的。

其实，理论学科与应用学科的划分是相对的，理论学科也要涉及和探讨应用问题。理论脱离了实际，理论就没有了应用价值，这种理论就丧失了存在的必要。而且，一种理论产生和建立的动力，通常又是来自解决现实问题的需要。与此相同，应用学科也必须有理论作为基础，在理论的指导下研究应用问题。更为重要的是，在研究解决现实应用问题的过程中，可以发现新的规律，发展原来的理论或建构新的理论体系。

因此，交际学的研究担负着发展原有交际理论并建立新的理论体系的重任。理论研究的目的在于应用，社会的需要决定了交际学作为一门独立学科存在的价值。交际是极为普遍的社会现象，它像人们吃饭睡觉那样平淡无奇，司空见惯，谁也不可缺少。但交际与吃饭睡觉不同，它不是个人的私事，它具有重要的社会性和社会功能。在社会中，人们交际的状况，交际质量的好坏，交际水平的高低，不仅直接影响到个人的成长进步、家庭的幸福，而且往往事关社会的稳定和发展，甚至民族的兴衰存亡。

交际研究的阶段性发展，即由哲学思辨发展到今天的交际学研究，反映了交际随着社会的发展进步而变得日益重要这一趋向。社会学家和未来学家们都注意到了这一发展趋势。美国约翰·奈斯比特在《大趋势》一书中，对此进行了分析，他把社会的发展划分为农业社会、工业社会和信息社会三大阶段。伴随这种社会类型的演进，人们的交际也在发生变化。他写道："在农业社会，竞争和对抗存在于人与大自然之间；在工业社会里，让人与人造的大自然进行竞争；在信息社会里，竞争与对抗出现在人与其他人的相互作用之中，这是有了人类文明以来的第一次。这增加了个人之间错综复杂的交往，出现了各种相互影响的沟通方式：打电话、开支票、写便条、留言、信件等。这也就是我们不得不仍然处于诉讼密集社会的基本原因之一。"

姑且不论我们是否同意奈斯比特关于社会发展类型的划分方法，但人们的交际活动将随着社会的发展而变化无疑是正确的。社会的变化会引起人们价值观念的变化，因而导致人们社会行为的变化；同时，现代科学技术和传播媒介的现代化，直接改变了人们交际的手段和方式。

社会的发展引起人们交际活动方式受其规律的改变，这是一种必然的趋势，也可以说是社会对人的挑战。人们如何接受这种挑战，如何随着社会的发展不断选择和改善自己的交际行为，解决和处理好人们所面临的种种困难和问题，以便很好地适应不断发展的社会，显然，这是一个十分重要且引人注目的课题。相对而言，以往的交际研究，无论是交际的哲学思辨，交际的经验总结还是交际的行为分析，都显得十分寒碜。对如此复杂和重要的涉及社会、文化、心理等多个层面的社会问题，作出分析和解释，建立交际学是我们面对这种挑战所做出的最佳选择。

三、交际学与相关学科的关系

交际的文化复合性及艺术性，决定了交际学是一门与许多学科建立了联系的边缘学科，或者说是一门实用性、综合性的社会科学学科。

在与交际学相关的诸门学科中，对其影响最大的当属社会学和社会心理学，甚至可以说，是社会学和社会心理学的有关部分，促成了现代交际学理论基础的建立。此外，对建构现代交际学科学的理论体系影响较大的学科，还有行为科学、语言学和美学、伦理学等。然而，现代交际学作为一门独立的学科，理应有属于自身的独特的理论体系，绝不是将上述诸学科当做教条照搬过来，或者七拼八凑而成。

除上述几门学科之外，人体语言学、应用写作学、民族学、民俗学、宗教学和公共关系学等，也与现代交际学，特别是其中实用性、可操作性较强的部分，存在千丝万缕、切割不断的联系。这些学科与交际学相互渗透，相互交叉，相互影响。正是从这层意义上，我们认为现代交际学是一门边缘交叉学科。

（一）交际学与社会学

社会学是关于社会良性运行和协调发展的条件和机制的综合性具体社会科学。社会学对社会运行条件和机制的研究，大抵以微观分析和宏观分析两个层次进行。前者主要研究有关“人的社会化”、“角色认知”和“社会互动”等问题，而这正是交际学开启人际关系奥秘的钥匙。交际的形成和发展，是建立在协调人际关系，密切人际交往的基础上的，所以说，借鉴社会学有关社会运行微观分析的研究成果，对于从理论上揭示人与人之间关系的实质，从而更自觉、更有效地进行社会交往，具有相当重要的意义。

然而，交际学与社会学毕竟是两个学科，社会学绝不可能替代交际学。它们两者，一是研究范围不同。社会学所要研究的是纷繁复杂、气象万千的社会；而交际学所要研究的是活跃在社会中具体的人与人之间的关系。二是研究对象不同。社会学所要研究的是社会良性运行和协调发展的条件和机制；而交际学所要研究的是人与人交往的心理活动及行为规范。三是研究目的不同。社会学通过对社会运行进行微观和宏观分析，以便创造有利于社会良性运行的条件，完善促进社会协调发展的机制，并通过对社会运行问题的分析，找出相应的对策，革除社会的弊端；而交际学则主要是为了协调人与人之间的关系，规范人际交往的行为规范。当然，人际关系的协调，人人举止文明，正是社会良性运行和协调发展的重要标志之一。换言之，只有社会达到良性运行和协调发展，才可能促进人与人之间交际的健康发展。所以，交际学与社会学的关系是非常密切的。

（二）交际学与社会心理学

心理学是研究个人在各种环境中所表现的行为过程及其心理机制的科学。与交际学发生直接关系的社会心理学，则是介于心理学与社会学之间的一门科学。心理学与社会心理学的根本区别，在于两者研究范围的宽狭不同。心理学研究的是个人行为的过程及其生理机制，而社会心理学研究的是社会团体中的个人及其与社会团体间的相互关系与影响。所以说，社会心理学是研究个人在社会环境中的行为的科学，或者说是研究社会中个人的科学。

社会心理学的研究成果，为探索个人在社会化过程中复杂的心理因素，以及人们在社会交往中微妙的心理活动，提供了重要的理论依据。人们在交际中之所以应当遵守必要的行为准则及礼仪规范，首先是因为唯此才能取得与社会的平衡，才能满足他人对“尊敬”的需要，才能由此实现人际关系的和谐，获得心灵的愉悦。交际学赖以建立的基础是人际关系，而社会知觉、自我认知则是影响人际关系的主要因素。

不过，社会心理学与交际学毕竟是研究对象不同的两门学科。社会心理学虽然有助于交际学揭开影响人际关系形成的社会心理因素，却不能据此断定前者已完全解决了后者的理论体系的建构，可以说，后者只是借鉴前者的部分研究成果。

（三）交际学与行为科学

行为科学是一门研究人的行为规律及人与人之间相互关系的学科。心理学、社会学和人类学，构成了行为科学的理论来源。从这个角度讲，行为科学也是一门边缘交叉学科。

尽管行为科学本身体现了多种学科的研究成果，但是它仍然有仅仅属于自身的研究对象。行为科学中的“认知论”、“动机论”、“群体论”等部分，在探索人的认知能力，认识个体的需求、动机、愿望等心理倾向，阐明人际关系建立的条件等方面，都对交际学理论体系的建构，具有重要的参考价值。人们日常的交际，本身就是一种行为，其在长期发展中形成的规范，体现了人的行为规律。人们凭借必要的行为规范，方有可能达到沟通感情、和谐关系的预期目的。再者，人们对社会的认知尽管千差万别，但是生活在同时代、同民族、同阶级或同阶层的人群中，对事物的认识毕竟有不少共同点或相似点。人在社会中都感到不可缺少必要的交往，认识到唯此才能获得友谊和爱情。因为交际本身就是人的一种基本“需要”。人们只有在获得“社交”、“尊重”以及其他需要后，才有望达到“自我实现需要”的层次，获得人生的幸福。行为科学的这些理论精华，解开了交际的合理性和必然性的难题。

但是，行为科学像上述几门学科一样，不能替代交际学，而且更不可把交际学归类于行为科学。因为二者的研究对象毕竟不同，研究的范围毕竟有别。况且，交际学所借鉴的行为科学的部分研究成果中，也不乏行为科学吸收社会学和社会心理学的成分。

（四）交际学与伦理学

伦理学是研究道德的起源、本质、发展变化及其社会作用的科学，也可以说，伦理学是一门研究道德现象的理论学科。

道德是调整人们之间以及个人和社会之间的关系的行为规范的总和，道德意识则是人与人交际的基础。而交际学主要是研究人与人之间进行交往的行为规范。一个人只有具备高尚的道德修养，懂得尊敬别人、理解别人、关心别人，懂得与人结交应当不卑不亢、进退有据，懂得待人接物因人而异，因时而异，才可能在人际交往中化为一种自觉的行为。古人云："诚于中而形于外。"也可以理解为至诚的心灵决定外在的行为。反之，一个人如果能够时时、事事、处处自觉地遵守人们之间的交往规范，那就不仅有助于道德修养的完善，而且有利于为周围人们创造一种和谐、安宁的环境。

可以说，伦理学对交际学的形成，奠定了一定的理论基础。但伦理学也绝不可能完全代替交际学。这是因为，两者的研究对象不同。伦理学所研究的是道德现象，交际学所研究的是人们交往中的心理活动及行为规范。由此，又决定了研究方法的不尽相同，相比之下，伦理学的理论色彩较浓，是一门纯理论的学科；而交际学则注重理论联系实践，具有较强的可操作性。

（五）交际学与美学

产生于18世纪的美学，属于社会科学的范畴。它是研究人对现实的审美关系的一门学科。美学与哲学、心理学以及教育学、伦理学，特别是艺术科学具有比较密切的关系。美学从客观方面研究审美对象，阐明美的本质和根源，又从主观方面研究作为审美对象反映的审美意识，阐明它的本质和反映形式的特征，还要着重研究作为审美意识的物质形态化了的集中表现的艺术，阐明艺术的本质、内容和形式，以及艺术创造活动的规律性和艺术欣赏、评价等问题。因此，美学在研究方法上既要坚持理论与实践相结合，又要注意历史与逻辑相统一，循此不断地探索前进。

美学与交际学的关系表现在几个方面。首先，交际以伦理道德为基础，是心灵美的体现。其次，适当的交际符合人们内心的需要和行为规范，本身就是一种美好的行为。最后，讲究交际中良好的交际形象和得体的礼貌礼节，有助于陶冶稳重、沉静的性格，培养高雅、潇洒的风度，从形式方面讲也是美的，必然给大家都带来精神的愉悦。同时，将美学理论渗进交际学，突出交际的审美意义，探索文明与粗俗给人们造成的反差强烈的心理感受，使人们在交际中同时体会对美的追求，感受到美的享受，那就不仅极大地丰厚了交际学的理论体系，而且相应地增强了交际学的实用性和可操作性。

当然，美学与交际学的区别也是显而易见的。美学研究的是现实的审美关系，对象是自然、社会和艺术作品中所蕴涵的美。交际学研究的是人们在社会交往中的行为规范、心理活动和应遵守的礼节。美学的研究将激励人们去进行美的创造和欣赏，交际学的研究将有助于塑造人们的形象，创造和谐、融洽的人际关系。所以，二者都会导致人们追求美好、完善、崇高的境界，不断地为社会生活增光添彩。

（六）交际学与公共关系学

公共关系学等学科与交际学的关系，更多地侧重于实用性和可操作性方面，对交际学理论体系的建构，也不能说毫不相干。公共关系特指一定的组织机构和与它相关的社会公众之间的相互关系。可以说，组织机构与社会公众之间的关系，实际上是放大了的人际关系。

由此推论，公共关系学与交际学具有非常密切的关系。一是公共关系的公众对象具有层次性，其中包括个人、群体和组织，即使是群体和组织，也是由许许多多个人组成的。特别像公众对象中的员工、股东、顾客等，大都是以个体形象出现的。组织机构与他们的关系，实质上是一种特定的人际关系。二是从事公共关系活动，也必然以个人作为主体，通过个人与个人或个人与其他组织机构来进行的。因此，开展公共关系活动，也离不开必要的交际。公共关系人员是否遵守交际的规范，往往在很大程度上决定着工作的成败。有些组织之所以公共关系状态不佳，开展公共关系活动屡遭失败，除不善于策划，缺乏必要的公共关系技术等因素外，本组织公共关系人员拙于交际、疏于礼节，不能不说是个重要的原因。正是从这个意义上讲，公共关系学与交际学是相通的，互补的。

然而交际学毕竟是一门独立学科，绝不能因为它与公共关系学有若干相似点而把它看做公共关系学的分支。首先，两者各有属于自己的研究对象。公共关系学所研究的是一定的组织机构和与它相关的社会公众之间的相互关系，而交际学所要研究的则是人与人之间相互交往的行为规范。其次，公共关系学研究的目的是使组织机构内求团结、外求发展，而交际学研究的目的则为规范个人的行为，和谐人与人之间的关系及人与社会的关系。最后，公共关系学研究的内容是如何通过各种公共关系活动，施展各种公共关系技术，在社会上塑造组织机构的良好形象，而交际学研究的中心则是如何通过学习和修养，塑造良好的个人交际形象。以上几点不同，决定了两门学科内容的差异和性质的区别。

综上所述，可知社会学、社会心理学、行为科学、伦理学、美学和公共关系学的部分研究成果，为建构新兴的现代交际学奠定了坚实的理论基础。然而现代交际学体系的建立，又绝不是上述几门学科的相加，而是必然要经过一个艰苦而复杂的整合、思辨过程。

第一编　交际原理

作为一个社会人，每天都需要和各种各样的人打交道。因此，了解交际的基本特点，熟知交际的本质和人际关系的实质，掌握必要的交际准则，可以减少人际交往中的障碍，为建立良好的人际关系打下基础。

第一章　交际概述

第一节　交际的含义与特点

一、什么是交际

“交际”一词在《现代汉语词典》中的解释是：“人与人之间往来接触。”可见“交际”是标志人类活动的特殊领域的概念。“交际”一词在汉语中出现，至少已经两千年。在汉语中，交际的“交”有接合、通气、赋予的意思；“际”有接受、接纳、交合、会合、彼此之间等意思。《孟子·万章下》曰：“敢问交际，何心也。”南宋儒学大师朱熹作著：“际，接也。交际谓人以礼仪币帛相交接也。”这里的“礼仪”“相交接”，即日常所说的“礼尚往来”，主要指人与人之间的精神性的交换；而“币帛”的“相交接”，是指人与人之间的物质性的交换。朱熹将人与人之间精神和物质的交换称为交际，这不仅明确道出了交际的含义，而且阐释了交际的方式及其与礼仪的关系。

在英语中“交际”使用“communication”一词来表达，其含义有通信、传达、交流、意见的交换等。西方文化注重实质的内容，强调的是对消息、信息和感情平等地传递、交换和共享，从另一方面指出了交际的内涵。

此后，“交际”一词则泛指人与人的往来应酬。其意义与“社会交往”、“社交”和“人际交往”，没有本质的区别。由此，我们可以给交际下如此定义：交际，是人与人之间沟通信息的过程，即人们运用语言或非语言信息交换意见、传达思想、表达感情和需要的交流过程。交际的目的是求得人作为一个群体的共同生存和发展。

在准确理解交际的含义时，要注意它与其他概念的区别。

（一）交际与交往

交往可以说是与交际最为接近的概念。在日常用语中，人们往往将交际与交往完全等同使用。严格地说，两者是有区别的。与交际相比，交往是一个含义要广泛得多的概念。一般来说，凡是发生在人与其有关的一切对象（可以是人，也可以是物）之间的活动，都属于交往。因此，交往可以是人与人之间的活动，也可以是人与物之间发生的活动。而且，交往的手段可以是信息，也可以是其他有价值的客体。例如，我们既可以将人与人之间眉来眼去叫做交往，也可以把市场上的货币交换或以物易物叫做交往，还可以把人类征服大自然的活动称为人与大自然的交往。相比之下，交际的概念要小一些，它是指发生在人与人之间的一种社会活动。但是，我们可以发现，交往与交际之间存在密切的关系，发生在人与人之间的交往，实际上就是交际，或者说，人际交往即交际。

（二）交际与人际关系

交际与人际关系可以说是同一事物的两个方面。即交际是动态的人际关系，而人际关系可以称为静态的交际。所谓交际是动态的人际关系，是指人们之间形成的一定的人际关系是通过交际主体之间不同的交际方式表现出来；同时，交际方式还是我们划分不同类型的人际关系的依据和标准。

二、构成交际的基本要素

交际是人们社会生活中不可缺少的因素。了解交际的要素，是运用交际技巧和方法的前提，在现实的人际交往中，交际主体、交际动机、交际环境和交际手段是交际中不可缺少的主要因素。

（一）交际主体

交际必须在人际进行，交际的现实参与者就是交际主体。由于交际活动是一个相互作用的过程，交际活动中的参与者很难区分谁是主体，谁是客体，因而，交际活动不像其他活动一样有主体和客体之分，而统称主体。另外，两个交际主体构成交际活动的基本单位。单个人所进行的活动尽管可能涉及另外的人，但不能称为交际。交际有个体之间的人际交流、个体与群体交流、群体与群体交流之分，其中以个体人际交流最为常见，在数量上占人际交流的绝大多数。群体（国家、民族、阶级、阶层或社会组织）间的交流也经常是通过个体进行。在多数情况下，谈到交际一般都是指个体之间的交际。

（二）交际动机

交际动机也叫交际目的。交际本身是一个过程而不是目的，为交际而交际的行为是不存在的。人的任何交际活动都是有特定的动机推动的，换句话说，是为了满足某种需要，即使是在旅途中闲聊时的东拉西扯，也有解闷、打发时间的目的。

交际动机表现为人的预期的目的、愿望、要求、兴趣等。动机所指向的目标可能是物质的，也可能是精神的。由于每个人的个性心理特征不同，所以每个人的交际动机也不同。在现实生活中，交际动机可能是交际主体非常明确，较易被他人所察觉和了解，也可能是交际主体自身不明确或对他人非常隐匿的。例如，有时有的人出于某种原因，有可能掩饰自己真实的交往动机。

（三）交际环境

交际环境即交际活动发生的社会文化背景和场合地点，它包括交际的时间要素和空间要素在内。任何一种具体的交际都不可能在真空中发生，而总是在特定的环境中和某一特定的时间里进行的。这里说的特定的环境是指一定的社会背景和社会环境，包括宏观环境和微观环境。在交际中，交际环境尤其是交际主体所处的现实微观环境会给交际带来直接的影响。

（四）交际手段

交际手段是交际结构中的重要组成部分。可以说，交际活动就是交际主体借助于一定的交际手段进行的活动。所有的交际都需要用一定的方式或手段进行。从某种意义上说，交际手段即交际媒体，指的是交际过程中运载和传播交际主体信息的载体。

人类的交际之所以不同于动物之间的来往，就在于所使用的交际手段不同。人类使用符号作为交际手段，而动物使用的是信号。一般情况下，人们主要采用语言符号和非语言符号（有声语言和无声语言）进行交际。礼仪币帛本身并不是交际手段，至少不能独立地进行交际。

三、交际的特点

（一）交际的社会性

交际是在人与人之间进行的一种社会活动，而不是其他类型的活动，即交际的社会性。交际的社会性是交际本质的体现。首先，它表明交际的参与者或交际的主体是作为社会成员的人，他们具有辨认、理解和使用交际符号的能力，他们生活于一定的文化环境之中，其思维模式、生活习惯乃至言谈举止都打上了一定的社会文化烙印。因此他们在交际中也表现出各自的方式，即形成一定文化环境中不同的交际文化，而交际文化正是交际社会性的具体体现。其次，从社会与个体的关系来看，社会的形成和发展均有赖于交际活动的进行。社会是由人组成的，人之所以形成一定的群体、组织和社区，其契机正是交际。社会是不断发展的，由低级简单的初民社会发展到今天的高级复杂的信息社会，从传统社会到现代社会。与此同时，人们也由封闭、单一的交际模式发展到今天多元立体化的交际模式。社会的发展变化导致了人们交际模式的变化，而人们交际活动的发展也影响和促进了社会的变化。

（二）交际的符号性

交际与符号是紧密联系在一起的。因为人类的交际是借助符号进行的，符号是交际概念中固有的内容，离开了符号也就谈不上交际，这就是交际的符号性。关于符号，有多种不同的定义。一般来说，它是指人们用来指称一定对象物的标志或记号，是人们进行思维和交际的工具。其中，语言是最基本、最重要的符号形式，也是人类思维和交际的最重要的工具。交际的符号性同样是表现交际本质的重要属性，它揭示了人类的交际与其他动物之间相互活动的本质区别。动物之间也存在交往活动，但那是在本能支配下的行为，它们彼此之间发出的是信号而不是符号，只有人类才是唯一能使用符号进行思维和交际的。

（三）交际的目的性

人类总是为达到一定的目的、满足一定的需要而进行交际的，这就是交际的目的性。人们为了寻找友情而结交朋友；为了获得爱情、组成家庭而寻找异性；为了实现某些社会或经济的目标而建立一定的群体和组织等。交际的目的性同样是反映交际本质的主要属性，也使人类的交际区别于其他动物的活动。目的是与思维联系在一起的，目的作为人们追求的某种对象物，通常存在于人们的行为之外，但在追求该目的的行为发生之前，这个目的已出现在人们的想象或思维之中，并以令人向往的未来的形式吸引人们为之奋斗。而通常情况下，一般动物的行为无论多么复杂，都不是有意识的。动物的有目的的行为，充其量只是在本能支配下的一连串机械反射活动而已。因此，人类是世界上唯一能按照自己的主观意识去追求目的的高等动物。

（四）交际的双向性

人类的交际是一个交际主体之间相互作用的活动过程，这就表现为交际的双向性。交际的双向性使得交际活动明显不同于其他信息传播活动。例如，人们看电视听广播，这都是单向性的信息传播活动。在这种活动中可以清楚地划分出信息的发出者和接受者，亦即传播的主体和客体。而人类的交际活动虽有主动交际和被动交际之分，但却不能说存在交际的主体和交际的客体。因为整个交际过程中，交际参与者既要不断发出信息又要不断接受信息，即交际主客体在交际过程中是不断转换的，故此很难分出交际的主体和客体。

交际的双向性使得交际过程变得复杂和微妙。它表明交际过程不仅是一个交际参与者之间信息沟通的过程，还是一个相互影响的过程。这种影响可以通过言语符号发生作用，也可以通过非言语符号产生效应；可以是有形的，也可以是无形的；可以是显现的，也可以是潜在的。例如，教师给学生讲课，学生固然要受到教师的影响，而教师也要受到学生的影响，因为学生听课时的举止实际上反映了教师的讲授效果。即使这位教师站在讲台上根本不管台下学生的反应，但教师心目中的学生形象仍然潜在地影响着教师的思维和行为。

（五）交际的情境性

交际作为一种社会活动，它总是发生在一定的社会环境之中，这种环境有形无形地对交际活动产生一定的影响，使得交际方式深深地打上了情境的烙印。这就是交际的情境性。例如，同样的交际参与者，在私下场合和在大庭广众之中的交际会有很大差异，这就是交际情境性的表现。交际情境对交际活动的影响是通过形成一种社会心理气氛而发生作用的。

（六）交际的不可逆转性

由于交际发生在两人或多人之间，因此它不同于自身传播。自身传播具有可以逆转的优点。例如，今天我们计划做某一件事情，明天又可以改变主意。自身传播没有公开的记录，因此只要我们愿意，就可以经常改变自己的想法。但交际就不能逆转。例如，当一个人同另一个人发生了争执，事后，其中的一个人很后悔，即使他很想“收回”他所说的话，他也不可能将他说的话像洗磁带一样清洗干净，不留痕迹。所以，对交际中出现的错误，我们可以原谅别人，也可以原谅自己，却不能抹掉错误。

（七）交际的不能重复性

交际是一种信息的传播活动，但交际活动不同于其他的一些单向传播活动。一般来说，单向传播具有可重复性。例如，公开演讲，尽管这一次的演讲不可能与前一次完全一样，但是实际上，大量的公开演讲彼此非常相似。但是，我们却不能重复交际。在交际活动发生以前，交际者可能事先在脑中把某个信息准备好，然后再告诉朋友。但是，一旦开始交际，除开头几句话以外，很难意识到有事先准备好的信息出现。这是因为，来自对方的信息往往是对你最初的信息做出的反应，他所做出的反应你事先并不一定可以预见到。他可能会马上改变话题，改变音调或者改变谈话的目的。没有任何变化地重复一次谈话是不可能的，因为有许多我们无法控制的因素会干扰和改变整个情境。

四、交际的类型

交际活动的普遍性决定了交际类型的多样性。通常可以按照交际过程中的不同标志进行分类。

（一）按交际主体的交际方式进行分类

可以分为传统交际与现代交际。传统和现代本来是两个表明时间的概念，而这种时间的划分是模糊的。这里，现代似乎是确定的。问题在于以什么时间界限来划定传统时代，显然只能用某项活动的内容来界定，在交际学中便是用交际活动的方式来划分传统交际和现代交际。尽管这种划分仍然不甚明确，但比按时间先后来划分要清晰一些。一般来说，传统交际多采用封闭的、保守的和单一的交际方式；现代交际多采用开放的、灵活的和多元的交际方式。从这里我们会更进一步发现，用时间来划分传统交际和现代交际的局限性，因为在现代社会里，有人可能仍然使用传统的交际方式；而在旧时的传统社会里，某些有识之士的交际方式，可能并不比我们今天的现代交际方式逊色。

（二）按交际主体所使用的交际符号进行分类

可以分为言语交际与非言语交际两种类型。言语交际是指以言语作为主要手段的交际活动。这是人类最普遍、最重要的交际形式。非言语交际则是人们使用非言语符号作为交际手段所进行的交际活动。非言语符号包括面部的表情、手势、身体的各种姿势以及类语言等内容。一般来说，除了聋哑人之间的交际主要是非言语交际外，正常人的交际通常是言语交际而辅之以非言语交际。二者相互配合，共同完成交际的功能。

（三）按交际主体进入角色的程度进行分类

可以分为角色交际与非角色交际。角色通常以一定的身份地位作为基础，并受到一定的行为规范的制约，从而表现出某种相对固定的行为模式。一般来说，严格按照一定角色的规范和行为模式所进行的交际属于角色交际，反之则是非角色交际。例如，领导者和被领导者是两种不同的角色，在工作中，领导者命令指挥，被领导者则服从命令听指挥，这是角色交际。如果反过来，被领导者命令指挥领导者，这就不是角色交际，而属于非角色交际了。由此可以看出，角色交际与非角色交际同样与交际情境有密切关系。在正式情境中进行的通常是角色交际，而在非正式场合则大多可不顾角色规范而进入非角色交际。如在工作中是领导者与被领导者，而在娱乐场合则可能变成了“对手”、“搭档”等关系。当然，也有正式情境下发生非角色交际和非正式情境中发生角色交际的情形。显然，角色交际与正式交际、非角色交际与非正式交际的含义相似，只是划分的标准不同而已。

（四）按交际主体的交际愿望进行分类

按照交际活动中交际主体的交际愿望是主动或被动的状态，可以分为主动交际与被动交际。主动交际与被动交际有几层含义。其一，从交际行为的发生是出于交际者的主动愿望还是为情境所迫而作出的反应来看，属于前者的交际是主动型交际，属于后者的交际则是被动型交际。其二，当交际主体中一方 A

具有交际愿望，而另一方B却缺乏交际热情，只是出于情境压力或礼貌，被迫与A进行交际活动，这种情况仍应归入被动型交际的范畴。因为如果B所受的压力一旦消失或情境发生改变，A与B之间的交际活动就会中止。其三，撇开交际主体A与B的交际愿望，单就交际活动过程中A与B交际行为的主动或被动状态来看，有时存在一方（如A）始终主动出击，而另一方（如B）则处处被动应答（出于没有交际愿望或其他原因，如羞怯等）的情况，这要具体分析，有可能是主动型交际，也有可能是被动型交际。

（五）按交际环境的不同进行分类

可以分为正式交际与非正式交际。正式交际是发生在正式场合下的交际，而非正式交际则是在非正式场合中进行的交际。这里，正式场合与非正式场合的划分通常又是以交际进行的程式化与否为条件的。正式场合下的交际通常意味着交际将按照一定的模式进行，如国家领导人的出访，教师的上课等，属于正式交际。而非正式场合下的交际则意味着交际的非模式化，如家庭成员之间的交际，朋友之间的闲谈等都不存在一套固定的模式，因而属于非正式交际。

第二节 交际的功能与结构

一、交际的功能

所谓功能，是指人或事物在运动中所显示出来的实际作用和效果。交际的功能主要体现在以下几个方面：

（一）整合功能

所谓交际的整合功能，是指以个体为生活与生存单位的人，通过交际而连接成为社会群体。一切团体、组织和人群，也依赖于成员间的相互交往，使得团体（或群体）内部既有分工，又协调一致地生存发展。

我国古人说过："人，力不若牛，走不若马，而牛马为用何也？曰：人能群，彼不能群也。"的确，人能征服自然，其主要原因之一，就是人与人之间能够通过交往建立各种关系，从而形成一个分工协作、秩序井然的强有力的群体——人类社会，其他动物是不可能建立这种关系的。可见，人的社会性是决定交际的整合功能的重要条件。

人类最基本、最重要的活动是物质资料的生产活动，这种活动要求人们必须结合起来共同进行。马克思认为，人们在生产中不仅仅同自然界发生关系。他们如果不以一定方式结合起来共同活动和相互交换其活动，便不能进行生产。为了进行生产，人们便发生一定的联系。只有在这些社会联系的范围内，才会有他们对自然界的关系，才会有生产。在整个人类社会中，虽然人们分工有序，“农分田而耕，贾分货而贩，工分事而勤，士大夫分职而听”，但通过相互间交往、联系，使得整个社会形成了协调发展的有机整体。如果人与人之间不发生任何关系，人类就不可能整合成坚强的群体去征服自然，改造社会，实现人类的崇高目的。

（二）调节功能

交际对人类群体活动中的思想、情感及行为，具有重要的调节作用，使之在社会生活中保持平衡，避免产生相互干扰与矛盾冲突。人类的一切活动，都是在一定的生产关系制约下实现或达到某种目的的活动。为了实现群体内部或个体之间行动上的协调默契，步伐节奏的和谐统一，必须通过相互间的交往，以取得感情上的沟通，行为上的认同，使个体与他人、与群体上下左右关系和谐一致，把各方面力量汇集在一起，实现行为活动的整体效应。特别是人与人之间在活动中不可避免地要产生矛盾、误会、隔阂，通过密切的交往，可以疏通感情，消除误会和矛盾，取得谅解和一致。人类群体如果缺少交往这种调节手段，就必然产生猜忌、冷漠、排斥、冲突，使人精神分散，造成毫无价值的心理消耗。

社会心理学研究表明，人们在生产劳动中大约有 15% 的时间用在交往和冲突后的情绪体验上。如果群体中各成员之间的关系紧张或者冷漠，人们便不得不把较多的精力与时间用在考虑和处理这种关系上，从而分散对各自工作任务和共同目标的注意力，形成疑虑、苦闷和不安，导致消极的劳动态度。要改变这种状况，就需要加强人际交往，增进彼此间的心理接触和了解，以实现个体与周围人的协调和一致。

（三）信息沟通功能

交际过程，实际上也是信息交换和沟通过程。好的交际方式，对于信息、成果的交流和传递，具有一定的积极作用。其实，人们在共同活动中每时每刻都在传播、交流着各种观念、思想、情报、情趣等，如果在交际中注意将这些信息去伪存真，并将其纳入正确的轨道，就能大大发挥交际的信息沟通功能。

心理学家认为：一个人除了八小时睡眠以外，其余时间 70% 要花在人与人之间的各种交往、沟通上。通过交往，就能很快沟通信息，增长知识，启发思维。交往既是信息交流过程，也是思想交换过程，英国作家萧伯纳曾形象地说过，如果你有一个苹果，我有一个苹果，相互交换，那么每人还是只有一个苹果。如果你有思想，我有思想，彼此交换，我们每个人都有了两种思想，甚至多于两种思想。人际交往比之于从书本上获得信息具有内容更广泛、渠道更直接、速度更迅速等特点。随着交往范围的扩大，几十个人、几百个人相互交换思想，那么每个人就能获得几十种、几百种思想。

俄罗斯社会心理学家、莫斯科大学心理学系教授安德列耶娃在其编著的《社会心理学》一书中说："在人们交往的条件下，信息不仅是在传递，而且也在形成、补充和发展。"这就进一步告诉我们，交际不仅仅是具备传递、交流信息的功能，而且通过人与人之间交互影响，会产生、补充、发展新的信息。特别是在信息时代，每个人都在一定的"信息波"、"信息网"下生活，许多新思想、新资料、新创见将在人们交往中得到不断的丰富、完善和发展，有的甚至会出现质的飞跃。

（四）心理保健功能

所谓交际的心理保健功能，就是指交际对个人的心理健康非常有利。人是社会性的，每个人都有着合群的需要，与他人交往，是每个人内心深处与生俱来的基本要求。人们通过彼此间交往，诉说各自心中的喜怒哀乐，抒发对人生的经验和见解，这就增进了成员间的情感交流，产生亲密、依恋之情和归属感、安全感。同时，一个人正常、合理的心理需要得到不同程度的满足，内心的愿望得到别人的理解和赞许，就会产生开朗、乐观的情绪，对生活更加热爱，充满信心，继而使整个群体保持一种稳定、融合的秩序。

有人曾研究过生活在孤儿院的儿童，由于他们过的是平静而孤单的生活，得不到正常儿童应有的爱抚，更缺乏良好的社会交往，所以不仅在智力、语言发展水平上明显低于同龄的正常儿童，而且交际能力较差。美国心理学家摩根在对退休老工人做的一项调查中发现，与别人交往多而且关系和谐的人，比那些很少与人来往的更富有幸福感，而且活力不衰，身体健康。一般来说，交际的时间和空间范围越大，往往精神生活更丰富、更愉快，而孤独不合群的人则往往有更多的烦恼和难以排除的苦闷。

因此，建立良好的人际交往，有助于人们的心理满足和平衡，有益于人的身心健康。

二、交际的结构

交际可以采用多种途径进行。有的属于固定交际，只限于生活、学习和工作方面，交际空间也就限于家庭、学校和机关单位等范围；有的则是不固定的交际，交际的对象走向社会更大空间，即不受年龄、性别和地域限制。一般来说，人们在小范围中的交际有较大的频度和亲密度，而随着交际圈的扩大，与外围的人在感情上就缺乏亲密性。良好的交际结构，既能放开最大的网络，又能收住最亲密的知心朋友，只重视小范围的亲密交往，或只忙于泛泛的一般交往，都非理想的交际结构。

交际结构是指人与人之间各种不同层次的人交往的有机组合。它包括两代人之间的交际、同龄人之间的交际和异性之间的交际等。

（一）两代人之间的交际

两代人之间的交际，也叫代际交往。它包括两层含义：一是指儿童与成人间的交往。两代人的差异主要是年龄和生理上的不同，还未成熟的儿童只有通过与成人的各种交往，模仿和认同成人的思想行为，才能成长为合格的社会成员。二是指青年人与老年人的交往。两代人的差异主要是心理和思想方法上的差异。已经成为社会成员的青年人朝气蓬勃地进入社会生活，他们与饱经沧桑的老年人产生的是一种需要互补的交际。这种交际能缩短两代人之间的心理距离。

1. 年龄上的代际交往

儿童与成人的交往，是完成社会化过程的必需途径。儿童只有在成人指导下，通过与成人及其社会环境的相互作用，才能认识和掌握社会经验，成长为社会所需的成员。

儿童最初的交往对象是父母及其家庭成员。心理学研究表明，出生不久的孩子虽还不能领会父母说话的意思，却能体验和感受父母的爱抚，表现出情感交往的需求，能以微笑等表情动作对父母的逗笑、爱抚作出反应，以哭和笑表达交往的愿望，唤起父母的注意。成人的注意和爱抚，能引起儿童明显愉快的体验，刺激其视觉、听觉及其他器官的感知活动，并以此来认识外部世界，从而使儿童认知过程发生显著的进步，身心得到健康成长。

父母对儿童不同的教养方式，亦即父母与儿童以不同姿态进行的交往，对儿童的个性形成会产生显然不同的影响。

民主的教养方式，意味着父母与儿童以平等的方式交往。父母尊重儿童的人格，同时又对其施以必要的教育；对儿童充满关心和爱护，同时又让其发挥主动性和独立性。儿童把父母当做交往对象，愿意与父母交流思想感情，也乐意听取父母的意见。这种民主式的教养方式就能养成儿童勤奋勇敢、主动活泼、认真负责、谦诚礼让等良好个性品质。

而一些不良的教养方式，恰恰表现为父母与儿童不适当的交往方式。心理学家以纵横坐标来形象说明家庭教养方式上的四种倾向（如图 1－1 所示）。

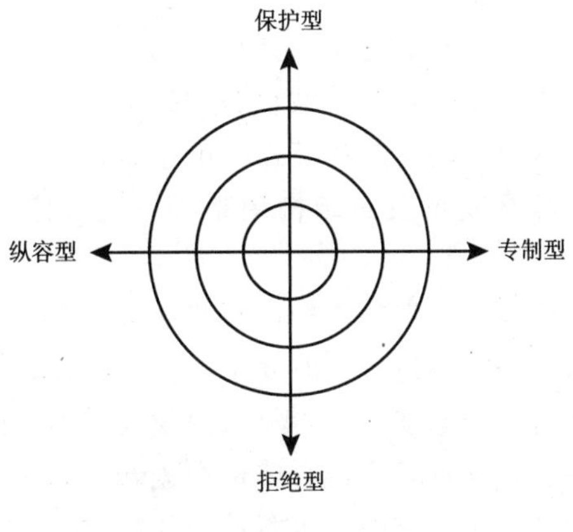

图 1－1

第一种是保护型。这种类型的父母把儿童当做被动的保护对象，“承包”了儿童的一切日常生活活动，儿童没有交往的主动性，因而容易形成胆小怕事、神经脆弱、娇气十足、依赖性强、社会适应性差的个性。

第二种是拒绝型。这种类型的父母与保护型正好相反，他们对儿童缺乏应有的感情和责任心，也就谈不上有什么思想感情的交流。儿童对交往和爱的需求在家庭中得不到满足，就可能消沉乃至自暴自弃，以一种反社会性活动满足被压抑的交往需求。

第三种是纵容型。这种类型表现为对儿童的百般迁就和溺爱，儿童成了家庭生活的中心。这种不平等的交往方式会使儿童成为说一不二的“小霸王”，并养成骄横任性、目空一切的性格。

第四种是专制型。这种类型与纵容型正好相反，这同样是一种不平等的交往方式。父母只把儿童当做支配和命令的对象，儿童没有自由选择和独立行事的权力，于是就容易表现得盲从盲信、缺乏主见、自卑消极。

当然，以上描述的四种极端的倾向在实际生活中是极其少见的，一般父母的教养方式只是中间型的，甚至是综合型的。家庭内的交往方式对儿童个性品格的形成起到了直接的影响作用，它也是构成人的一切社会交往方式的基础。

2. 心理上的代际交往

青年人与中老年人之间的本质差异，与其说是年龄上的，不如说是心理上的。有些青年人过于世故、老练，他们的心理已经老年化了，有些老年人富于新思想，活泼好动，他们的心理则更接近青年人。所以，在交际中也不乏“忘年之交”。

心理学、社会学常提到“代沟”这个概念，指的是两代人在心理品质、思想方法、行为方式上的差异，这是客观存在的。各代人之间，由于生活的时代和历史条件以及所受环境、习俗、教育影响的不同，自然会存在许多方面的差异。任何社会都是各个年龄阶层相互作用的系统，社会的发展取决于各代人之间的继承和替代。社会变革及其结构调整的速度决定了各代人之间的差异程度。

各代人之间的继承性是有选择性的。有些知识、规范和价值观被下一代所掌握并传递下去，而另一些不适应已改变了的社会条件，则被抛弃或加以改变与更替。在对待社会文化的态度上，青年人渴望新异的倾向与老年人喜欢稳定的倾向，就形成了差异，这种差异也会体现在创新与守成的思想方法上。

但是，代际的差异并非绝对的，也不排斥代际交往的发生，而且在一般意义上说，这种代际交往也是必然要发生的。青年一代的成长离不开既有社会规范、准则指导下的社会秩序的保证，这一保证总是根本性的，它使青年一代即使是对上一代的观念和行为模式持有强烈的否定态度，也不能摆脱现实社会状况的制约。也就是说，代际关系中总有特定的部分被青年一代所继承。

在现实社会生活中，不论青年人还是老年人，都有着代际交往的需求和行动。而代际交往的主要动机就在于心理上的互补。培根早就论述过代际互补的问题，他认为，青年的性格如同一匹不羁的野马，藐视既往，目空一切，好走极端，勇于革新而不去估量实际的条件和可能性，结果常因浮躁而改革不成反招致更大的祸患。老年人则正相反。他们常常满足于守成，思考多于行动，议论多于果断，为了事后不后悔，宁肯事前不冒险。最好的办法是把青年人的特点与老年人的特点结合起来。从现在的角度来看，他们的所长可以互补他们的所短。从发展的角度来看，青年人可以从老年人身上学到他们所不具有的经验和智慧，使自己尽快成熟；老年人也能感受到青年人的青春朝气，从青年人身上吸取新鲜刺激来更新自己，保持活力。

（二）同龄人之间的交际

心理学家对青年学生择友倾向的调查表明，绝大多数青年学生都选择同龄人作为交往对象。在现实生活中，各个年龄阶段的人都有这种与同龄人或同辈群体交往的基本倾向。因为代际在消费、休闲及生活方式方面的差异更为明显，而这些方面又正是日常生活中的主要交往内容。根据人际交往的相似吸引原则，人们就自然倾向于同有共同语言的同龄人交往。

学龄前儿童有与同龄伙伴一块游戏的欲望，因为他们有共同语言和游戏规则，而他们的特定交往需求是成人所无法全部满足的。儿童富于幻想，常把想象当做现实，可以不拘一格地玩任何别出心裁的游戏。这对于他们的同龄人自然是相互接受的，但再大一点的少年，就会嘲笑这种天真假想了，于是游戏的趣味就会受到粗暴的破坏。当然，已不再那么想入非非的青年人，更是不屑于加入幼稚无知的儿童圈子。

青少年与同龄人交往的要求尤其强烈，而对非同辈群体者有较大的排斥性。这是因为，随着青少年的成熟，越来越关心自我的问题，关心自我在社会中的地位和在他人心目中的形象。他们迫切需要参与和适应社会生活，通过与同龄人的交往和比较，获得从父母和教师那儿得不到的社会经验和技能，发现自己的价值。他们开始从心理上的依赖性发展起独立性，企图摆脱成年人的影响和控制。心理学家称这个时期的青少年为心理上的“断乳期”。他们有什么心中的秘密和困惑，很少再直接求助于成年人。调查表明，当青年人遇到思想苦闷和选择恋爱对象等问题时，倾向于向同龄人求助的比率高出向长辈和教师请教的比率分别为6.6倍和5.9倍。这个调查结果显示青年人为表现出自己的成人感和独立性，宁愿将心中秘密对知心的同龄伙伴交流和倾吐。这与儿童时代凡事“问问父母”、“告诉老师”的心理需求大不相同了。

青年人之间的交际还会产生一种“我们感”，即彼此之间感到“我们是一样的人”，因此心理上沟通就容易得多。青年与同龄人交际，相互是独立的、主动的、平等的，是在非依附、非监督、非指教的情况下进行的交往。青年与同龄人之间的交际使他们能体验到一种特别的愉快感、尊重感，交谈中产生的情感共鸣，活动中的欢乐与激奋，或为朋友、集体的成功与荣誉由衷地喜悦，或为其挫折失败而伤心、焦虑等情感体验是与父母和与成年人交往中不易得到的。而且，同龄人群体中的规范比长辈制定的规范对青少年心理上更有约束力，同龄人的承认、接纳和赞许也比之于成年人的赞许常常更有吸引力。

（三）异性之间的交际

1. 异性之间交际的意义

异性之间，特别是青年男女之间，能否有正常的交往？按照“古训”来说当然是不允许的。《礼记》中规定：“男女非有行媒，不相知名，非受币，不交不亲”，唯恐男女一经交往而破了男女之大防。这种陈旧观念作为一种传统习俗积淀于整个民族的社会心理，成为对社会成员一种无形而有力的制约力量，顽固地压抑着异性间的正常交往，其结果便发生像崔莺莺与张生之间的“私通”、杜丽娘与柳梦梅的梦中幽会、梁山伯与祝英台女扮男装情况下才有的同窗之交这类封建社会中变形的交际形式。随着社会的发展和观念的更新，异性之间的交际已变得越来越自由和开放，成为青年社会交往中的重要内容，并对青年自身的发展起到十分积极的作用。

从心理意义上分析，男女间自然的、正常的交际活动，有助于培养健康的性心理。人进入青春期后，会自然产生对异性的好奇、神秘，或热烈而单纯的向往等感受。这种心理变化是正常的。青年男女通过健康的交际活动，增进相互了解，认识到彼此间的各种差异，破除神秘感，使对异性的好奇和向往转变成在日常生活、学习和工作中的相互关心、帮助和体贴，进而提高对性的道德价值的认识，从而结成异性间的友谊，也可能由此得到美满的爱情。反之，正常的异性交往需求得不到满足，就可能形成变态心理。越是压抑就越会加深对异性的神秘感，也就会以更强烈的欲望去探求，甚至以不正当的方式去满足正常需求，给自身带来无法摆脱的烦恼。其实正是自然的异性交往，才能使青年人更好地适应和参加各种社会活动，健康地发展起各项积极的个性心理品质。

从社会意义上看，男女之间的正常交往，打破异性间的神秘色彩和不必要的界限，有助于相互之间友好坦然的合作，从而形成淳朴良好的社会风气，同时也使男女之间能通过社交活动真正自由地结识和选择异性朋友，其中一部分也自然会从友谊发展为爱情。

2. 异性之间交际的年龄心理特征

与异性间的交际，作为一种心理需要，是随着人的性心理的发展而呈现出不同表现形式和年龄心理特征。

第一阶段：两小无猜期

在12~13岁之前的儿童，由于性意识尚未“觉醒”，还不大懂得两性之间的差异。尽管儿童在性成熟开始之前很久，就已经区分性别特点，并对性问题产生了兴趣，可这种兴趣与性爱体验没有关系，只是一般求知欲的表现。一般成人对儿童有关性的问题持谨慎回避态度，而对他们间的交往则没有什么限制。儿童间无拘无束的游玩嬉耍，恰似亚当和夏娃未尝禁果前的那种天真无邪的自然状态。

第二阶段：异性疏远期

从12~13岁开始，随着生理上的一系列变化，尤其是性机能的成熟，带来了心理上的剧变。青春初期的少年，常会表现出对异性的羞怯、不安甚至反感。异性间不愿或不好意思在一起，以至于远远避开。即使是童年时代两小无猜的亲密朋友，这时也不再那么亲密和坦然地自由交往了，中间似乎已隔了一层神秘的屏障。在学校中，明显地出现了男女学生间的分界线，集体活动总是男生一群，女生一群，形成各自的“交际圈”。这种异性疏远期特有的心理现象，对于学生来说是自然的，但对于教师来说，就应担负起引导的责任。通过积极的性教育，提倡异性间自然的交往，打破对性的神秘感和好奇心，使这个阶段的学生建立起健康的心理品质。

第三阶段：接近异性期

进入青春中期以后，随着性意识的发展，男女青年对待异性的态度又产生了一个大的变化，从彼此反感转为彼此吸引，从彼此回避转为彼此亲近了。强烈的交往需要也会在行动上表现出来。在集体活动中，都想引起异性对自己的注意。男生在女生面前会显得特别活泼好动，争强斗胜；而女生在男生面前则表现得温柔文静，与女伴格外亲密体贴。

对于这一阶段的异性间交往，父母和教师往往都十分敏感，唯恐尚未成熟的青年过早地陷入情网而影响学习或误入歧途。对此，正确的态度是积极地引导他们学会适当地交往，而不能消极地隔绝或粗暴地干涉。在健康意识指导下积极交往的青年男女，会更清楚地区分异性间友谊与爱情的关系；缺乏正常交往的青年男女则易倾向两个极端，或是自我封闭不与异性接触，而一旦与异性有所接触就误认为是爱情了；而受到粗暴干涉的男女青年，则可能反而将正常的公开交往转为不正常的私下交往了。这种后果往往是不理解这一阶段青年交往心理的父母和教育工作者所始料未及的。

第二章 交际过程与交际方式

交际的过程实际上就是信息的传播沟通过程，只有掌握了传播各要素特点以及有效传播过程，才能实现交际的目的。交际方式是多层次、多侧面、多形式的，在人际关系中可以根据交际内容和交际对象加以选择，使交际成为一种有计划、有效率的丰富多彩的社会活动。

第一节 交际的传播过程

人际交往是相互作用的过程，这种相互作用是依靠信息传播完成的。所谓传播，就是通过语言或非语言手段传递和交换思想、观念、知识和情感等信息的社会行为。

一、交际传播的基本要素

交际传播的基本要素有五个：它们是信源、信宿、信息、媒介和反馈。完整的传播过程必须包括 Who（谁）；Say What（说什么）；Through Which（通过什么渠道）；To Whom（对谁说）；With What Effect（产生什么效果）。

（一）信源和信宿

信源即信息的发布者，信宿即信息的接受者。信息的发布者常被看做主动者，信息的接受者常被看成是受动者。因为主动者和受动者是双向交流关系，所以位置也常常对换。因此，在交际中既要学习做好信息发布者，得体、策略艺术地发布信息，又要当好信息接受者，认真、准确地收集信息。

（二）信息

信息是客观存在的一切事物通过物质载体所发出的消息、情报、指令、数据、信号中所包含的一切可传递和交换的知识内容，包括知识、观念、意愿、感情等。

（三）媒介

是指借以传播沟通信息的载体。包括有声语言媒介、无声语言媒介、人体媒介、实物媒介等。

1. 有声语言媒介

有声语言媒介是指以口头语言、类语言声音作为传递信息的媒介。其中口头语言运用得最多、最能准确地表达复杂的信息，包括交谈、座谈、商讨、演讲、劝说、安慰、辩论等。有声语言媒介还包括以类语言的声音符号表达信息，如笑声、感叹声、鼓掌声等，常常表达某种特定情绪和心情。

2. 无声语言媒介

无声语言媒介是指以文字、图形、色彩等语言符号作为传递信息的媒介。如书信、请柬、电文、报告、名片等。

无声语言主要通过视觉通道作用于人，可以事先精心设计、斟酌词句、反复修改。人们对视觉符号可以认真阅读、反复理解、长期保存，有利于传播一些比较复杂、重要的信息内容。

3. 人体媒介

人体媒介是指借助人体自身的形象特征表现传递信息。人体媒介包括以下形式：

服饰打扮。通过穿着、发型、首饰、化妆等方面传递某种信息，如性格、爱好、身份、地位等。

体态动作。通过站、坐、行的姿态，头部、手势、腿部的活动姿态表达心理和情绪。

眼神表情。以眼睛丰富细腻的表达传递信息，以面部表情的变化表达感情。

空间距离。通过交际对象之间的距离远近、方向角度传递亲疏情感、关系变化。

4. 实物媒介

实物媒介指以某种实物作为载体传递信息和感情。实物本身虽然没有文字语言信息，但是它也可以表达出丰富的信息。例如，人手中携带的提包、各种用具可以表达人的性格、兴趣等，礼品可以表达对他人的尊重。

（四）反馈

反馈是指交际过程中受动者收到主动者发出的信息后进行的信息回流和效果反应。一个有成效的交际过程必须是一个持续不断的交流过程，如果没有及时的反馈，交际传播过程是不完整的、低效率的。反馈对交际的意义主要有：

第一，反馈是构成双向传播的基本要素。

第二，对于信息发出者，他收到的反馈越及时、越全面、越真实，就越能确定下一步更有效地传播新信息，实施交际的方法。

第三，对于信息发出者来说，肯定性、支持性、赞许性反馈可以鼓励、促进交际继续进行；疑问性、批评性、反对性的反馈可以促使信息发出者审查自己的传播内容，调整交际方式，更好地达到交际目的。

我们要重视信息传播，也要重视信息反馈，只有不断收到信息反馈，并且及时调整和改正交际策略，才可能使交际有效地持续下去。例如，在人际交往中，既要重视讲，同时也要注意听、看，才会有好的交际效果。

二、使交际的传播过程更为有效的途径

要使交际中的信息传播更为有效，就必须克服各种干扰因素，明确交际目的，有效地传递信息并及时地反馈信息。

（一）克服各种干扰因素

1. 环境因素

环境因素是影响传播沟通的外部因素，主要指交际双方在传播沟通活动中所处的外部环境。外界环境对交际双方有效地传递信息和接受信息有重要影响，如噪声对有声语言的传递和接受会产生不良影响；环境的脏乱会破坏交际中愉悦情感体验；色彩的杂乱会破坏主体形象的突出；距离的间隔有碍于交际的亲密性等。

2. 文化因素

文化因素在不同文化背景的传者和受者之间有很大影响。不同的文化传统、宗教信仰、价值观念、民族习惯、道德标准会对同一信息内容产生理解的差异甚至感受的对立。不了解或者不重视文化因素的干扰，不仅不能达到预想的效果，而且有可能造成不应有的误解、矛盾，甚至会伤害双方的感情。

3. 心理因素

人的气质性格、心理状态会影响信息的传播和接收，俗话说：心有灵犀一点通，指的就是心理的相容。心理沟通是信息传播的重要基础，只有适应对方的心理状态，激发愉悦的心理感受，对方才有可能接受你的观点，理解你的心情，做出积极的反应，心理上的任何抵触都可能演变成对正确信息的拒绝接纳。要特别注意那些消极的心理反应，如偏见、成见、怀疑、对立等，也要注意特殊的情绪状态，如紧张、恐惧、悲伤、急躁等对传播沟通的干扰。

（二）明确交际目的

交际是有目的的传播沟通过程。交际的目的主要是广泛结交朋友，在交往的过程中树立自己良好的交际形象，实现与周围人们之间的感情和信息交流

等，为自己的事业成功和生活顺利打下良好的基础。

（三）有效地表达信息内容

明确了交际的目的之后，还必须有效地表达信息内容，将信息转换成语言或非语言符号形式进行传播，以获得良好的效果。信息内容不可能原封不动地搬出，应该进行加工、制作、修饰和包装。这里有三个方面的要求：信息表达的得体性、信息表达的策略性、信息表达的艺术性。

1. 信息表达的得体性

首先，对信息内容本身，要求立意准确、中心突出、选材恰当、布局合理、完整统一，不要使信息接受者产生误会、曲解，应该做到使接受者全面、正确、清楚地理解所表达的内容。

其次，信息表达要根据实际情况做到适时、适机、适情、适势、适度，要看对象、看身份、看场合。无论多好的信息，如果与受动者条件，与交际情境不相符，也会失去应有的作用。

2. 信息表达的策略性

该简短说明的信息要力求精练，该具体一些的就要不厌其烦地重复信息；该直言不讳的就应该率直一些，该委婉含蓄的就应该讲究策略性；该明确表达的，就不要含糊其辞；该模糊表达的就应该尽量使对方容易接受而不反感。

3. 信息表达的艺术性

信息的表达要讲究艺术性，善于针对不同的对象、场合选择不同的艺术性形式。不同的信息表达方式，就方式本身论，无所谓长短，无所谓得失，而在听的人方面却有合与不合，合则听从，不合则拒绝，因此，要擅长多种表达信息的方式，以适应不同的场合、对象和信息内容，使表达信息成为一种创造性极强的艺术感染过程。

总之，交际处于复杂的环境中，各种因素对交际传播都有重要影响。例如，双方关系很亲密，可以直言不讳，畅所欲言，不必追求过多的客套；对关系生疏的对象，就要庄重、慎重、礼貌，说话要含蓄，要留有余地。

（四）准确地还原信息

在交际活动中，信息发送者不仅要会发送信息，还必须随时注意对反馈信息的还原，准确还原信息对了解信息传播效果，随时调整传播策略，重新发送信息是极为重要的。所谓还原信息，是指传者对反馈信息的接收、解读过程。

1. 信息的接收

信息发送者必须同时具备两种能力，一种是编码、传播能力，另一种是译码、接收能力。他不仅要会“说”，更要会“听”。这里的“听”是指真正意义上的"倾听"，用耳、用眼、用脑、用心，同时接收和分析信息。用耳清晰明白地接收对方的信息；用眼睛观察对方的表情、神态、动作；用头脑分析信息发出者的动机、目的；用心去理解和体贴对方的感情和心境。只有做到这几个方面，才能做到真正意义上的"听"。

2. 信息的解读

接收到信息之后，还要对信息进行解读，通过信息的符号载体准确地还原信息的真实意义。一般来说，接受者能完全准确无误地把信息意义解读出来的情况是很少的。接受者是以自己特有的心理状态、思想方法、感情倾向、立场观念来解读对方信息的，解读容易出现偏差。为了更准确地解读信息内容，应该注意以下几方面的内容：

第一，接收语言信号的同时，要注意非语言线索的解读。

有时对方会有意模糊地、含蓄地、曲折地用语言表达信息，不能凭借语言本身解读信息，需要在认真听的同时观察对方非语言线索，如表情、手势、动作等。非语言状态往往是对方无意识做出来的，更容易表达出对方真实的思想感情，可以作为语言符号的解释手段，这对于我们解读信息的真实含义是有帮助的。

第二，要善于听出对方的"言外之意"。

语言含义非常丰富，语意差异变化细微，变化多样地用词、造句，以及语调、语速、重音、衬词的运用使同一信息可以产生多种多样的表达。中国语言词汇丰富，遣词造句变化多端。例如，一个"笑"，可以有微笑、大笑、苦笑、冷笑、奸笑、痴笑、干笑等多种差别，有时对方还可能说反话，即话语含义与信息含义正好相反。所以要善于捕捉语言背后的真实含义。

第三，要克服主观倾向，注意设身处地地理解对方。

信息接收者的主观倾向会干扰对信息的解读。信息接收者过分相信自己的主观判断，就会产生一些主观倾向。例如，对信息发送者个人的好恶态度倾向、个人感情倾向、对兴趣的偏好、对利益关系的倾向等。我们只有克服主观倾向，客观地分析信息内容，才能做到实事求是。要学会站在对方立场上分析问题，设身处地理解对方，冷静地思索，减少误解。

第四，要善于解析信息内容。

发送者发出的信息有时内容很多，众多内容在表达时是按照一定逻辑关系或者策略要求有机排列，先后关联。我们要善于"去粗取精，去伪存真，由表及里，由此及彼"，剔除表面的假象，挖掘内在的真实；排除次要内容，突出重点信息；避免断章取义、片面理解或囫囵吞枣、将信息一概收入。关键问题在于要善于思考分析。

第二节　交际方式

一、影响交际方式的主要因素

交际方式是指交际主体与交际手段的总和。交际方式是划分不同类型的人际关系的依据和标准，也是我们判断人际关系性质和亲密程度的主要依据。从总体上来说，影响交际方式的因素主要有以下几方面：

（一）社会生产方式

一个社会基本的交际方式，归根结底是由该社会的生产方式所决定的，可以说，有什么样的生产方式就有什么样的交际方式，生产方式的发展变化决定交际方式的发展变化。

由于社会生产力和生产关系的矛盾运动，人类社会先后出现了五种历史类型。与此相适应，也出现了五种类型的交际方式。这一历史事实表明，交际方式受社会生产方式的制约，并随着生产方式的发展而发展。一成不变的交际方式，适用于一切社会的交际方式是根本不存在的。马克思说："……物质生活的生产方式制约着整个社会生活，政治生活和精神生活的过程。"交际方式是社会物质生活条件的具体反映，自然也受社会生产方式所制约。

马克思主义认为，社会存在决定社会意识，经济关系决定意识形态关系。人们用何种方式，采用何种手段获得物质生活资料，人们就将形成何种类型的人际关系，就会有何种的交际方式。

交际方式的发展变化，不是哪个人的"主观意志"和"内心意向"决定的，而是由社会物质生活条件，即生产方式决定的。并随着生产方式的发展而发展。生产方式决定人们的生活方式和交往方式，从而决定人际关系的发展状况。

总之，交际方式的发展受社会生产方式的制约。当某一社会的生产方式发生变革时，生活在这一生产方式中的人们，也必然改变自己的生活方式和交往方式，人与人之间的关系也因增添许多新内容而向前发展。

（二）社会上层建筑

选择何种交际方式不仅受社会生产方式的制约，而且还受社会上层建筑的影响。

1. 受社会政治制度的制约

社会政治制度主要指政治、法律制度和设施。政治、法律制度和设施是直接维护经济关系和物质利益的强制性的手段，是统治阶级根据自身利益的需

要，按照自己的意志自觉地建立起来的。为了维护现存的经济关系，统治阶级必然要求维护现存的在经济关系基础上形成的人际关系，以维护统治阶级所需要的生活“秩序”。政治、法律制度和设施是维护现存人际关系的巨大的现实的力量。一方面，它是生活在该制度下的人们的外在环境，客观地影响着人们的思想、观点的内容和性质；另一方面，统治阶级可以通过自己的宣传，教育、文化等机关，有组织、有计划地大力宣传自己的思想观点，并和其他阶级的思想观点进行斗争，以倡导、灌输自己所需要的交际的观念。

所以，政治、法律制度和设施是维护人际关系的强大的现实的力量。而交际方式是人际关系的动态表现形式，因此，一个社会的政治制度必然影响着人们的交际方式。但值得一提的是，政治、法律制度和设施，只把人际关系限定在“秩序”的范围内，是从整个社会范围的角度，决定人际关系的基本的、一般的状况，并不具体地决定社会人际关系的个别情况。

2. 受社会意识形态的影响

一个特定的经济关系所需要的人际关系的存在、巩固和发展，不仅需要强制性的政治、法律制度和设施来规范人们的行动，把人们的行为限定在一定的秩序之内，而且还需要有意识形态来论证这种人际关系及其所反映和表现的社会经济和政治关系的合理性，使人们“自觉”（不管能否做到）地遵守制度，维护秩序。因而，社会意识形态对某种人际关系的存在、巩固和发展有重要影响。它可以通过有系统地倡导，有计划地教育，有目的地感染，具体地向人们灌输某种行为规范。并通过塑造人的灵魂，使其形成特有的观念和品质，以便人们在自己的行为中执行这些规范。人们的政治思想和道德品质，对人们怎样进行具体的交往有决定意义。因此，上层建筑对交际方式的影响而言，意识形态影响着交际方式的具体状况。

（三）个人社会地位

人际关系的性质和状况由一定社会经济关系所决定，并受一定的社会政治上层建筑和意识形态所影响。但是，由于人们在社会生产和社会生活中从事的实践活动是丰富多彩的，个人具体的社会实践地位也是处于不断变化的动态之中，因此，对于每个具体的个体而言，他采取何种交际方式还受其社会实践地位的影响。

1. 个人社会实践地位的变化影响其交际的范围、层次和结构

个人在社会生产和社会生活的实践活动中，具体的政治、经济和社会地位不同决定了个人在交际中交往对象的范围、层次和结构是不同的。一个人，当他还处于学生时期，以一个学生的身份参加交往，他的社会实践地位就决定他

的交往范围狭小，交往的层次少，交往的结构也很简单。更多的、经常的、大量的是与学友和老师进行交往。而当他一旦结束学习生活，走向社会，参加了一定的职业活动，随着他的社会实践地位发生了变化，他在交往中与他人结成的关系也会随着发生变化。无论是从交往的范围、层次还是文化的结构，都相应地扩大、多层次、复杂化起来。他如果是一名普通的职工，就要发生与同事的关系，与领导的关系等。如果他经过几年的锻炼，工作很有成绩，被选拔为部门领导，由于他的社会地位的变化，交往的范围就更加扩大了，交往的人增多了，层次也多了，既有部门领导内部之间的关系，又有和上级领导的关系，还有和下级的关系；结构也更加复杂了，既有同普通员工之间的关系，又有同一般干部的关系；既有同本部门领导之间的关系，又有同其他部门领导之间的关系等。可见，个人社会实践地位的变化，对于个人人际交往的范围、层次和结构的影响是非常明显的。

2. 个人社会实践地位的变化影响个人在交往中的地位和态度

个人社会实践地位不同，影响个人在交往中的地位高低、知名度的大小和在交往中别人对自己的态度。这是因为，在现实的社会生活中，还存在差别，还存在事实上的不平等，还存在一些传统的、封建的观念，这就决定了人们在交往中的地位不同和别人对自己的态度的不同。

3. 个人社会实践地位的变化影响个人与他人的利害关系

个人与他人进行交往，总是体现一定的利害关系。当个人社会实践地位发生变化，个人与他人的利害关系也会随着发生变化。这是因为，个人社会实践地位决定个人具体人际关系，个人处于何种社会实践地位上就会和他人结成何种类型的关系。例如，某人是一位教师，他的社会实践地位决定他在与人交往中，只发生同事间或与学生、与领导的利害关系。一旦他的社会实践地位发生变化，以一校之长的身份与人交往时，就由原来的利害关系转化为与全校的教职员工、学生的利害关系，他的思想品质、工作作风等会影响全校的每一个人。社会公共生活中人们之间利害关系的变化无不如此。人们必须正确认识这些变化，处理好各种利害关系，使人际关系得到健康发展。

二、现代交际方式的特点

（一）交际范围广泛

在封建社会里，由于自给自足的小农经济占主导地位，生产规模狭小，社会分工不细，导致人们交际空间范围的缩小。当今社会，社会分工越来越细，交通通信迅猛发展，为拓宽人际交往的空间范围提供了便利条件。社会化大生产已不像传统农业生产那样把人固定在一个地方、一个区域工作。人员流动、人事变迁、人才竞争等已成为平常之事。所以，人们的交际范围远远超出地缘、亲缘范围。人们借助便利的交通工具、通信工具、传播工具，最大限度地开拓交际领域。内地与沿海、北方与南方、城市和乡村，人们已打破各种封闭和障碍，广交朋友，广泛合作。国际交往方面也日益频繁，各国都为增进了解，发展友谊，争取合作，发展自己而开展广泛的交往。

（二）交际量极大增加

交际范围的扩大，带来了交际量的大大增加。在传统社会，由于统治阶级的政策，以及交通业的落后，人们相互交往的机会较少，交际量相当有限。现代社会中，人们生存空间增大，交往机会增多，各种各样的联谊会、茶话会、棋会、舞会等，为人们沟通感情、加强联络、结识朋友提供了众多的机会。尤其是互联网的普及，人们在网上聊天、交友，使交际的量大大增加。这大大丰富了人们的交际生活，扩大了人们的眼界，拓宽了人们的视野。

（三）交际追求高效率

传统交际的一个重要特征就是繁文缛节，这与过去的慢节奏生活相容，但与现代高度文明、讲究效率的快节奏生活方式则是相悖的。现代社会追求高效率的工作，“时间就是金钱”已成为人们的共识，交际活动越来越讲究时间效益。人们已不再推崇那种说话迟缓、行路厚重、礼节烦琐、拖拖拉拉的做派和消磨时光式的交际方式，取而代之的是单刀直入、开门见山的“短、平、快”的交际方式和简短明快的礼节仪式。无论寒暄问候，还是迎宾拜访，还是其他内容的交往，交际方式日趋简单，而在家庭、亲密朋友之间，交际的一些礼节（主要是客套）也逐渐减少甚至被忽略。上下级之间、师生之间、长幼之间的交际也不必恪守某些带有男尊女卑或者表现等级观念森严的浓厚色彩的传统的礼节。由此带来的是提倡有约在先和守时的作风。人们讲究事先有约，强调准时践约，以体现修养，尊重他人，节省时间，提高效益，使交际更为有序地进行。

（四）交际内容带有一定功利性

在现代商品经济中，人们不仅把交际活动作为个人精神的需求，作为社会发展的条件，而且高度重视交际活动的功利性，把交际与组织目标和交际者个人的事业发展结合起来。单纯的娱乐性交际活动减少，而与组织业务开发、个人事业联络相结合的交际活动大为增加。

三、交际方式类型

人们进行交际的方式是复杂多样的。即使是同一个人对同一客观对象在交往的不同时间段，其交际方式也是在变化的，有时是多种方式交替使用，杂糅在一起。概括起来，大致有以下几种：

（一）平行式

指相互传递信息的成员处于一条平行线上，彼此交际的面仅限于一人，并只能通过对方再与他人进行间接交际（如图 2－1 所示）。

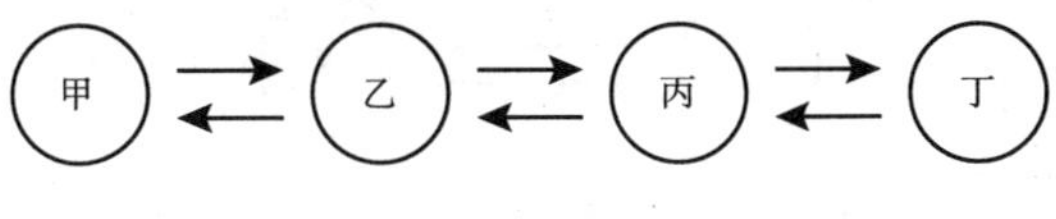

图 2－1

平行式在特定的情况下有其一定的优点。如对一些保密性强的信息传递，安全要求高的物品运送等，只能采取专人负责，层层段段负责的方式。这种交际方式准确、安全、可靠，同时也便于交际的双方深入了解，增进彼此的感情。

当然，平行式交际是一种单向交际，它有许多弊端。首先，如果与多人交际时，这种方式最费时间，也较容易发生传递失误。假如某班组有成员十人，集中开会的通知方式如果采用平行式，依靠甲通知乙，乙转告丙，丙再转达丁，如此一一通知到，不仅会耗用很长时间，而且有可能转告失误。现实生活中靠此种方法将会议内容、时间、地点搞错的，时有发生。由此还可以推及，有些小道传播的消息不可轻信，因此类非正式消息通常是以不登大雅之堂的方式窃窃私语地平行式传播的。每个人都有添枝加叶的可能，每个人也都可能融进自己的感情色彩。故传到最后，几乎是面目全非，黑白颠倒。

其次，平行式方式受个人活动范围局限，交际面窄。特别是单个人之间的交际，容易受到个人思想、知识水平的限制，交际的目的、成效就往往带有主观性和片面性。例如，对某一课题领域的研究，不注意博采众家之长，不善作横向比较，虚心向一切内行人学习，只迷恋于个别权威（权威当然是需要的），其结果就有可能坐井观天，一叶障目，导致行动决策的偏差。

（二）循环式

指人与人之间的交际活动是相互的，从总体上看这种交际方式也是呈循环状的（如图 2－2 所示）。

甲与乙、丁之间有互为交往关系，乙与甲、丙之间有互为交往关系，丙与乙、丁，丁与丙、甲之间也同样有互为交往关系。这样甲不仅与乙、丁有直接关系，而且通过丙的间接作用，形成了循环式的交际网络和信息反馈渠道。

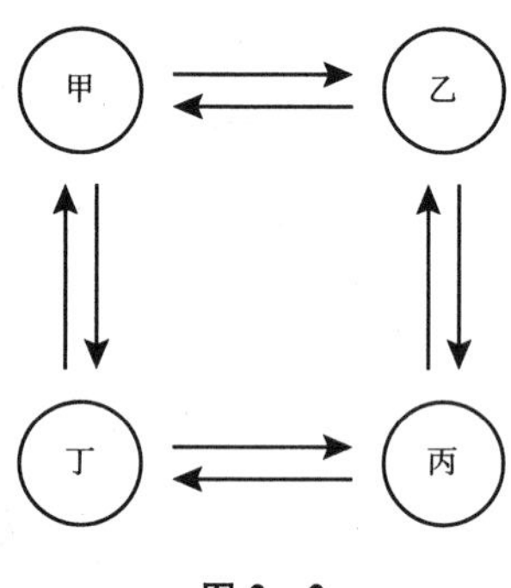

图 2－2

较之平行式来说，循环式交际方式中的每个人，彼此之间的接触由单向变成了双向，开始形成一定的信息反馈。但此种方式仍在一定程度上受个人感情的制约。甲、乙、丙、丁中任何一个人要想与整体全面交往、协调，总要通过某种间接渠道才能实现，交际中对是非、真伪的识别往往造成失真。例如，中国人历来有好客的传统，只要对方自称是亲戚的亲戚、同学的同学、好友的好友登门，不管对方何种身份，都一概热情接待。当某些不法分子利用这一方式行骗时，就有可能使人在交际中上当受骗。

（三）辐射式

指交际以一方为主，其余各人均与其发生单向交际的方式（如图2－3所示）。

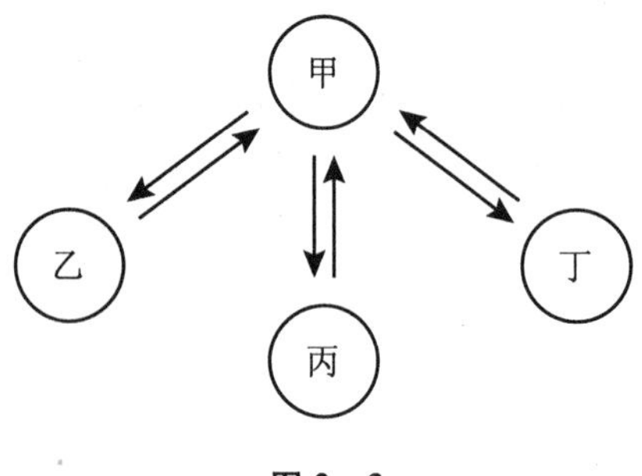

图 2－3

此种方式由于甲的作用，信息发散快，传播面广。一个激动人心的报告，受益者将是成千上万人；一项关键性决策，将准确无误而又迅速地传达到所属各基层。但由于甲始终处于主导性、决定性地位，其他任何各方要横向发生交往，都要受到甲的制约和影响。因此，对甲在交际中的要求比较高。甲的道德、文化水准直接影响着周围与之交往的人们；甲的信息源的科学率、正确率，决定与此相关人们的决策行动。同时，甲还应妥善处理好与交际各方的关系，否则就会成为人们所说的“家长式”、“专制式”。我国受几千年封建制度的影响，产生了人们交际中的保守性和依赖性。至今仍有一些人将自己的交际圈圈定在血缘、地缘的小圈子里，在工作中习惯于某种“和谐”的主从关系。

（四）多向式

指打破单向、双向常规，呈纵横交错、多向状态的交际方式（如图 2－4 所示）。

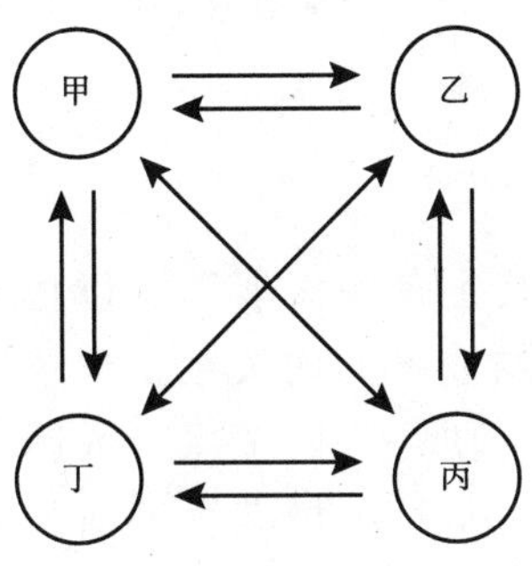

图 2－4

多向式交际，充分发挥了每个人在交际中的主观能动作用。任何人都可以独立自由地同其他任何一方发生直接交往，避免了间接往来造成信息上的失真和时间上的延误。每个人在交际中既可以作为主体，又可以作为客体，有利于发挥人们在交际中情报、智能、心理等方面的互补作用。

当然，此种方式也有许多问题值得研究，如由于交际面的扩大，交际的宽度与深度之间关系就值得探讨，这就要求我们在交际中要妥善处理好与各方面的关系，除了自身的自律要求以外，还要认真学习、思考处理各种关系的方法原则。同时，由于交际对象的广而杂，就有必要对信息鉴别取舍，对行为正误进行选择，对交际所耗费的时间与工作、学习的精力，就有个恰如其分的交际频率问题等，这些都有待于人们在实践中进一步总结研究。

第三章 交际中的人际关系

第一节 人际关系的实质

一、什么是人际关系

人作为社会的一员，其生存和发展都要以他人的存在作为前提，因此人们才以各种不同的方式结成不同的关系，形成一定的群体和社会。这种在人与人之间建立的关系，便是人际关系。人际关系问题，已成为众多社会科学关注的对象，因为它是一种极其普遍而又非常重要的社会现象。人本身就意味着关系，有人存在就会有人际关系。对于个体来说，人际关系是其生存和发展的基础；对于社会来说，同样是其存在的方式和发展的动力所在。因此任何一门与人有关的科学都不能忽视对人际关系的分析和探索。交际学尤其如此。

从交际学的观点来看，对人际关系有两种不同的理解，即广义的人际关系和狭义的人际关系。从广义来看，一切社会关系如生产关系、经济关系、政治法律关系、文化艺术关系、思想意识关系、阶级关系等，最终都可以归结为人际关系，因为这些关系归根结底是要通过人去实现的。这正是目前很多学科探讨人际关系的思路。这是一种对人际关系的宏观分析方法。广义的人际关系也可以叫做间接的人际关系。从狭义来看，人际关系则指人们通过交际活动形成的交际主体之间直接的心理关系。它以有无直接的心理接触作为其存在的标准。因此，狭义的人际关系通过人们的交际活动而建立，并通过交际主体之间的心灵接触、碰撞，思想感情的交流和相互作用的方式表现出来。交际学主要研究狭义的人际关系。当然也应该看到狭义的人际关系与广义的人际关系之间的内在联系，即广义的人际关系是狭义的人际关系存在的社会基础，狭义的人际关系则是广义的人际关系的具体运行机制，它们之间的关系是一般与特殊的关系。

二、人际关系的本质

人际关系是交际主体之间的一种关系。通过这种直接的心理关系，反映的是人际关系的本质的间接关系，即社会关系。社会关系是指以生产关系为本原的各种关系，包括政治法律关系、思想文化关系等的集合体或总称。人类最早产生的最基本也最重要的活动形式是生产劳动，因此人类形成的最基本的社会关系便是生产关系。生产关系即人们在生产活动中形成的社会关系。人类要生存，首先是要处理好与大自然的关系，即必须发展生产力，向大自然索取必要的生活资料和生产资料。而处理好人与大自然关系的前提是调整和处理好人类自身的各种关系，包括以什么样的组织形式进行生产劳动才能取得理想的效果；人们在生产活动中处于什么样的地位、担当什么样的角色以及所获得的劳动成果如何分配、怎样消费等。只有处理好了这些关系，人类的生产劳动才能有效地进行，这些关系实际上就是生产关系所包括的内容。

当今，随着社会的发展，大城市的不断涌现，人们越来越担心人际关系会被削弱。因为人们常常感到高楼大厦中的住房越来越像一个个鸟笼。由于科技发达、电视的普及、高速信息公路的建立、服务行为的日益发展，使邻居的概念越来越淡化，相互交往越来越少。

但是，这仅仅是一种不完整的社会现象。作为一个人，有很多需要，而人际交往需要总是处于一个十分重要的位置。并且随着物质生活的日益丰富与满足，人际交往的需要必定成为越来越重要的社会课题和人生课题。

社会心理学家的观点是，人们越来越成为“被人引导的一代”。事实上，确实是这样，这种现象体现为两方面：

一方面，个体的感觉被他人所引导。例如，一个人过得很舒适，但他在没有其他人肯定的情况下，就感觉不到；一个人很劳累，但是，由于他人的表扬，却感到很舒适；一个人写了一篇文章，只有得到教师或读者的评价时，才体会到自己写了一篇文章；一个书法家或画家的作品，更是要等到社会的承认，才能真正确认其存在的艺术价值。因此，人际关系变得越来越重要，几乎达到主宰一个人心理状态与社会角色的地步。

另一方面，每个人都处于双向依赖的生存方式之中。例如，传统的观点认为，幼儿是依赖于父母而生活的。而现实告诉我们，父母也是依赖幼儿而生活的。与此同理，顾客依赖营业员，营业员也在依赖顾客；学生依赖教师，教师也在依赖学生；下级依赖上级，上级也在依赖下级；个人依赖社会，社会也在依赖个人等。总之，整个社会都处于既让他人依赖，又依赖他人的位置上。

马克思指出：人的本质是一切社会关系的总和。用这个科学论断考察个体，可以看到，个体的每一个发展与完善都是他人协助的结果。用这个科学论断考察整个人类的本质，我们可以认识到，社会是由人际关系所连接起来的。由人际关系的定义可以推知，从某种意义上说，集体是通过个体之间的相互心理联系而形成的；社会又是通过个体与集体、集体与集体之间的心理联系而形成的。

因此，人际关系的本质在于组成社会和集体，在于促进个体的自我完善。换言之，正是人际关系使社会朝着有秩序的方向发展，使人类能共同生活、和睦相处，使人们能够共同挑起促进社会发展的重担。

三、人际关系的类型

人们通过结成一定的关系组成社会，社会的复杂性决定了人际关系的多元性。根据不同的标准，人际关系大致可以分为如下几种类型。

（一）不可选择型和可选择型

根据人际关系形成的途径，可以将人际关系划分为不可选择的人际关系与可选择的人际关系两大类型。不可选择的人际关系主要是由血缘或其他社会因素决定，交际主体不能自由选择，如父子关系、母子关系及兄弟姐妹关系都属于此类。这种人际关系的确定是不以人的意志为转移的。但必须注意，出身或血缘决定的只是人际关系的形式，其人际关系的具体内容则是由人们之间的交际状况决定的。同是父子或母子关系，为什么有的关系非常融洽、密切，而有的关系淡漠甚至水火不容，原因就在于交际的状况不同。

社会中绝大多数人际关系都属于可选择的人际关系。可选择的人际关系，即指可按交际主体选择交际对象而形成的人际关系。例如，人们可以按照自己的标准去选择中意的配偶，从而建立起美满的夫妻关系；学生可以选择自己要进的大学，从而建立起一定形式的师生关系或同学关系；居民可以选择自己的居住地点，从而建立不同的邻里关系等。人际关系可选择性为人们建立和谐的人际关系提供了条件。封建时代的婚姻大都是父母之命，媒妁之言，作为建立和承受这种关系的交际主体没有选择的余地，因此那时的夫妻关系和谐美满的很少。今天，每个青年男女都可以按照自己的标准来选择自己的意中人，并且一次选择失误，还可以再行选择，这与封建时代相比，真有天壤之别。

从这里我们发现，人际关系是否可选择与社会存在密切的关系，前面提到的由社会因素决定的不可选择的人际关系指的就是这种情况。一个社会完全可以剥夺人们选择人际关系的权利，封建时代的夫妻关系仅是一例。其实，在一个封闭型的社会里，很多本来可以选择的人际关系实际上变得不可选择，或者选择的余地非常小。

社会的开放为人们选择人际关系提供了条件，人们不仅可以选择自己的配偶关系，同样可以选择自己的邻里关系、师生关系、同学关系、同事关系等。

（二）短期型和长期型

根据人际关系的维持时间，可将人际关系划分为短期人际关系和长期人际关系。所谓短期和长期没有明确的时间界限，因此这种划分是相对的。例如，酒店服务员与顾客的关系，剧场演员与观众的关系通常都属于短期人际关系。但如果某顾客长年出入某酒店，他与服务员之间的关系也就成了长期人际关系。夫妻关系、师生关系、同事关系等都是长期人际关系。

（三）亲密型和松散型

这是根据建立人际关系的交际主体之间心理距离的远近或感情的融洽程度来划分的。交际主体之间感情融洽，心心相印，则这种关系属于亲密型人际关系；幸福的夫妻，知心的朋友都属于这种类型。反之，那种见面相识，虽有某些接触但无多少感情投入的关系都属于松散型人际关系，服务员与顾客，点头之交的“朋友”都属于此种关系。

（四）情感型和契约型

根据维系人际关系的不同方式，可将人际关系划分为情感型和契约型。主要靠感情维系的人际关系称为情感型人际关系，如朋友关系。主要通过一定的契约形式维系的人际关系则是契约型人际关系，如雇主与雇员的关系。有些关系则是通过情感和契约共同维系的人际关系，典型的例子是婚姻关系。男女双方先是通过恋爱建立起了情感关系，但正式建立夫妻关系则必须履行手续，通过法律这条纽带最终把他们结合在一起。为什么有了情感这条纽带还不够，还必须再加上法律这条纽带呢？经验告诉我们，感情这东西是不稳固的，是容易变化的，作为一条维系婚姻关系的纽带显得太脆弱了，随时容易断裂。而婚姻是终身大事，不仅事关个人的幸福，而且影响到社会的稳定。因为以婚姻为基础的家庭是组成社会的细胞，因此将这种重要的关系用一条脆弱易断的纽带去维系，人们不放心，必须在它外面再加上一条坚韧的法律的保险带。

从总体来看，情感型人际关系向契约型人际关系的转化是传统社会向现代社会转化的趋势之一。

（五）血缘、地缘和业缘人际关系

从影响人际关系的形成和发展的因素来看，可以将人际关系划分为血缘型人际关系、地缘型人际关系和业缘型人际关系。血缘型人际关系属于不可选择的人际关系，这种关系由先天的血缘关系决定。地缘型人际关系则指人们由于所处的空间位置或地理环境的影响而形成的人际关系，最典型的地缘型人际关系是邻里关系。由于人们居住在同一空间位置，相邻隔壁，有交际的机会，因而建立起了邻居关系。业缘关系是指在职业或工作条件影响下建立和发展的人际关系，如同事关系、上下级关系或战友关系等。在现实社会生活中，血缘、地缘和业缘人际关系是三种普通而重要的人际关系，因为它们的好坏直接影响到人们生活的和谐和社会的稳定与进步。

四、协调人际关系的意义

现代社会的人际关系是复杂和多样的。正确处理好人际关系以适应现代社会生活，是人们面临的一个重大课题。处理和协调人际关系无论是对社会组织还是对个体都有着不可低估的重要意义。

（一）对社会组织的意义

对于社会组织来说，处理和协调人际关系的意义主要表现在以下几个方面：

1. 协调的人际关系是培养社会组织内部“家庭式氛围”的必备条件

在社会生活中每个人都有经济的、社会的、心理的、精神的不同层次的内在需求，只有使人们的种种需求在组织内部得到基本满足，才能使该组织保持稳定和发展，因而协调和处理好人际关系是一项极其重要的工作。如果人际关系协调和处理得好，能够形成和谐、融洽、一致的人事环境，就会使人们感到置身于组织集体之中犹如置身于自己的家庭之中，把组织看成是一个扩大了的家庭，从而形成良好的“家庭式氛围”。

在这方面，日本的一些企业、组织具有独到之处。在日本的企业里，儒家的“和为贵”精神在今天已经扩展成为和睦相处、团结合作的企业观念。企业上下致力于培养和维系和谐亲密的家庭式气氛，反对个人主义和内部相互倾轧，把企业营造成彼此不可分离的命运共同体。从它的历史发展进程来看，儒家文化构成了日本现代化管理的基础，“和”是人们向往并努力争取达到的共同目标。

传统的儒家学说是以家族为主体进而分析推广到整个社会的，它在调整、协调人际关系，维护社会组织内部的融洽和稳定方面，具有一套完整的理论体系。从实践上看，强调人际关系，进而培养“家庭式氛围”成了日本企业成功的三大法宝之一，有些经验确实是值得我们借鉴的。例如，日本人在工作中十分注重交流，日本企业的老板常常和员工泡在一起，有什么事，亲自到车间找员工谈话。在人际关系上，日本企业的老板总是尽量使每个雇员感到自己很重要，老板有机会总是与员工一起吃饭，以联络感情。

2. 处理和协调好人际关系是增强群体凝聚力和向心力的重要因素

凝聚力和向心力是将组织内部各个成员吸引在群体里面的合力。一个组织的凝聚力和向心力通常是评价组织形象的重要指标。影响组织凝聚力的因素有：①员工间人际关系的和谐程度；②领导对员工重视和尊重的程度；③个人价值实现的机会多少；④工作环境；⑤职工福利和待遇；⑥组织的前景和现状；等等。显然，在一个群体里，和谐、融洽的人际关系能使每个正常人健康、合理的心理需求得到不同程度的满足。个人心情舒畅，群体宽松和谐，组织的凝聚力和向心力就会日益增强。反之，倘若一个群体中人际关系紧张，互相冷漠，互相离异，甚至明争暗斗，搞“窝里斗”，势必使个人感到苦闷、压抑、紧张，群体因之也就有可能走向解体。

3. 处理和协调好人际关系是提高工作效率、完成群体目标、实现人的价值的内在要求

人的本质在其现实性上是一切社会关系的总和。人不是单纯的自然物，人的本质是人的社会性；规定人的本质的社会关系是多方面的总和，生产关系是一切社会关系的基础；人的工作是一种社会劳动，它的效率、效果既与许多人的分工协作有关，也和这些人的工作情绪有关，而这两点都和人际关系的好坏相关。从另一个角度讲，人的价值的实现也与人际关系紧密相关。人的价值就整个人类讲，是人类对世界的改造及其成果所能满足人类自身需要的程度和状况。就个人讲，一是社会对个人的尊重和满足；二是个人对集体、对社会的责任和贡献，而主要是从个人对社会进步的贡献来评价人的价值。如果人际关系好，大家互相配合、群策群力，心往一处想，劲往一处使，必然有利于提高效率，促进工作目标的完成，从而也就为人的价值的实现创造了条件；反之，假如人际关系不好，人与人之间猜疑、妒忌、冲突，把大量的精力和劳力浪费在错综复杂的人际内耗中，则势必影响工作效率的提高和群体目标的实现。而一旦离开效率、效益和效果，一个人对社会的责任和贡献也就无从谈起了。正因如此，中国古代哲人孟子强调：“天时不如地利，地利不如人和。”

（二）对个人的意义

1. 协调人际关系是人的一种基本需要

按照马斯洛的需求层次论，人不仅有“衣食住行”方面的生理需要、“生老病死”方面的安全需要，还有社会交往的需要、被人尊重和理解的需要以

及自我成就、自我实现的需要。不难看出，人的生存需要离不开人际关系的协调。个体的人只有和他人结成一定的关系，才能与自然界相抗衡，才能成功地实现人和自然界之间的物质变换和能量变换，才能有效地从自然界获得信息并实施对自然界的积极改造，才能生产出和交换到自己所必需的生活资料和生产资料，否则就难以满足个人生理的与安全的需要。

人还有手段性交流和满足性交流的需要。手段性交流的根本着眼点是寻求某种功利目的。为某种目的走到一起的“会谈性交流”和以说服对方为宗旨的“控制性交流”是手段性交流的两种基本形式。满足性交流的着眼点不在于交流之外的什么功利性目的，而在于交流行为本身，以及经由这种交流而达到的一种自我满足。

无论是哪一种交流，都涉及人的社交方面的需要、情感心理方面的需要。这种需要是人类特有的较高层次的需要。任何个人都希望处在一种和谐、融洽、协调的人际关系中，彼此信任、尊重、理解、支持、合作。如果失去人际关系或关系处理不当，个人在社交、情感心理等方面的需要就得不到满足。

2. 协调人际关系是获取机会、增强实力的重要途径

对于现代社会的创业者来说，创设条件、把握机会是走向成功的必经之路。马太效应显示，机会导致成功，成功则带来更多的机会；反之亦然，没有机会难以成功，不成功更没有机会。古今中外，此类案例不胜枚举。那么怎样才能争取到更多的机会呢？这里自然涉及诸多的因素。比如，一个年轻干部能否进一步提拔，除了“德、能、勤、绩”四要素之外，年龄、知识、专业等都是不可忽视的，但良好的人际关系同样至关重要。

美国成人教育专家戴尔·卡耐基认为：现代人事业的成功15%取决于专业，85%靠人际关系。我们姑且不论这一表述的准确性如何，而人际关系的重要性确实是显而易见的。如果一个人拥有良好的人际关系，别人就乐意为其提供各种各样的机会，同时也会赢得各方面的支持。因而，不管你从事的是何种工作，都会使你的社会阻力减少到最小的程度。

建立良好的人际关系也有助于增强一个人的实力。现代社会高度的社会分工和多维合作，迫切需要人们学会沟通、协调、合作，学会“借鸡生蛋”和“找米下锅”。通过友好合作的途径，充分利用“外脑”以丰富、充实自己的“脑袋”，不断使用“外力”来增加自身的实力。当今社会如果没有良好的人际关系，就难以创造出更多的社会财富，也无法在激烈的竞争中立于不败之地。

3. 协调人际关系有助于人正确地认知自我

一个人的认知能力、规范能力和评价能力是在各种人际关系中逐步形成和提高的。通常，人际活动的有效性可以从信息层次、感情层次、态度层次和行为层次去进行考察。这里，无论是从认识和规范的角度看，还是从评价的角度看，只有处在特定的人际关系中，才能对问题作出清楚、全面的认识。在一个人与他人的相互关系中来认识自我和认识他人，并对人际活动的有效性进行总体的分析考察，是提高人的认知、规范和评价能力的前提。

人际关系的协调对于人的个性发展和重要影响更是不言而喻的。正如马克思所说，“只有在集体中，个人才能获得全面发展其才能的手段，也就是说，只有在集体中才可能有个人自由”。一个人只有和他人构成良好的人际关系，才能充分地显示自己的才能，并发展自己良好的个性，为实现自我的价值和目标、求得自身的全面发展创设必要条件。

第二节　人际关系的发展规律

一、动因规律

人际交往动机是指人们的交往行为产生的动因。人际关系的发生一般都经历四个阶段：刺激—需要—动机—行为，其中就表现出深刻的动因规律。

不论是外部刺激还是体内的刺激，有了刺激就会引起心理需求，产生交往的动机和行为。因此，刺激是人际关系发生的第一步。

需要是客观事物反映在人脑中引起的意愿、欲望或要求。有了需要，必然向社会寻求，从而产生交往，形成人际关系。按照马斯洛的观点，人的需要可分为五个层次，即生理的需要、安全的需要、社交的需要、尊重的需要、自我实现的需要。西方行为学派提出激发动机理论，其核心内容是：需要引起动机，动机决定行为。分析人的行为都可以从需要上找到答案。

人的需要是多方面的，既有物质的需要，又有精神的需要。能激发人际交往动机的需要主要有：

（一）认识自己，准确评价自己

在与他人的交往中，可以在观察自己与他人的相互作用中了解自己。在感知中获得对自我评价有参考价值的信息。通过别人对自己的看法，证实自我评价，使自我评价更扎实可靠。

（二）吸取别人的经验教训

注重人际交往，能以较短的时间和较少的代价获得积极的经验，尽量减少消极的教训。一个人一生的经历有限、时间有限、结交范围有限，所有的聪明才智不可能全靠自身的实践去点点滴滴地积累。如果注意从他人的发展中吸取有益的启示，或是善于总结自己过去与人交往的经验，是十分聪明的做法。一方面，取人之长，完善自己，使自己少走弯路。另一方面，从对方的长处中得到刺激和激励，可以增加前进的动力。

（三）掌握信息，预测动向，提高应变能力

人们通过双向、纵向、横向、相互交叉和多方位的联系，广泛接收来自四面八方的信息，使自己能准确地把握自己的位置，搞清与周围的关系，以寻找完善自我、向更高层次发展的可行性方案。依据周围的人际关系动态，预测和应付各种变化，便于在问题尚未出现的时候，把防范措施摆在前面，在不顺利的时候，尽快找出症结所在，制定摆脱逆境的对策。有时，还可以在交往中影响对方的态度和行为，从而改变周围的人际环境，使事态向着有利于自己的方向发展。

（四）从交往中获得知识和乐趣

与他人自由平等地交往本身，对大多数人来说就是一种乐趣，如交流信息、开阔视野、寻找友谊和理解、增长知识等，每一个目的都能激发人的交往动机。在交往中，人们企求知识的互补，或者在交往中共同参与双方都感兴趣的活动。共同的追求、共同的兴趣使他们都感到心情舒畅，交往动机就更加得到刺激和鼓励。反之，如果交往不和谐，双方都感觉负担、压力甚至厌恶，交往动机也就消减直至终止了。不是任何人与人之间的交往都能够感受到乐趣的。人际关系的存在和发展，取决于交往双方能否都从关系的发展中获得好处，感觉愉快，而不是付出更大的代价。即使必须付出更大代价，如付出时间、精力、经费、能量以及因社交不协调所造成的心理压力等，也是以交往双方在价值观念中看重的收获为前提的。如有的人看重友情，有的人看重眼前实惠，有的人看重对方的才华，有的人只不过看重的是对方手中的权力等。

（五）迫于他制他律的要求而使心理平衡

有时，与人交往的动机并非出于本意，只是由于受朋友之托、因上司命令或因利害关系所驱，为维护与他们的关系而不得不与某人交往；或者只是由于本身职位的安排不得不与有关的人打交道；或者是因为要遵守社会公德，出于义务感、责任感，出于对团体利益的忠诚等。虽然，这类交往动机不是为了直接的个人需求，但是，倘若不维护他人对本角色的期待，就会引起对方失望、

疏远，最后导致自己陷入心理上的倾斜、不安。这种受他制他律因素指导的交往动机，能够维持自身的心理平衡。

二、吸引接近规律

人际关系是以双方或多方的互动形式为基础，以人与人之间的相互吸引为基本交往形式的。在交往中，人与人之间有着不同层次的人际关系，这些关系反映了人与人之间相互吸引的程度。诱使人们相互接近吸引的因素是很多的，而且这些因素呈现某种规律性动态发展趋势，如果我们注意理解这些因素，在交际中做到扬长避短，既体现出个性，又把握好分寸，就会收到意想不到的效果。

（一）光环效应吸引

在社会生活中，人们容易被社会名人所吸引，或以名人的特点来要求与自己交往的人。如果周围的某人具有名人的特点，大家会愿意主动与他接近靠拢。光环效应吸引表现为以下几种可能性：

1. 外貌吸引

外貌是造成人际吸引的重要因素。外貌吸引能明显地反映第一印象的建立。在许多场合，我们会遇到一些素不相识的人，虽然我们对他们的个性、品质、能力等一无所知，但总会因为初次交往而留下一定的印象。根据心理学的研究，在这种情况下的第一印象，主要是受对方外貌的影响。在现实生活中，由于风姿过人而受到人们的赏识，这已成公理。中外历史上均有一些人并没有超人的品德和学识，仅凭漂亮的外貌就得到提拔，受到重用。不少交际学者指出的交际场上的“女性效应”大凡也是着眼于女性美的作用。亚里士多德曾讲：美丽比一封介绍信更有推荐力。

然而也须指出，外貌作为人际吸引的重要因素，毕竟是有限的，外貌美的吸引接近交际作用一半多适用于陌生人世界的短期交往，而不适用于朝夕相处的基本群体，单纯依靠外貌产生的吸引力并不能维持多久，更何况外貌美本身具有表面性和短暂性，而人的才华具有本质性和持久性。

2. 言语吸引

一个人谈吐机智、风趣、幽默，往往会具有极大的人际交往吸引力。

3. 才华吸引

一个人拥有超常的才华，尤其文学艺术方面的才能同样会吸引众多的追慕者。

4. 品学吸引

在人际交往中，个人品质也是决定人们之间喜欢与否的重要因素。如果一个人具有积极的工作和生活态度、思想质朴、守信用、勇于奉献等优良品质，就会产生人际吸引力。

（二）成就平衡吸引

成就平衡吸引指的是有相同目标的人彼此之间相互吸引。因为在追求相同目标的过程中，人们能感受到相知和被理解，从而获得心理上的安全感和平衡感。人类在生活的过程中，不断地寻求他人的赞同和认可，倘若某人产生一种特殊的观念时，特别期待别人赞同他的观念。例如，某位学者潜心多年研究一项难题，当他偶尔发现有人和他持同样态度追求相似目标时，立刻会感受到相知和被理解。这种原理还表现为有的人喜欢用别人的观念来证实自己的感觉、印象或结论，乃至信念、态度等。当个人遇到与他本身观念和态度不相同的人，就会产生内心的不适或紧张的感受，因此，不断地寻求被赞同的实据。假如找到赞同者，则立刻会被对方释放的吸引力吸引过去。

（三）邻近吸引

邻近吸引是指人们生活的空间距离越小，彼此越容易接近和吸引，越容易建立人际交往关系。邻近吸引的原因在于：

第一，邻近为人们交往的实现提供了条件。尤其有利于增加交往频率，使人们相互间有更多的了解和体验，更易于发现彼此的共同点，从而导致人际关系的建立。

第二，生活空间上邻近的人们的良好关系，“有用性”更大。按照社会酬赏理论和社会交换理论的观点，邻近为双方交往提供了彼此酬赏的机会，它可使人们获得最方便的交往，付出最少的代价，获得最大的“利益”。人们不仅可以迅速直接地满足自己社交的需要，还可以满足诸如情感的寄托、信息的获得、生活学习工作中的关照等方面的需要。正如人们常说的：“远亲不如近邻。”

第三，空间上邻近与时间上“长久”有一定相关。人们一般都期望在友善融洽的人际关系环境中生活，并意识到邻近者是自己经常交往的对象或长期共事之人，与之关系如何，对自己各个方面都有影响。因此，人们往往更多地从积极方面去评价邻近者，趋于夸大对方的积极品质，从而强化了人际吸引。

当然，空间距离的接近只是建立亲密关系的便利条件，最主要的是它能给人们提供更多的交往机会。否则，纵然是空间距离很近，如果“楚河汉界”，

"老死不相往来"，那也是谈不上建立某种关系的。因此，某种关系的建立亦不是一蹴而就的，其发展的状况和程度如何，在很大程度上还依赖于而后双方的交往频率。一般来说，交往的频率越高，越容易形成密切关系，这是因为次数越多，频率越高，心理距离越近，越容易产生共同的经验，取得彼此的了解和友谊。从这个意义上说，邻近吸引是影响人际关系的必要条件，而不是必备条件。只要勇敢地去接触社会、接触对方，与对方经常往来，就会逐渐让对方熟悉你，从而建立起良好的关系。

（四）相似吸引

一位心理学家在某大学做过一项关于友谊的研究。他把经测定在政治、经济、审美、福利等方面的态度和价值观以及人格特征相似和不相似的大学生混合安排在几个寝室里，让他们共同生活 4 个月。结果表明：在相处的初期，空间距离决定人们之间的吸引；到了后期相互吸引发生了变化，态度和价值观越是相似的，相互之间的吸引力越大，这就是相似吸引规律作用的结果。

俗话说："物以类聚，人以群分。"人们在交往中总是喜欢态度、信念、价值观和自己相似的人。特征相似包括许多方面。从个性特征来说，年龄、性别、学历、兴趣、嗜好、行为动机、立场观点、处事态度、追求目标等方面相似的人，容易产生共同语言，从而情投意合，建立和维持良好的人际关系。如果交往双方在文化素养、思想修养、兴趣爱好、社会地位，特别是世界观、价值观方面差异较大，则很难维护良好的人际关系。古诗中的"同是天涯沦落人，相逢何必曾相识"、"酒逢知己千杯少，话不投机半句多"，就含有相似吸引这层意思。

为什么相似性可以产生吸引呢？一方面，他人表现出与自己相似的态度，是支持自己评价的有力依据，具有相当高的强化作用。通俗地说，如果人们发现彼此间"英雄所见略同"，便会油然产生感情上的共鸣，彼此相互喜欢。另一方面，由于个性和社会背景等的相似，使人们趋向于参加类似的社会活动，因交往机会增多，沟通比较容易。至于差异性很大的人，虽然他们也时常见面，但是彼此不摸"底细"，心理上难免有些恐惧，进而产生防范心理，为彼此吸引筑起一堵无形的围墙。

在相似吸引中，态度（包括信仰、价值观等）相似是问题的核心。遵循这一规律，在交往过程中，应对对方的某些观点（自己认为是正确的或可以接受的）表示赞同，或主动表明自己与对方相同的态度和价值观念，创造相容的心理氛围，这会使对方感到你与他有很多相似性，从而缩小双方的心理距离，提高沟通的效果，促成良好的人际关系。

（五）需求互补吸引

人际交往的双方，尽管彼此的态度、性格大相径庭，但当交往双方分别具有对方所缺憾的东西而需要补充时，当双方的需要和满足途径正好成为互补关系时，就会产生强烈的吸引力。这就是人际交往中互补吸引规律。

社会心理学家戴维斯及其同事曾对已成双成对的男女大学生进行研究，探讨影响两人感情发展的因素。研究者将成对的大学生按交往时间分成长期组（18 个月以上）和短期组（18 个月以下），首先请这些被试者填写测试心理需求与价值的问卷。7 个月后，分别询问男女双方，在此期间内他们的关系有无进一步发展。结果发现推动关系进一步发展的因素因两人交往时间的长短有所不同。对短期伴侣来说，促使他们关系发展的动力是彼此之间接近或相似的价值理念，驱使长期伴侣更亲密的动力则是需求的互补。这项实验一方面证明了互补性在促进人际吸引方面的作用，另一方面也说明在很多情况下，只有在接近的态度的基础上，互补性才能发挥效果。接近性是决定互补性的潜在因素。如果一个人能满足他人的某种需要（包括心理需要），就能形成吸引；同时，如果自身的某种特质（包括性格等）能弥补对方的短处，也能产生吸引。才能出众的对于能力低下的，有主见的对于依赖感强的，慷慨大方的对于吝啬小气的，脾气随和的对于性情暴躁的，热情民主的对于自尊突出的，幽默乐观的对于悲观厌世的，都易形成吸引，其中很大一部分原因就是出于需要和短处的“补偿”。

因此，在人际交往中，为了同对方发展良好的关系，应考虑对方的需要。另外，作为领导者，在协调内部关系、进行人员组合时，要注意气质、性格、能力、需要、思想观念的协调搭配，考虑到互补性，优化组织结构，以增强内部团结，提高工作效率。

三、趋同离异规律

古语云：同声相应，同气相投。人与人之间先由互相认同，进而趋同。认同的因素很多，如政治态度、兴趣爱好、文化程度以至职业、民族、地位、身份、年龄、经历均可由于相类似而认同。学者们发现由于彼此的接近，相互的关联（血统关联、工作关联、地域关联）都可以导致认同。有了认同，就可以消除“隔膜”、“疏远”、“不了解”、“无所谓”等心理障碍，进而产生一定的亲切感，这种亲切感正是产生人际关系趋同倾向的重要动因。有了认同，然后才有趋同，趋同是一种倾向，会产生一种行为活动。这样，人际交往就自然而然、顺理成章地发生了。所以我们不妨说：认同—趋同—交往是人际关系的三部曲。

认同的反面是认异。由于政治观点、人生目标、价值观、世界观的严重分歧，就会导致思想上的认异。另外倘若有所谓言论认异、行为认异、党派认异，这些认异现象就会产生心理障碍，甚至情绪反感。因此不是互相接近而是互相离开，向淡化、冷漠、疏远、分开、离去的方向发展，从而形成离异倾向，成为影响人际关系发展的力量。

在人际关系的趋同和离异现象中还有一种更为深刻的规律即酬偿性趋同和惩罚性离异。在人际交往中对自己有利、有报偿酬谢，从而就会形成趋同倾向，这就是酬偿性趋同。有人指出：没有任何酬偿的人际关系，比较难以建立，即使建立后也难以维持。这个立论是符合实际的，当然所谓有偿既有物质金钱的，也可以是精神心理的。另外，就常人来讲，假若某人被政府打击、通缉、批判以至于判刑，那么就会导致众多人对他的疏远，严重的会反叛之，这就是担心被牵连惩罚而导致的离异行为。

人们从利害关系出发来处理人际关系，趋利避害就成为基本倾向。人们由趋利避害出发就形成酬偿性趋同和惩罚性离异的倾向，这种倾向对人际关系的影响极大。

四、互需互酬规律

在人际交往中，交际双方如果互有需求，就会产生互相交往的意向、愿望、动机，进而互相接触，发生人际关系。所以说，互需是建立人际关系的心理基础。

但是，如果只有互需而不互酬，即使满足对方的心理需求，那么人际关系也仍然是难以建立的，即使建立了也难以维持。互需和互酬连在一起构成一个完整的交际过程。

所谓需求既包括物质上的，也包括学习上的、工作上的、生活上的、心理上的；互酬则有口头上的、文字上的、行动上的和物质上的诸多方式方法。关键是方法与需求要和谐对位，不能错位乱调，更不能敷衍巧使。

五、交往深化规律

交往是一个渐悉的过程，有层次递进性，这就是交往深化规律。一般来说，交往存在四个不同层次。

（一）礼仪交往

不涉及功利，也没建立感情，也谈不上思想上的了解和理解，只是礼貌礼节的往返，是人际交往接触中的浅层次关系。礼仪交往是初步的、外观的，还没有触及实质性问题，但它给人的印象还是深刻的，是进一步交往的基础。没有这一步骤，实质性问题也无从谈起，进一步交往也就受到障碍。

（二）功利交往

多数是工作上业务上的交往。功利交往实际上是通过搞好人际关系把事情办好。

（三）感情交往

感情关系是在交往过程中自然产生，水到渠成，不可勉强。如果没有感情，只要出自诚心诚意，经过努力还是可以建立感情的。当然要下工夫，花力气，舍得感情投资，对别人倾注感情，别人也会给予相应的回报，通过感情交往，使人际关系良好，不仅对搞好工作有利，而且对心理健康也是有益的。

（四）思想交往

这是人际交往中最深层的交往，是人际关系最高层次关系。例如，达尔文创立进化论学说，把自己的论著《物种起源》寄给赫胥黎，赫胥黎十分赞赏，因此在这种学说受到教会保守势力的围攻打击的时候，赫胥黎站出来为之辩护，成了达尔文进化论反击教会愚昧专利主义的“斗犬”。

六、交互中和规律

通常情况下，人际关系的双方并不是完全均等的，有强弱、冷热、高低、先后诸多方面的差别。但这些差别可以在交往过程中逐步缩小、弥合，甚至于逐步趋于接近、相似、折中、调和、一致，结果是中和状态，折中是人际关系交往中的规律。

例如，“强弱中和”，可以通过“提高弱方”或“迁就弱方”或“互相靠拢”等多种方法达到。但最根本的途径是相互妥协让步。人与人之间的交往，若只顾自己，不顾对方，就是一种强加行为，这是难以交往，也是难以维持的。人际关系专家认为，善于妥协是一种人生智慧。

交互中和规律是建立、发展和完善人际关系的重要规律之一，如果交际双方不能达到中和状况，就可能导致矛盾、冲突和纠纷的结局，从而破坏人际关系。

第四章　交际原则与交际方法

第一节　交际的原则

一、平等交往原则

平等，是人与人之间建立情感的基础，也是人际交往的一项基本原则。心理学研究表明：人都有友爱和受人尊敬的需要，交友和受尊敬的希望都非常强烈。人们渴望自立，成为家庭和社会中真正的一员，平等地同他人进行沟通。可以说，凡是正常人，都希望得到别人的平等对待。与人交往，只有以平等的姿态出现，不盛气凌人，不高人一等，给别人以充分的尊重，才有可能形成人与人之间的心理相容，产生愉悦、满足的心境，实现和谐的人际交往关系。

那么，如何做到平等交往呢？

第一，要明确平等的含义。平等是相对的，不是绝对的，平等受自然条件和社会条件的制约。即使是民主社会也存在若干不平等的事实。例如，年龄的不平等、职位上的不平等、贫富上的不平等、知名度上的不平等等。不平等是客观存在的。当然也存在平级、平辈、不相隶属的同阶层人们的交往，平等交往的准则在这些人之间容易实现，但在不平等的人与人之间则不易实现，而交际准则是要求人们调整心态使之呈平等交往的状态。

第二，要尊重别人的人格，这是平等的前提。在人类社会中，人格的平等也要求交际中必须遵循平等交往的原则。平等交往是在交往过程中实现人格平等、态度平等、交往地位平等和相互礼仪平等。其中，最重要的是人格平等。任何人都有自尊心，只要是非奴化了的人，都不可能接受别人的颐指气使。在交际中，只有尊重别人的人格，才能得到别人的理解和尊重。那种以势压人、以老大自居、盛气凌人，“看人下菜碟”，甚至侮辱人的做法都是与平等原则严重相悖的，根本违背了人际交往的平等原则，因而也不可能形成正常的人际关系。特别是那种歧视身患残疾、发育不健全的人，污辱他人人格的行为，更是与人际交往平等原则严重相悖，为社会公德所不齿。

二、求同存异原则

也可以看成是宽容原则。人际关系首先讲究求同，即指在最基本的方面大致求得一致，以作为人际交往的基础。所谓最基本的方面是指“目标”、“方向”和“整体利益”及群体法规界限内。如果在这些方面不能求得一致，那就失去了人际交往、交际和维系关系的基础。

所谓存异是在原则一致的基础上可以允许交往双方各自保留某些“分歧点”。如“方法”上的差别，其实方法往往不具有唯一性。所以没必要因为方法分歧而导致水火不容。再如兴趣爱好、性格脾气等都应当允许对方有自己的特点，不要对别人“吹毛求疵”。这就叫做“求大同存小异”，这是一条明智的古训。甚至，在某些情况下，还可以“求大同存大异”。历史证明也是完全可以的。

三、互惠互利原则

互惠互利，就是指人们在交往中要考虑双方的共同价值和共同利益，满足共同的心理需要，使双方在交往中都能得到实惠和“好处”。大多数人的交往是互惠互利的。相互报偿、相互满足是人际交往活动的基本动机。没有需求上的相互满足和相互报偿就不可能有成功的交际。

从社会学的角度来说，互惠互利的原则是一种“非零和博弈”原则，它是相对于“我赢你输”的“零和博弈”［1＋（－1）］＝0而言的，也就是说希望出现的结局是“你赢我也赢”。

人际交往中遵循互惠互利原则应注意以下几点：第一，要明确互惠互利是有前提的。互惠互利是以不损害第三方的利益为前提的，任何以损害第三方的利益来达到互惠互利目的的行为都是不允许的。第二，要注意精神上的互惠互利。社会心理学家的研究表明，希望为人所关心、所注意，乃是一个人不可或缺的需要，每个人都渴望得到别人的关心。因此，人际交往必须考虑他人在精神上、心理上的需要，关心他人，爱护他人，从而使交往双方得到心理上的满足，这是最不可或缺的互惠互利。第三，要注意经济上的互惠互利。人们的活动一般都包含某种利益的目的，驱使人们去交往的动力既有情感因素，也有明显的利益要求。人们的生存是要讲“功利”的，非功利的交往在人与人之间是不可能的。如果只想到从别人那里捞好处，只考虑自己的需要和利益，就很可能使彼此的关系陷入游离状态，甚至完全终结。

四、诚实守信原则

人际交往中的诚实原则，首先表现在为人处世言行一致、表里一致。一个心地坦诚、纯洁无私的人，在任何时候、对任何人都是尊重事实、心口如一的。有的人与人交往总是带有个人目的，企求从别人那里谋取某种私利，因而说话、办事必然虚虚闪闪、掩掩饰饰。今天搪塞他，明天敷衍你，靠行骗、说谎过日子。一旦真相被人识破，失去的将是自己的人格和朋友。

守信即指人们在交往中一定要讲信用，要说到做到，言必信，行必果。中华民族历来都是强调信用的。在人与人的交往中，从古到今都把信用看得非常重要。儒家直接把信用作为重要美德（仁、义、礼、智、信）之一。孔子说的“民无信不立”、“与朋友交，言而有信”，强调的是要守信用。守信是处理人际关系的重要准则。无论是公务交往、社会交往，还是礼节性的交往，都要对人讲信用。

人们在交往中，由于种种原因，交往双方有时会产生一定误会，如果交往的双方都对对方以诚相待，讲信用，再大的误会也会消除的。

第二节　交际的方法

一、选择交际模式

人们都希望生活在相互尊重、相互理解、充满友情、协调一致的社会环境中，但人们的心态、性格、情绪、文化观念等方面存在许多差别，而且人们在为人处世时大都从自己的角度出发，这样就会形成各种不同的交际模式，也是人交际的四种基本态度。根据美国著名心理学家爱利克·伯奈的观点，依据人们对自己和他人所采取的基本态度，可以分为四种人际交往模式：

（一）我输你赢模式

即我不好—你好，我不行—你行。由于我国“家本位”或“官本位”等封建意识的影响，处于优越地位的一方往往唯我独尊、盛气凌人、颐指气使，另一方便忍气吞声、唯唯诺诺、委曲求全，成为受气包，或呈奴才相。他们在与别人交往时，经常深深感到自己的无能与愚笨，好像无论做什么都不行，似乎所有人都比自己强。基于这种态度的人际关系不是建立在自由平等的基础之上，因而很难赢得别人真正的尊重。

（二）我赢你输模式

即我好—你不好，我行—你不行。这种模式的特点与上一种正好相反。他们自认为聪明，具有优越感，把别人看成是笨蛋、傻瓜。持这种态度的人，总认为自己比别人好，真理掌握在自己手里，往往容易主观偏执，好为人师。他们把人际交往中的失败与挫折经常归结为别人不好；他们不是争强好胜、强加于人，就是拉帮结派，培植个人势力。在这种态度下，人与人之间很难沟通，彼此都会感到苦恼。

（三）两者皆输模式

即我不好—你也不好，我不行—你也不行。持这种态度的人自认为无能，也不把他人看成有能力之人；他们不相信自己，也不相信他人。这种人在处理人际关系时，往往喜欢以别人的缺点作为护短自卫的理由。即你说我不好，我也说你不好，彼此都一样，都不好，谁也别说谁。结果必然是回避矛盾，从众流俗，一旦不和就要苛求、挑剔别人，常常争吵、容易记仇。这种人自卑、自尊心都过强，既苛求于己，也苛求于人，因而人际关系不正常。

（四）两者皆赢模式

即我好—你也好，我行—你也行。这是一种既自信、自爱、自主，又尊重、容纳、肯定他人的交际意识。持这种态度的人能充分体会到自己拥有一种强大的理性能力，并对生活的价值有恰当的理解，他们把爱自己和爱他人、相信自己和相信他人、尊重自己和尊重他人统一起来。尽管自己有缺点，别人也有毛病，但在交往与相处中，总是像自我肯定、自我接受一样，也着眼于对方的优点、长处和成绩。如果遇到分歧和矛盾，也能以恰当得体的方式去表达和处理。因而在与他人相处中，能够促成和解，与他人建立良好的关系。

上述四种交际模式，是建立在一定的价值观念、认知方式、个性特征和行为习惯等因素基础上的。

就交际的方法与技巧而言，交际本无一成不变、绝对正确的模式。但为了真正掌握交际艺术，我们应当认真思考并明确选择哪一种模式最好。

显然，除了双方皆赢，其他三种模式都不好或不够好，在绝大多数情况下，最佳选择只有一个：双方皆赢。

二、克服认知偏差

在交际中是否能正确地认知他人，对交际的成功是非常重要的。在认知他人的过程中，由于心理、环境等因素的作用，认知他人往往会有偏差，直接影响交际效果。因此，有必要了解在人际认知中，由于心理方面的原因所造成的一些常见的认知偏差。

（一）首因效应

首因效应也称第一印象，即人们在首次接触中，常常首先观察对方的衣着、仪态、仪表、谈吐以及其他一切可以觉察到的外部表象，然后根据主观印象给对方作出初步评价，这种评价会对后期信息产生指导作用。这就是首因效应。

首因效应主要是人的知觉因素与情感因素相结合而产生的综合效应。尽管它是对人的一种整体看法，然而这种整体只是一个表面现象，受到观察者主观认识和情感因素的影响，具有主观性和片面性。例如，“以貌取人”便是其中的突出表现。心理学的不少书籍中常常引用这样一个实验例证：实验者给两组大学生看一个人的照片。在看这张照片之前，对一组大学生说，照片上的人是一个屡教不改的罪犯；对另一组大学生说，照片上的人是一位著名学者。然后，让这两组大学生分别从这个人的外貌来说明他的性格特征。结果，两组学生对同一张照片作出了截然不同的解释。第一组大学生说，深陷的目光里隐藏着险恶，高耸的额头表明了死不悔改的决心。第二组大学生说，深沉的目光闪烁着智慧的火花，高耸的额头展现了在科学探索道路上无坚不摧的顽强意志。这一实验充分说明了首因效应从一时的表象出发，往往带有很大的主观性和片面性，容易掩盖对客观对象本质的了解，同时也说明了首因效应对于认知感觉的重要影响。

首因效应在对人的认识中具有一定作用。它既是对客观对象认识的起点，也是决定其以后交往的根据。人与人之间初次接触一旦获得某种印象，无论好坏都会给对方今后的言行烙上主观的印记。特别是一开始对对方产生了不好的印象，以后逆转就较困难。例如，婚姻介绍所初次见面的男女双方，职业招聘中的第一次面谈，病人初次看病对医生的看法，以及班里新派来的班主任，单位新调来的领导等，初次接触后都会给双方留下较深的印象。如不注意加以克服和纠正，受首因效应影响，主观、片面、僵化地看待一个人，就会对他产生错误看法，进而影响人际交往和协作。

（二）定式效应

也叫定向效应。即人们根据过去的经验，往往形成对某一类人的固定印象，并根据对方的某些特征不自觉地归入头脑中的某一类，作出肯定性的结论，这就是定式效应。

人们在长期社会交往中，往往会根据自己主观认定的某些标准，对人进行习惯性的分类，在头脑中形成人的某些类型。例如，年轻人往往认为老年人墨守成规，保守正统；老年人则往往觉得青年人举止浮躁，办事莽撞。教授、学者总是白发苍苍，文质彬彬；工人、体力劳动者总是粗犷豪爽，身强力壮。受教育者总是将思想政治工作者与说教联系在一起；农民总是同勤俭朴素、小农意识联系在一起等。人们在相互交往中，常常用头脑中形成的这些不同的类别去认知别人，于是很容易将不同的人归入自己所划分的类，从而形成交往中的定式效应。这种效应将阻碍对人的具体、全面的了解，造成人际交往中的不良影响。

例如，学校教育中，教师对学生的定式效应，常常影响良好师生关系的建立，影响教育的效果。在个别教师看来，循规蹈矩、认真听话的都是好学生，调皮好动、不安分守己的就是坏学生。一块玻璃打碎了，教师总是首先想到是由调皮学生干的；两个学生发生冲突，也首先想到是由不安分守己的学生挑起的。但现实生活中的实际情况往往并非如此。循规蹈矩并非就是一切都好，调皮好动也并非就是全部都坏。教师如果受定式效应影响去处理问题，就会偏离事实，造成学生的不满、反感与对立，引起师生关系的隔阂。但定式效应在某些条件下有助于人们对客观对象的概括了解，作为人们认识推导的某些依据。然而如果只是在某类人的非本质特征基础上进行概括，或者忽视每一个人的个体差异，处理不好共性与个性的关系，就会造成推导失误，作出错误判断，对人造成不必要的伤害。

定式效应不仅对行为有一定的影响作用，而且还会产生泛化现象。如果我们对某人印象特别好，则这个印象会逐渐扩展到此人的其他特征之中，甚至他的缺点也可能被认为是优点。说某人活动能力强，常常将这个人的溜须拍马、投机取巧、搞歪门邪道，也看成是“会办事”、“社交能力强”。说西施是美的，那么连她胸口疼捂着胸走路的姿势也是美的。这种泛化现象有时在生活中还很普遍，对人际交往的危害很大。

（三）晕轮效应

也称光圈效应，通俗讲就是以点概面、以偏赅全。指人们在看待一个人时，由于他的某一特点（品质或特征）在观察者看来非常突出，于是这一点就掩盖了这个人的其他特点和品质。被突出的这一点起到了类似晕轮（月亮周围有时出现的朦胧圆圈）的作用，使观察者看不到他的其他品质，由一点作出这个人整个全貌的判断。

美国社会心理学家所罗门·阿希用实验证明了晕轮效应。他给被试者看一张列有五种品质的表格（聪明、灵巧、勤奋、坚定、热情），要求被试者想象一个具有这五种品质的人，结果被试者普遍把这种人想象为一个理想的、友善的人。然后，他把这张表格中的“热情”换为“冷酷”，再要求被试者根据这五种品质（聪明、灵巧、勤奋、坚定、冷酷）想象出一个合适的人。结果发现，被试者完全推翻了原来的想象，产生了一个完全不同的形象。这就表明，“热情”与“冷酷”的品质起着晕轮作用，影响了对一个人的总体印象。

晕轮效应产生的原因主要是人片面、固定地看待他人，不恰当地夸大一个人某些方面的优势，使这种优势变成一种炫目的光，掩盖了他的缺点。另外受一些传统观念的影响，人们总是按照一种固定的逻辑去推测事物之间的联系。晕轮效应会在交际中影响我们全面、深入、实质性地认知他人，由此会挫伤人们的积极性，失去进取心和自信心，并会宽容、放纵一些人的缺点、错误，导致人际关系的僵化。总之，美丽的光环会弄花我们的眼睛，产生判断误差，只见华丽的表面，不见真正的本质。

克服晕轮效应的关键在于要学会冷静地思考，不被某些方面耀眼的优势所迷惑。要警惕个别人善于制造虚幻的光环为自己披上美丽的外衣，取得别人的景仰和信任，以便实现自己不正当的目的。

（四）近因效应

交际过程中，相互间的了解往往是最近的情况印象最深，最近发现的情况占优势，从而掩盖了对一个人的长期、一贯的了解，这就叫近因效应。

在人们的知觉、印象中，对某一客观对象情况的了解是长期的。已过去的事物现象随着大量新情况的出现，容易逐渐淡薄、消失，而最近吸收的情报信息通常给人的印象较新、较深。如果没有辩证、历史、发展的眼光，对人对事往往容易受近因效应左右，导致人际交往的偏差失误。

例如，现实生活中某人长期守本分地工作，并不为多数人所注目，但不久前刚因某一失误受到批评便会引起舆论哗然，一些人可能会因此纷纷改变对这个人的一贯看法。在年终评奖或总结时，人们对某人印象最深的是最近刚取得的成就或受到的处分，并有可能受此印象影响而不能作出全面正确的评价。上述种种近因效应作用，影响人际的正确了解和人与人交往的正常发展。

三、运用印象管理

（一）印象管理的含义及作用

在现实生活中，我们经常会发现这样一种现象：有些人所表现出来的“样子”比他自己的真实情况更能影响他人。因此，很多人把大量精力不是放在如何去改变自己，而是放在如何去改变自己的“样子”。这种“样子”就是某人刻意在别人心目中留下的印象。

很多人在日常生活中说话字斟句酌，举止小心谨慎，一言一行都经过精心选择，就是为了在别人头脑中留下一个关于他自己的特别印象，同时也希望能以此影响他人的行为。这种有意或无意地去控制别人对自己的印象的行为就叫做印象管理。

印象管理在社会生活中随处可见。17世纪法国剧作家莫里哀的喜剧《伪君子》之所以有其历久不衰的艺术魅力，是因为莫里哀所刻画的伪君子答尔丢夫的形象是来自我们生活中活生生的典型。答尔丢夫戴着一副伪善的面具，作出一副道貌岸然的样子，表面上礼貌周全，暗地里干着侵吞别人财产的勾当。这种"变色龙"式的人物就是在生活中巧妙地运用了印象管理。

现代西方社会许多政治家花很多钱去搞竞选，其实这些钱有相当一部分是花在了印象管理上。他们到处去做演说、下保证，就是为了在选民们头脑中制造一个选民所需要、所喜欢的总统形象，继而影响选民们的行为，让他们投自己一票。再如，企业要有效益，也必须进行印象管理，包括：维护企业的信誉，给产品做漂亮的、能打动人心的广告……，这种印象管理在某种程度上来说就是企业的公共关系。

那么，一般人需不需要印象管理呢？回答是肯定的。

从某种意义上讲，印象管理是人类文明发展的标志和结果之一。因为随着社会由低级向高级的发展，人的语言和行为变得越来越文雅而有修饰，人们的欲望不再用赤裸裸的方式表达，而变得越来越含蓄而曲折。因此，在现代社会中，一个不懂得印象管理，过于直率的人常常给人以威胁感和无教养感，人们不喜欢和这样的人待在一起。而适当地运用印象管理则可以调节和润滑人际关系，使人际交往能顺畅地维持下去。

印象管理能使人际交往变得体面、美好而愉快。比如，我们到一个好友家做客，会穿戴得整整齐齐，带上适当的礼品，并用热情的言语表达对主人的敬意，主人也会用同样热情的方式来款待我们。这其间，印象管理是不可或缺的。

印象管理也能帮助我们维持自己的真实面目。人际交往中，人与人之间难免发生误会，有时要消除这些误会，也需借助印象管理。当别人对你产生误解或形成错误印象之后，你若持"脚正不怕鞋歪"、"身正不怕影子斜"的观点，仍然我行我素，恐怕难免会"验证"别人对你的错误印象；可是，你若急于纠正人们对你的误解，矫枉过正，行为与先前大相径庭，也会使人感觉你是"欲盖弥彰"。这其间，就需要你有一定的印象管理技巧。

有时，为了达到我们的一个正当目的，印象管理也成为一种手段。比如，在求职应聘中，经常就要用到印象管理。第一次与用人单位见面，为了得到你想要的工作，为了让对方录用你，你会尽量把自己最光彩的地方展现给对方看，你会衣着得体、面带微笑、举止大方、谈吐机智……你甚至会投对方所好，表现出你就是对方所需要的那种人才。如果你不这样做，便有可能失去许多机会。

（二）如何看待印象管理

印象管理是人际交往中存在的一个基本事实，人们运用各种方式与手段去影响自己给他人留下的公开印象，这些策略和战术经常被用来“结交朋友和影响他人”，但对于印象管理是不是值得推崇，历来就有不同的看法。有人说它坏，有人说它好，莫衷一是。

说它坏的人认为，印象管理是人类本性中阴暗面的部分反映，它把人变成了一条“社会变色龙”，使人总是能换上一副新面孔去适应当前的社会情境，总是在适当的时间、适当的地点做适当的人。印象管理把人铸造或雕塑成一个没有心灵的物体。还有人说，印象管理是人们谋取私利的手段。人们通过印象管理来操纵他人、控制他人，从而达到自己“不可告人”的目的，这是对人际关系的污染。

说它好的人，认为印象管理显示了人的适应性与可塑性，显示了现代社会生活中个体迅速、准确地掌握社会要求，出色扮演社会角色的能力。印象管理使人类在各种情境下的社会行为和自我表现有了更自觉的选择。

能说一种观点比另一种观点更正确吗？看来恐怕不行，因为它们二者都对印象管理进行了有意义的描述。只是它们二者都是从印象管理的某一方面对它进行了善与恶的评价，它们讲述的是同一个事实，只是变换了词汇，带上了不同的感情色彩。

其实，就印象管理行为本身而言，它无所谓好与坏，无所谓反映人类本性的善良与邪恶。因为同样的举动可能是为了产生一种真实的形象，也可能是为了制造一种欺人的假象；可能是为了正当的目的，也可能是为了卑鄙的目的。比如，取悦他人的行为就其本身而言无所谓好与坏，因为一个人试图通过一定的行为表现让他周围的人更喜欢他，这一点无可厚非，关键是取悦者要达到什么目的。同样是取悦上司，如果是为了双方今后更好地合作，这也无可指责；但若是为了让上司给自己一些自己本不应该得到的好处，那就不免有损人利己之嫌了。

总之，印象管理是人们每日的社会交往与人际行为的一个组成部分，我们很难对它本身作出褒贬。一个人运用印象管理手段要去达到什么目的，这在很大程度上取决于他个人的思想水平与道德修养。

四、掌握交际技巧

技巧与原则不同，交际的原则是我们与人相处中的根本性准则。若违反了交际的原则，则或许一时可求得人际关系的融洽，或一时欺骗了一些人，但最终必定意味着失败。而技巧与原则相比，具有一定的灵活性和应变性，所以，应根据时间、场合和对象灵活地加以选择。出于篇幅，这里主要介绍卡耐基的交际技巧。

戴尔·卡耐基是美国著名的成人教育专家，他运用心理学知识，对人类共同的心理特点进行了探索和分析，开创了一种融演讲术、推销术、做人处世术于一体的独特的成人教育方式。卡耐基的著作在帮助人们学习如何处世上，在帮助人们获得自尊、自重、勇气和信心上，在帮助人们克服人性的弱点，发挥人性的优点，开发人类潜在智能及获得事业的成功和生活的快乐上，都给予了人们很多的启迪。

（一）赢得友谊和尊重的技巧

1. 避免争论

与外界交往，每个人都会遇到与自己不同的人，大到思想、观念，为人处世之道；小到对某人、某事的看法与评判。这些程度不同的差异都会化成人与人之间的争执与争辩。遇有相左即不顾后果进行辩驳，这是人的本能，也是人性的弱点。卡耐基认为：不论对方聪明才智如何，也不可能靠辩论改变他的想法。本杰明·富兰克林同样诚恳地指出："如果你老是抬杠、反驳，也许偶尔能获胜，但那是空洞的胜利，因为你永远得不到对方的好感。"换句话说，你无法赢得争论。从争论中获胜的唯一秘诀是避免争论。有人称之为积极争辩的法则。

2. 勿指责对方

对于他人所犯的过错，我们要讲究一点技巧，尽量避免自己对别人进行指责，要尊重别人的意见；对于反对自己的人，要委婉地进行说服，勿争辩指责，勿以情绪化的不良态度刺激对方。这些方式的提出也是基于人的弱点。卡耐基认为：人的本性中都是不愿受别人指责的。在普通公民中，即使是在政界领袖中，其实也没有几个人具有逻辑性的思考力，我们许多人都会犯武断偏见的毛病，许多人都具有固执、嫉妒、猜忌、恐惧和傲慢的缺点，多数人都不愿轻易地改变对宗教、爱好和信仰的看法，单靠一味地指责、批评、讽刺、争辩是无济于事的。因此，我们必须十分讲究说服和改变的艺术。

3. 尽快坦率承认自己的错误

这是在造成争端的时候应该运用的方式。卡耐基告诫我们：如果我们知道自己错了，免不了会受到责备，何不自己认错呢？听自己谴责自己不比换人家的批评好受得多吗？如果你对自己作了指责和批评，别人十有八九会对你予以宽大和谅解而饶恕你的错误。

这种技巧不但能产生惊人的效果，而且在任何情形下，都要比为自己争辩还有趣得多。哲人们教导我们：用争斗的方法，你绝不能得到满意的结果；但用让步的方法，收获会比你预期的高出许多。

4. 真诚友善、通情达理地交涉问题

交涉是属于特殊场合的交际，在某种意义上说，它是谈判，也是争辩。交涉的核心是解决问题（或矛盾，或利益冲突），而不是为发牢骚，泄怨愤，置对方于尴尬窘境而后快。因此在交涉中必须明智地坚持以达成共识为最终目标，以真诚友善、通情达理为选择方式，不急不躁，不怒不怨，不羞辱，不强横。

5. 尽量勿使对方说“不”

这也被称为苏格拉底的谈话技巧。与别人交谈的时候，不要以讨论异见作开始，要以不断强调双方所同意的事作为开始。如果可能的话，必须不断地强调：彼此都是为共同的目标而努力，唯一的差异只在方法而非目的。因此，应使对方在开始的时候就说是的，尽可能不使他说“不”。奥佛斯基在《影响人类的行为》一书中认为：“一个否定的反应，是最不容易突破的障碍。当一个人说‘不’时，他所有的人格尊严，都要求坚持到底。也许事后他觉得自己的‘不’说错了，但是，他必须考虑到自己的自尊，既然说出了口，他就得坚持下去。因此，一开始就使对方采取肯定的态度，是最为重要的。”

6. 诚恳地鼓励对方说出心里话

卡耐基认为，人都是自我中心主义者，每个人最关心的是与自己有关的事情，谁也不愿意与时时处处显得比自己优越的人相处。因此，在生活中，即使是我们的朋友，也宁愿对我们谈论他们的成就，而不太喜欢听我们大谈自己的成就。

法国哲学家罗西法古说：“如果你要得到仇人，就表现出比你的朋友优越吧！但如果你要得到朋友，就让你的对方表现出比你优越。”因此，我们应学会顺应多数人的人性需求，对自己的成就来个轻描淡写，而诚恳地鼓励对方说出心里话，从而在轻松愉快中达成共识。

（二）批评的技巧

卡耐基并不反对批评，但他主张批评的前提是不伤感情，不引起对方的憎恨，因此这就非常讲求批评的策略和技巧。卡耐基的批评策略和技巧归纳起来大约是五种：

- 以称赞和诚挚的感谢作为批评的开场白；
- 未批评他人之前先提到自己的错误；
- 采取间接提醒（或暗示）的方法；
- 作为领导者对下属要多启发，而少直接下命令；
- 要尽量保住失败者的尊严和面子。

（三）使你受欢迎的技巧

1. 对他人真诚地感兴趣

奥地利著名心理学家阿尔夫·阿德勒在其名著《人生对你的意义》中诚恳地告诫世人："对别人不感兴趣的人，他一生中困难最多，对别人的伤害也最大，所有人类的失败，都出自于这种人。"

"觉得自己重要"、"我应当受到尊重"、"别人应该对我感兴趣"等都是人性的特点或者叫做弱点，卡耐基的交际技巧就是从人性的弱点出发，教导人们作出明智的选择，所谓明智就是主动地去满足他人人性的需要。

卡耐基认为，一个人只要对别人真心感兴趣，在两个月内就能比一个要别人对他感兴趣的人在两年之内所交的朋友还要多。如果我们只是通过在别人面前表现自己来使别人对我们感兴趣的话，我们将永远不会得到许多真实而诚挚的朋友。真正的朋友不是用这种方法交来的。

演员要对观众感兴趣，教师要对学生感兴趣，经理要对员工感兴趣，军官要对士兵感兴趣，售货员要对顾客感兴趣，总统要对臣民感兴趣……感兴趣就是友好、爱、帮助、赞赏、理解、倾注和记住。

对别人真诚地感兴趣，还要学会在交谈中，多谈论对方感兴趣的事物，以一种诚恳的方式同对方谈论他自己。

2. 微笑

卡耐基称微笑是给人留下良好印象的简洁方法，是与对别人感兴趣本质相通的。微笑是一种情感的输出，是"你好，我喜欢你，你使我感到愉快，我非常高兴见到你"的非有声语言的表达。当然这种微笑必须是出自内心、给人以温暖的笑，而不是虚伪、机械、令人讨厌的笑。美国的钢铁大王安佐·卡内基的高级助理查尔斯·斯考伯说他的微笑价值一百万美金。成功学者解释说，使斯考伯走向成功的原因是他的性格、魅力和富有吸引力的才能，而在他的性格中一个令人产生好感的因素是他那动人的微笑。纽约一个大百货公司的人事经理说：我宁愿雇用一名有可爱笑容而没有念完中学的女孩，也不愿雇用一个板着冷冰冰面孔的哲学博士。

3. 记住别人的名字

卡耐基指出：记住人们的名字，而且很轻易就能叫出来，等于给予别人一个很巧妙而又有效的赞美。交际学者极为倡导这一交际技巧。据传记记载，安佐·卡内基的领导才能秘诀就是他能记住朋友和商业界人士的名字。富兰克林·罗斯福认为最直接、最重要、最明显的获取好感的方法，就是记住别人的姓名。一名政治家应该上的最初一课是：记住选民的名字就是政治才能。记住他人的姓名，在商业界和社交上的重要性几乎跟在政治上一样重要。因为，一个人的名字对那个人来说，是任何语言中最甜蜜、最重要的声音。

4. 善于聆听

善于聆听就是要学会做一个好听众。外国有句名谚"用十秒钟讲，用十分钟听"。社会学家指出，在人们日常的语言交往活动（听、说、读、写）中，听的时间占54%，说的时间占30%，读的时间占16%，写的时间占9%，这说明听在人们的交往中居于非常重要的地位。谈判学者认为，成功的商业性会谈，并没有什么神秘，专心地注意那个对你说话的人，是非常重要的，再也没有比这个更有效果的了。

杰克乌弗在《陌生人在爱中》写道："很少人经得起别人专心听讲所给予的暗示性赞美。"英王爱德华八世（戴维）宁要爱情不要王位，他倾心的辛普森夫人出身平民，又两次离婚，究竟是什么使爱德华·戴维倾心到忘乎一切的地步？据说辛普森夫人虽然美丽，但非绝代佳人，她的迷人之处在风度，特别是她在听人谈话时具有的一种非凡的吸引力。英国作家沙罗夫这样描写她的非凡之处：她坐在温莎公爵对面，肘靠在桌面上，手支着下颌，她的眼睛、耳朵、整个身心似乎完全沉醉在他说的每一个字、每一句话中，她似乎在说："说下去吧，再多告诉我一点……我正在听……有趣极了……迷人极了……"至今西方人仍认为辛普森夫人是最有赏识力的听众，是一个最善于移情地聆听他人谈话的人。

交际中讲求聆听艺术同样是基于对人性需要的满足，卡耐基说：请记住，跟你谈话的人对他自己、他的需求和他的问题，比他对你和你的问题，更感兴趣千百倍。对他人真诚地感兴趣无疑就是对他人的谈话内容感兴趣，对他倾诉本身感兴趣。

卡耐基的所谓技巧近乎于一种宗教般的说教，有老生常谈之嫌，但无数的生动的事例证明这些都是行之有效的方法。其实，卡耐基的人际关系技巧都是基于"人类本性中的弱点"，人际关系的理性操作方法就是我们要以人类的优点去弥补人类的弱点，而不是以弱点对抗弱点，以情绪抗衡情绪，以恶劣矫正恶劣，以不成熟催人成熟。

人，作为社会交往活动中的成员，每个人都有鲜明的个性和感情色彩。因此，我们的社会交往的过程就是人的情感交流和不同个性融洽的过程。而人类本性中的情感交流是要求平等和融洽，如果说社会交往的自由意义在于一个人想做什么就做什么，那么，任何人都不会得到自由。所以，也可以这样说，在现代社会，交际的技巧本质上是人们在交往中高度的理性自治，而不是情绪的随心所欲。

第二编　交际语言

在日常生活中，人们运用语言进行交谈，表达思想，沟通信息，交流感情，从而达到建立、调整和发展人际关系的目的。

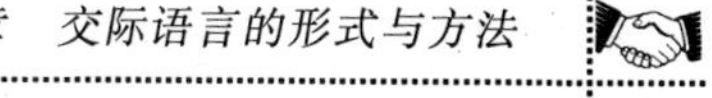

第五章　交际语言的形式与方法

第一节　交际语言的形式

一、有声语言

有声语言即自然语言，是发出声音的口头语言。它是以说和听为形式的语言，也称口语。有声语言的形式主要有会话式和独白式两种。

（一）会话式

会话是两个或几个人之间所进行的交谈。如对话、商讨、说服、辩论、谈判等。有声语言是典型的交际方式之一，它的话题，往往是针对社会活动和日常生活中的倾向性问题表述己见，是一种随意的、非正式的口头交际形式。会话式具有以下特点：

1. 依赖情境

所谓依赖情境，就是语言形式简略，有时甚至还出现某些词语的脱漏、句子的残缺等现象。因为会话的双方同时共处于同一交际场合，所以对背景知识有共同的认识，无须以展开的语言形式来表达自己的完整思想。这也是情境对语言起着补充作用的表现。如在记者招待会上，发问者为了获得最高值信息和最佳新闻材料，在提问时常常摈弃不必要的重复和展开，只言片语就能表达一个完整的意思。

2. 随意发挥

所谓随意发挥是指会话一般无法在事先作详尽的准备，说话时缺少从容酝酿的时间，促成了语言的“不事雕饰”和自然流露。因此，听说的双方应该增强“现场意识感”，敏于思辨，随时注意对方的反馈，并由此决定说话的长短、内容的深浅以及是否需要变换话题等。

在交际活动中，语言的形式主要以有声语言为主，有关内容详见第六、第七、第八章。

（二）独白式

独白是一人讲、众人听的单向说话，如演讲、报告、授课和会议发言等。交往过程以说话人的单向性言语传递为主。因此，说话者的思想、情感往往能得到充分的表白。与会话式相比，独白式的信息反馈速度较慢，反馈的语义较模糊。反馈形式一般以笑声、掌声为常见。独白式具有以下三个特点：

1. 指向明确

由于独白式的维持性较差，长时间地做单向传递，听众容易走神。因此，独白从发端到结束，必须始终指向听者，调动有效的手段，集中他们的注意力，影响他们的心态。

2. 逻辑性强

与会话式相比，独白式的逻辑性更强。合乎逻辑地说话，能帮助实现思想的承启，层次的排列，更连贯地表达说者的意图，也更容易被听者接受。

3. 充分展开

在有限的时空内，说话者要把自己的思想观点最迅速、最有效地传递给听众，语言必须充分展开，多角度、多层次地传递主要信息。一般来说，在独白式的会话中，更多的是运用一些形象生动的语言形式，如比喻、借代、象征等。

二、无声语言

无声语言是广义角度的特殊语言，是借助非有声语言来传递信息、表达感情、参与交际活动的一种不出声的伴随语言。在交际中，人们常用无声语言来加强言语沟通的效果、弥补言谈沟通的不足或独立完成某一信息的传播，达到“此时无声胜有声”的境地。无声语言的社会功能，孔子早就有论述：“说之，故言之；言之不足，故长言之；长言之不足，故嗟叹之；嗟叹之不足，故不知手之舞之，足之蹈之也。”（《礼记·乐记》）当然，无声语言的范围不仅仅只有“手”和“足”，它可以分为默语和体语两大类。

（一）默语

默语是话语中短暂的间隙（俗称“停顿”、“沉默”）。书面形式用省略号表示，默语常常出现在高信息内容或低频率词项之间，是超越语言力量的一种高超的传播方式。因此，恰到好处的沉默也是一种艺术。

默语具有以下三个特点：

1. 寓意丰富

默语所表达的意义是丰富多彩的，它以言语形式上的最小值换来最大意义上的交流，显示了精彩的艺术美。默语既可以是无言的赞许，也可以是无声的抗议；既可以是欣然默认，也可以是保留己见；既可以是威严的震慑，也可以是心虚的流露；既可以是毫无主见、附和众议的表示，也可以是决心已定、不达目的决不罢休的标志。当然，在一定的语境中，默语的语义是明确的，就像乐曲中的休止符一样，它不仅是声音上的空白，更是内容的延伸与升华。

2. 时效性强

默语的长度能对对方产生相当的影响。适度的默语，具有“此时无声胜有声”的效果，这就是默语的最佳传播效能。如果默语的时间掌握得不恰当，只要稍微放长一点点，听众就会从这稍长的瞬间觉醒过来，在高潮突然到来之前做好了心理准备，那就平淡无味，起不到默语的那种独特的传播效能。如果不分场合故作高深或多情而滥用沉默，其结果会事与愿违，只能给人矫揉造作或是难以捉摸的感觉。

3. 语境效应快

在一定的语境中，默语能迅速消除言语传递中的种种障碍，使听众的注意力集中，就像乐队指挥举起指挥棒，喧闹的会场立即安静一样，使听者的情绪，得到无声的感染。

（二）体语

体语即人体语言的简称，它是以人的动作、表情、界域和服饰等来传递信息的一种无声伴随语言。体语也称态势语、体态语、动作语等。虽然人体语言的名称，中外学者说法不一，但其所包括的范围、所表示的语义和它的传播功能，大家的看法是基本一致的，都认为人体语言和自然语言是相辅相成的。如果仅仅依赖自然语言，那么，我们有时很难明白一个人说话的完整含义；同样，光是依靠人体语言，也不能使人理解传递的全部内容。所以，只有两者兼顾，才能获得确切的信息。

在交际中，体语是一种广泛运用的重要沟通方式。表现在视觉方面，可分为动态体语和静态体语两类。动态体语是以身体在某一情境中动态姿势所表示的一种无声语言。动态体语又分两种：通过头部和肢体的动作所表示的语言，包括首语和手势语；通过面部表情所表示的语言，包括目光语和微笑语。静态体语是以身体在某一情境中的静态姿势所表示的一种无声语言。静态体语又分为三种：姿势语、界域语、服饰语（如图 5－1 所示）。

1. 动态体语

（1）肢体语。肢体语主要包括首语和手势语。

首语是通过头部活动所传递的信息。它包括点头语和摇头语。一般来说，点头语的语义是首肯；摇头语的语义是否定。有人曾专门考察了点头语的语

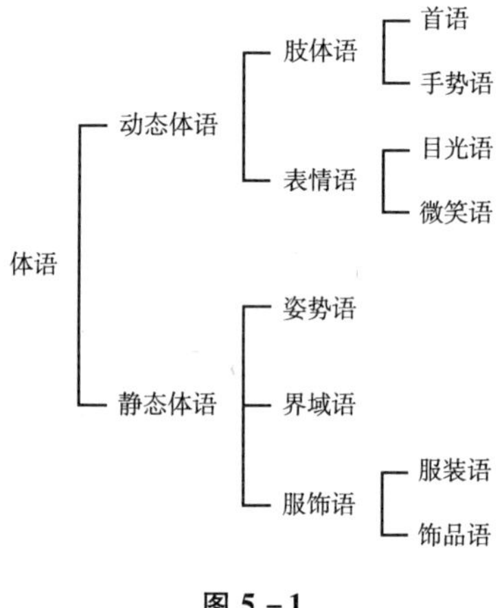

图 5－1

义：表示致意、同意、肯定、承认、赞同、感谢、应允、满意、认可、理解、顺从。值得注意的是，首语因文化和环境的差异而具有不同的形式。例如，在保加利亚和印度的某些地方，他们的首语是“点头不算摇头算”，形式恰好同常规相反。

手势语是通过手和手指活动所传递的信息。包括握手、招手、摇手和手指动作等。手势作为信息传递方式，在发生学上是先于有声语言的。所以，手势语在日常交际中使用频率很高，范围也很广泛。人们常常以捶胸表示“悲痛”，以搓手表示“为难”，以拍脑门表示“悔恨”，以相互握手表示“祝贺”、“感谢”等。

手指动作是一种较为复杂的伴随语言，深受文化差异的影响。如在中国伸出食指往下弯曲表示“九”这个数字；日本人却用这个手势表示“偷窃”。用拇指和食指合成个圆圈，在美国表示“OK”，是赞扬和允诺之意；但在法国一些地方，有时可能解释为“毫无价值”。在中国，一般表示特别的称赞，常常是翘起拇指，其余四指卷曲。这是因为人们在数数字时，先按下拇指，于是，拇指就被认为是“第一”，这与“最好”一词的意义有紧密的语义联系。同样，翘起小指就是蔑视、贬义的表示。又例如，第二次世界大战期间，英国首相丘吉尔在结束电视演讲时，举起握拳的右手，然后伸出食指和中指构成“V”字形，以象征英文“胜利”（victory）一词的开头字母，结果引起了举国欢呼，这个手势一直沿用至今。所以，运用手指动作，必须首先了解其在不同民族、不同文化中所表达的特定含义，才能有效地发挥手指语的交际作用。

（2）表情语。所谓表情指发生在颈部以上各个部位的情感体验的反应。

心理学研究表明，人的六种基本面部表情如快乐、惊讶、恐惧、愤怒、厌恶、蔑视都是通过颈部以上的这些部位表示的。在交际活动中，若能有意识地使用面部表情的传播优势，那么许多社交问题将会变得迎刃而解。

①目光语。目光是在交际中通过视线接触所传递的信息，又称眼神。在很多时候，很多人就通过目光与人交谈。根据心理学家的研究，眼神的变化主要在于瞳孔的变化，人的瞳孔会根据人的感情、态度和情绪自动发生变化。当一个人感到恐惧或兴奋时，瞳孔就会放大。

眼神是人际交往中最传神的一种非语言符号，最能传递人们的思想感情。从交际学上来说，不同的目光创造不同的交往气氛。在人际交往中，“相互尊重”的目光语是通过目光的正视来表达的，正视会使人感到你的自信和坦率，但正视不等于盯着对方的眼睛。从心理学来说，人际交往中拒绝目光的盯视，盯视最易招惹是非。目光的盯视一般表示两种最强烈的感情：最强烈的爱和最强烈的恨。正确的做法是：视线停留在对方双肩和头顶所构成的一个正方形的区域内，并且不时地与对方的目光交流一下，以示态度的真诚。切忌直勾勾地盯着对方，或上下打量，左顾右盼。并且，应根据不同的环境，灵活地使用目光语。如在演讲时，不时地用目光与不同角度的听众进行沟通；与人交谈时，对等候交谈的人多看几眼，让他们感到自己并未被忽视；在来宾众多的招待会上，既顾此又顾彼，用眼神向那些没来得及亲自打招呼的客人示意，可消除他们的受冷落感，营造一种集体氛围；在空间较大的社交场合中，相互对视，可以弥补交往距离过远的不足，使气氛更加融洽和亲切。在交际场合，目光语所传达的整体信息应是“友好”和“理解”。眼神闪烁不定或故意回避对方的视线接触，都会形成一种交际障碍。

②微笑语。微笑语是通过不出声的笑所传递的信息。微笑是由躯体神经系统支配的面部肌肉运动实现的。所以，微笑语作为最基本的表情语言，在人类各种文化中的含义是基本相同的，是真正的“世界语言”，它是少数能超越文化的传播媒介之一。

在人际传播中，微笑具有强化有声语言沟通、增强交际效果的功能；微笑还能与其他体语相结合，代替有声语言的沟通，如在接见众多宾客时，只要边微笑边招手，也具有“欢迎您光临”的功效，同样会使客人感到热情、有礼；在交谈中，碰到不易接受的事情，边微笑边摇头委婉拒绝，不会使人感到难堪。

2. 静态体语

（1）姿势语。静态语是指身体在某一场境中以静态姿势所传递的信息。

人的基本静姿有三种：躺卧姿势、屈膝姿势和直立姿势。在交际活动中，屈膝姿势较为重要，其中包括颇值得研究的坐式。坐式有严肃坐式（“正襟危坐”式）、随意坐式（比较常见）两种。任何一种坐式都毫不掩饰地反映了人的心理状态。如交叠双足而坐，是一种防范式的心理表示；在社交场合，男性一般以张开腿部而坐，语义为“自信”、“豁达”；女性一般以膝盖并拢的姿势代替架腿，语义为“庄重”、“矜持”。至于严肃坐式，一般用于较隆重的场面，而且是短暂性的，绝大多数都采用随意坐式，但随意不等于放肆，那种七歪八斜或架起二郎腿的坐式，在任何交际场合都是失礼行为，是不允许的。

（2）界域语。界域语是交际者之间以空间距离所传递的信息。界域语也称个人空间、人际距离、势力圈范围等，是传播领域中一个很重要的语言符号。美国心理学家罗伯特·索然经过观察和实验研究，认为人都具有一个把自己圈住的、心理上的个体空间，它就像一个无形而可变的“气泡”。这“气泡”不仅包括了个人占有物（如写字时的桌椅等），还包括了身体周围的空间，这是一种极为真实的感觉。一旦有人靠得太近，突破了“气泡”，就会感到不舒服或不安全，甚至试图马上离开。如顾客在餐厅中总是尽可能错开就座；游人在公园里不会夹坐在两个陌生人之间等。

界域语分为两种：位置界域和界域距离。

①位置界域。位置界域是指交际者之间的座位所产生的媒介效果（如图5－2所示）。

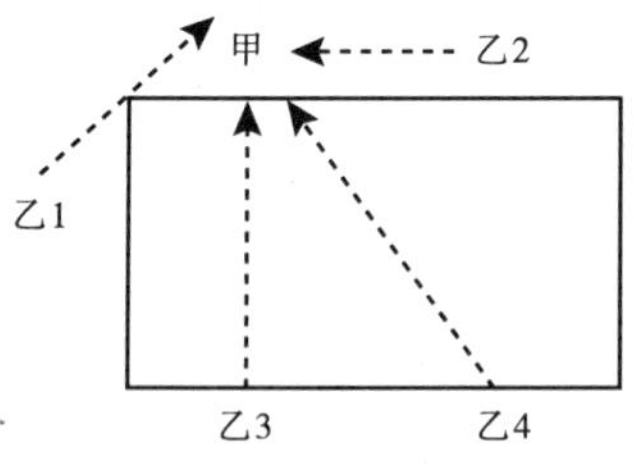

图5－2

在办公桌前，甲与乙交谈，乙可以采取四种不同的位置。相对甲来说，乙1是社交位置；乙2是友好位置；乙3是竞争位置；乙4是公共位置。社交位置体现了“诚挚”、“友好”的交谈氛围。坐在这个位置上，无紧张情绪感觉，行动方便，有利于观察对方的体态变化，从而随时调整话题，易于把握住谈话的主动权。当其中一个感觉到有威胁时，桌角可以起到屏障作用。当与客户谈生意，或找领导汇报工作时，乙1的位置要算是最策略、最巧妙的选择了。友好位置体现了一种“亲切”、“信赖”的交谈氛围。这种位置有益于合作，显示出双方意气相投与亲密的关系。竞争位置是同对方隔桌相望就座，会造成一种防范性的竞争氛围，一般用于谈判。公共位置是双方之间无沟通的需要的位置。这种座位，一般在公共场所如饭店、图书馆、公园等处，人们往往采取这种互不搭界的位置就座。

②界域距离。界域距离是指交际者之间的空间长度所产生的媒介效果。美国西北大学人类学教授爱德华·T. 赫尔博士在《无声的语言》中研究了人类对自己所独有空间的需求，同时发现了四个界域区。大部分人就在这四个界域区里行动。这四个界域区分别为：

第一，私人界域（小于0.15米）：又称亲热界域。该界域语义为“热烈”、“亲密”，适用于家人、恋人、至交或某些外交场合上礼节的需要，如拥抱、亲吻等。选择该距离交往，要受一定的交际对象和交际环境的制约。

第二，个人界域（大于0.15米，小于0.75米）：是指与熟人交往的空间，如促膝攀谈、握手等。语义为“亲切”、“友好”。在此种距离进行交往，一方面可较少身体接触，另一方面也能体现两者熟识而友好的气氛。

第三，社交界域（2米左右）：体现一种较为正式的非私人交往关系。双方大多本着公事公办、应酬或初步了解的态度，谈话内容不怕被别人知道，说话声音较大。当人们缺乏亲切关系时，交往会选择该距离。双方很少感情渗透。语义为“严肃”、“庄重”。如与客户谈生意、接见来访者、企业之间的谈判等。会议、演讲、庆典、仪式及接见等意在向交际对象表示敬意的活动时也较多适用该距离。

第四，大众界域（3米以外）：空间距离较大，适用于在公共场所同陌生人相处。人们在这种距离范围内活动时，如果没有发生交往关系，那么对个人空间不构成威胁，双方各行其是，完全可以视而不见。

当然，在现代交际中，界域语并非如此机械、呆板的，它所表示的语义往往要受到本民族文化的影响。因此，在接触之前，必须了解双方的界域语，恰当地运用有利于传播的界域手段，使交往者之间形成一种适宜的心理氛围，让人有一种安全感和舒适感。

（3）服饰语。服饰语是交际者在交际场合通过服装和饰物传递的信息。人的服饰同人的行为举止一样，有丰富的信息传播功能。如今，人们常以穿一套“合适”的服装来代表自己。服饰作为一种讯号比身体本身的讯号更加引人注意，服饰已成了一种有特殊意义的交际语言了。

不同的文化背景，服装有着截然不同的交际效果。如“白色连衣裙”，西

方人视为高雅、纯洁，可以在任何交际场合，乃至婚礼上穿着；而在中国则列为素服，一般为丧礼服，在婚礼上穿着会使主人心里很不高兴，甚至可能会遭到主人的拒绝。

饰物是人身上佩戴的各种装饰品。饰物本身并无意义，它只是一种象征、一种媒介。因此，饰物语是向别人表明一种思想，有时也旨在寻觅沟通者。如臂戴黑纱，是对死者寄托哀思；胸戴十字架，是一种宗教信仰的表示；戒指的戴法更是一种讯号或标志。因此，为避免沟通中的误解，一定要理解饰物语的含义。

除此之外，服饰语还是一种文化价值的显现。服饰显现了人对自我（包括性格、思想、教养、风度）的重新塑造，从美学观点看，乃是一种文化美，特别是在涉外交往中，更是一个民族的生活方式和精神面貌的体现。

三、类语言

类语言是交际过程中一种有声而无固定语义的语言。语言学中的类语言（也叫副语言）一般包括两大部分：声音要素和功能性发声。声音要素涉及音强、音长、音高、音色。功能性发声包括哭、笑、叹息等。在交际中，经常使用的类语言形式有：说话时的重音、语调、笑声和掌声。这些都是不分音节，但能发出声音来的语言。在交际过程中，它们等于说话，有时胜似说话。

（一）重音和语调

说话时，有时为了加深接受一方对所接收的主要信息的印象、感受或语义理解，将主要信息的关键部分加大音量，以示说话的主要语义，即重音。

如：指着一件物品说“这是你的”。将重音放在“这”，强调的重点是“这个物品”而非“别的物品”；将重音放在“是”强调的是“肯定”，言下之意是“你不要再怀疑了”；将重音放在“你”强调的是“你对该物品的所有权”。

可见，重音的落点不同，就会产生不同的语义。因此，重音的使用完全受语义（交际需要）的支配，是不固定的。重音也是有声语言表达的一个技巧。

另外，体现话语差别的还有语调的变化。没有转折变化的言语无异于行文不用标点符号。一个说话单调的人，听众很难从他言语的含义中获得重要线索。在交谈中，听者可以用平稳的语气和柔和的语调连说“嗯，是的，是的”，以表示在注意倾听对方的谈话；说者如果需要继续下去时，可以用稍长语速拖一声“啊”，这样能填满句间的空隙，以免别人以为已经讲完了。所以，重音、语调、语速和语气这一类的类语言都是与话语同时发出，体现出话语意义的细微差异，并通过它们影响对话者的知觉而起细节沟通的作用。

（二）笑声

笑声与微笑是两种不同的伴随语言，是有区别的。与微笑相比，笑声不仅是发出声音来的，而且形式复杂，语义不固定。同一形式的笑声，可能是负载正信息，也可能负载负信息。如哈哈大笑，有时可能是表示一种“高兴”、“赞同”的思想感情，有时是一种“豪爽”、“豪气”的表示，有时也可能是一种“不祥之兆”（如《智取威虎山》中座山雕的笑声），有时则是一种心虚的表示；捂着嘴笑，可能是“不好意思”，也可能是“惧怕某人的威严”而不敢放声大笑；直愣愣地笑是“傻乎乎”的人的一种特征，但也有可能是太“出乎意料”的意思；含着泪笑，既可能是“激动”时的一种表情，又可能是“有苦难言”的一种流露等。笑声语的这种多义现象，只有在一定的语境中，语义才是明确的、单一的。当然，笑声中也有两种语义比较固定，一是皮笑肉不笑，多为“假心假意”；二是谄笑，往往表示“讨好”、“奉承”。

笑声语是交际中一种必不可少的辅助语言。特别是碰到比较尴尬的场面，笑声能缓和僵局、融解拘谨、改善交际氛围；以笑声来委婉拒绝，不至于让被拒绝者太难堪，这是一般词语难以取得的效果。

（三）掌声

掌声的一般语义为“高兴”、“赞成”或“欢迎”。随着社会和人类文明的不断进步，人们有时也用掌声表示一种礼貌的否定、拒绝。在这种意义上使用的掌声，一般持续时间较长，甚至持续到对方改变自己的行为为止。这种以掌声替代扔食物、果皮和“嘘嘘”声的拒绝法，能减轻对方的心理承受力，是一种委婉式的表示方法。

四、时空语言

时空语言是指“时间”、“环境”在传播中所产生的语义。

（一）时间语

时间是“快节奏”的现代人非常重视的观念。任何一种传播形式，时间的控制都会给传播效果带来影响。因为时间也是一种语言，它能传递积极的或消极的信息。如外交谈判开始之前，准时到达，表示对谈判对方有礼貌。相反，则是不尊重。“无故失约”、“拖延时间”、“姗姗来迟”等，这些“时间观”产生的都是负效应，只有“准时”，才体现出交往的诚意。

另外，从现代心理学、生理学来看，16:00~18:00是所谓“BODY TIME”

（体内时间），意思是最没有效率的时间。这段时间内，人一天的疲劳在心理上、肉体上都已达到顶峰，于是，焦躁不安，思考力减弱。因此，一些重要的公关交际活动，应尽量避开这段时间，以免影响整体效果。

（二）空间语

空间即环境。环境影响传播效果，一般有两个方面：

一是设施的安置方式。一般的交往空间都有各种设施，而设施的安放位置对不同的交往对象有不同的影响。比如，会议桌的形状，圆形的会议桌或用方桌排成的圆圈形，不会使参加者产生“地位差异感”。所以，外交谈判常使用圆桌，就是为了避免由于位置的不同而造成的某一方的不平等感觉，而且尽量避免宾客背朝门口，给人一种安全感和轻松的气氛。

二是交往环境的气氛。心理学家 N. L. 明茨（N. L. Mintz）曾做过这样一个实验：他事先布置了两个房间，一间窗明几净、典雅庄重；另一间粗俗龌龊、凌乱不堪。实验对象分别被安排到这两个房间里，每人必须对 10 张照片上的人作出判断，说出他是“精力旺盛的”还是“疲乏无力的”，是“满足的”还是“不满足”的。结果坐在整洁房间里的人倾向于把照片上的人看成“精力旺盛的”和“满足的”；在脏乱房间里的人则倾向于把照片上的人看成“疲乏无力的”和“不满足的”。这说明环境是会影响人的感知的。可见，一个领导者在一个脏乱的办公室和一个干净的办公室与他的部下谈话，绝不会引出同样的信息互动。

第二节　交际语言的方法

一、幽默

幽默的谈吐无论在日常生活中，还是在重大的社交场合，都是离不开的。它是一个人聪明才智的标志，要求有较高的文化素养和较强的驾驭语言的能力。一个人语言修养高，文化知识丰富，对古今中外、天南海北、历史典故、风土人情等各种各样的事情都有所了解和掌握，再加上语汇丰富、语言表达方式灵活多样，就能够在讲话时得心应手，就容易生动、活泼、有趣，产生幽默感。

（一）幽默的含义

“幽默”一词起源于拉丁文，成形于古法文。它最初只是一个医学术语，到 16 世纪以后才逐渐演变为美学范畴的一种特定含义。

在日常工作生活中，富有幽默感的人的表情、动作、言谈等都会给我们一种美感。但是，如果真的要给幽默下一个定义，却并非易事。古往今来，学者们分别从各个不同的角度，给幽默下了数十种定义。这就是我们今天给幽默下定义的起点和基础。

首先，幽默并不是属于语言专有的艺术表现。小说当中可以有幽默，漫画当中也可以有幽默，虽然在语言当中幽默表现得最多，但不能把幽默仅仅理解为一种语言表达艺术。幽默在我们的生活当中无处不在，它甚至可以成为我们一种达观的处世哲学。

其次，幽默必须要给人一种美感的享受。幽默不等于开玩笑，它不是一种浅薄的戏耍。著名的艺术大师们的艺术形象至今还脍炙人口，就是因为幽默给人的美感是与戏耍不能同日而语的。成熟的幽默还能形成各种风格，它是一种成熟的艺术表现。

最后，幽默是一种完整的、整体的表现。我们很难从幽默的表现中分离出某些现象来进行评判，它就像盐溶化在水中一样，幽默的整体表现是幽默的重要特点。

根据以上的论述，我们把幽默定义为：有意识地通过一系列表象，运用多种艺术手段，以表面滑稽、实则严肃、含义深刻而表现的一种艺术表达。

（二）幽默的特征

幽默的内容是相当丰富的，幽默的语言表达更是多彩多样的。我们主要从语言的角度对幽默的特征作一些论说。

1. *形象生动*

幽默语言的表达要形象生动，无论是叙述一件事情的原委，还是描写一个物品的形状，还是刻画一个人物等，都要给人以立体感。要使语言生动起来，首先就要求语言使用者具有大量的语言储备。不可想象，一个语言语汇贫乏的人会使自己的语言形象生动。

这其中包括了词语的选用、加工和调整。使语言生动形象并不是幽默的专利，语言的幽默感却能使语言的形象性具有悠长、值得咀嚼的韵味。这种形象化的语言是其他艺术手段难以取代的。

2. *含蓄深刻*

幽默借助于想象，机智而巧妙地运用引人入胜的技巧，使对方在轻松活泼的气氛中领悟到对话者宣示的意旨。幽默的语言是含蓄的，它能够诱导人深入地思考，发出会心的微笑，在幽默的气氛中交谈，使人在笑中同时引起联想和推断，领悟其中的含义。

幽默语言调侃、圆巧，但又不显得浅薄、浮泛，在轻松之中包藏深刻的思想。往往百思不得其解的个中道理，经过一点拨，就豁然开朗，它比浅白的大道理更意味深长、富有哲理性。

3. 温和亲切

幽默的语言，在本性上决定了它自然地具有宽厚的情感色彩。使用幽默语言的人，应当是具有温文尔雅的语调、亲切温和的处事态度的人。它与讽刺并不是一回事，讽刺有时会使人感到难堪，幽默却使人感到宽松自然，最忌讳的是尖酸苛刻。温和亲切是幽默语言的又一重要特征。

在特定的交际场合，幽默的语言可化干戈为玉帛，它比一些抽象的大道理更奏效，因而显示出语言的最佳效能。

4. 修饰描摹

幽默的语言常常借助一些修辞手法来增强语言表达的效果，从而提高语言的感染力。修辞一般分为消极修辞和积极修辞两种。简单地说，消极修辞是指词语的调整或句式的调整，积极修辞则是指运用比喻、夸张、双关等一些修辞格。恰当地运用修辞手法，更能显示出语言的幽默魅力。在不同的场合，恰当地运用修辞手法，使人有回味的余地，也使人感到愉悦，享受到一种审美的满足。

5. 机敏诙谐

在交际中，各种情况千变万化，人们会遇到一些不曾预料到的情况。在这时，为了避免出现僵局，就需要人们具有一种随机应变的语言能力。具有幽默感的人，一定是一个机智、敏捷、善于应付各种棘手问题的能手。

幽默的语言是机敏的、迂回的，不直接显露出本人的态度，却能隐含着意图。

（三）幽默的要求

并不是所有有趣可笑的语言都是幽默的语言。在运用幽默的语言时，还有一些需要注意的问题。

1. 高雅风趣

幽默感可以说是一个人文化修养、知识储备的外在表现。追求美好的理想，实现崇高的梦想，是每个人梦寐以求的。要达到目的，就需要人们具有哲学的轻逸性、思想的简朴性。这恰巧是幽默的特性。人类的心智尚有一种力量，能够超脱一切观念、思想、志向而付之一笑，这种力量就是幽默家的妙处。幽默语言切忌愚蠢、低俗、笨拙、肤浅、油滑、尖酸的言语。有些人把幽默理解为油腔滑调、取笑逗乐，这是对幽默的误解。幽默产生的效应是含有严肃内容的笑。如果把幽默理解为油腔滑调地耍噱头、卖滑稽、出洋相，那便是对幽默的歪曲和世俗化。幽默的语言要具有高雅的风趣。

2. 突出主旨

幽默的语言是自然而然地表现出来的，它必须有深刻的思想意义。幽默语言的运用要服从于思想、情感的表达，它绝不是一般的俏皮话和耍贫嘴。在对话时，不要伤害别人；在说笑话时，不要把它变作恶作剧；在嘻嘻哈哈时，不要流于无聊。如果用笑料来填充幽默的不足，换取廉价的笑，那只能证明他的浅薄。这样做，对突出语言的主旨毫无益处，再好的形象也会黯然失色。

3. 通俗顺畅

幽默既然是人的聪明才智的表现，必然是以深入浅出见功力的。幽默切忌佶屈聱牙、咬文嚼字。幽默是日常语言的巧妙组合，正如清代李渔所说："妙在水到渠成，无机自露，我本无心说笑话，谁知笑话逼人来。"

二、委婉

"委婉"一词人们并不陌生，它在修辞学中，有时作为修辞格的一种。但"委婉"并不仅仅指修辞的方法。在书面语中，它主要表现为一种语言的表达方式；在交际活动中，它又是一种处理问题的态度和方法。

（一）委婉的含义

关于"委婉"的定义，前代学者曾作了不少的解说，但与我们所说的不尽相同。这是因为学者们从不同的角度下定义。例如，从修辞学来说，委婉就是用婉转、曲折的话来表达本意的一种方法。从文章等书面语中，它又指"说话时遇有伤感惹厌的地方，就不直白本意，只用委曲含蓄的话来烘托暗示的，名叫婉曲辞"。而我们所说的，主要是指一种处理问题的方式在交际语言中的表现。

说话时比较含蓄，指的意思不是不说，只是不说得那么露骨，或是不说得那么直接，因此人家听起来得揣摩才能懂得彻底，而且仿佛越揣摩意思越多，一句话抵得了好几句的内容。含蓄的话语只是把自己的意思曲折地表达出来，它并不是离开主旨的隐晦，也不是旁逸斜出地岔开话题，它是为了表达自己的意思的一种曲折婉转的说法。可以说，"委婉"是指在不便于直接说出自己意思的情境中所使用的一种曲折含蓄的说法。

从某种程度上说，委婉的语言表达显示了一个人口语水平的高低。

（二）委婉的特征

委婉的言语实际可以说是人们在讲话中所表现出来的一种态度，它能使人从外表来看是温和的、谦虚的。委婉的语言有什么特征呢？

1. 烘云托月

所谓烘云托月，就如同要画一座高山，一张纸怎么也不能把山画得多么高，怎么表现山之高呢？可以画一些云雾环绕在半山腰间，再画几朵云彩在远处飘浮着，这座云雾缭绕着的山就显得很高了。用云雾来表现山的高峻的方法就是“烘云托月”的方法。

烘云托月的表达方式，常常是从侧面切入，暗中点明自己要说的最主要的意思。

2. 曲径通幽

曲径通幽，就是对话时不直截了当，而是曲曲折折地表达内容，让对方在回味中理解你要说的意思。

3. 闪烁其词

有时会碰到这样的情况，面对对方的直接发问，自己却不好给对方一个明确的回答。回答吧，担心会泄露一些不应该让对方知道的一些情况或让别人难堪；不回答又会显得自己不礼貌，引起对方的不满意，这时就要采用闪烁其词的方法来应付。所谓“闪烁其词”，就是为了某种需要，讲话人的言语故意表达得不甚清楚明了，很多时候是一种无效回答。

例如，当对方问到一些机密问题时，如果说“不能告诉你”，显得粗俗无礼；如果套用外交上的用语说“无可奉告”，也会给提问者造成心理上的失望与不快。使用“闪烁其词”，既避开了正面回答，又不给对方一种答非所问、“牛头不对马嘴”的感觉。

4. 意趣兼备

交际语言既要表达一定的主旨，又不能因为主旨使语言干枯乏味。成功的交际语言应当是主旨明确，情趣盎然。

5. 言简意赅

委婉的语言的表现形式是婉转温和，这就形成了它隐约、含蓄的特点，也就使委婉的语言容量较大，语言虽然很简洁通俗，含义却是相当深刻的。

已故著名艺术家赵丹先生的遗孀黄宗英女士是个作家，又是一位企业家。有一次，有人问黄宗英是否再嫁，黄宗英回答说：“我已经嫁给了大海，就不能再嫁给小河了，要嫁就嫁给汪洋。”这段答话非常形象通俗，意蕴深刻，耐人寻味。她把赵丹先生比作大海，曲折地表达了对于赵丹先生至死不渝的热爱和敬重。同时，她表明了自己的态度，今生不再嫁人。她在话语中又表明不嫁人并非信守封建伦理观念。短短的一句答话，却蕴涵着这样深刻的思想内容。

（三）委婉的要求

运用委婉的语言时，要注意它与油腔滑调、旁敲侧击甚至指桑骂槐是截然不同的。委婉只是一种语言表达方式，而意思必须是要坚持原则、态度明朗、感情真挚。

1. 谦和适度

委婉的语言表达了说话者一种谦和的态度。这种情感必须是真诚的，在表现上是庄重的，既要讲究礼貌，又要注意分寸。过分狂热肉麻的话只能令人腻烦，过于凄凉的话又令人感到冷漠。这里关键要有个“度”，要适可而止。有的人不能适当地处理这个“度”，谦卑得丧失了自己的身份甚至人格，这是要注意避免的。

2. 宽容大度

委婉语言的运用体现了对对方的尊重，对别人尊重的同时也体现了对自己的尊重，是渴望别人对自己尊重。它能体现出一个人的知识素质和处事态度。一个斤斤计较、心胸狭小的人是很难做到宽容大度地运用委婉语言的。宽容是一种美德，委婉的语言是这种美德的外在表现。要真正做到这一点，除了语言方面的训练之外，还要注意自身的知识积累、自身的道德修养。

3. 力避隐晦

委婉是与隐晦、含混有区别的。运用委婉是为了有效地表达思想、情感，这个主导思想不能偏失。委婉的语言是婉转、曲折地表达本意，它虽然不是直接地说出来，但仍要求表意明确，让听者脑子一转就能明白，或依靠语境的提示、暗示等很快就可以领会本意。

表达的意思是明确的，语言的表达是迂回的。有些人说话吞吞吐吐，词不达意，是说话者本身思维不清晰；有些人拐弯抹角、含沙射影，是说话者的心术不正。好的委婉语言，应当是隐而不晦、柔而不弱、闪而不避、曲而不涩。用这样语言表达的含义可能会比直接表达给人的印象还要深刻。

三、模糊

我们在客观世界里所遇到的各种各样的客观事物，绝大多数都没有一个精确的界限。作为客观世界符号表现的语言也必然是模糊的。

（一）模糊的含义

说话、写文章要力求做到清楚、明白、准确，这是常识。但是，大千世界，林林总总的外界事物千姿百态、瞬息万变，事物之间的关系错综复杂，而且很多概念本身就是模糊的，因此反映客观世界的语言就不可能在任何时候、任何地方都那么直截了当、干脆利索。说话时必须该准确时就准确，该模糊时又非模糊不可。在世界范围内，随着模糊理论在各个学科中的广泛运用，人们开始逐渐地认识到了模糊语言应用的重要性，开始了语言模糊性的研究。

那么，所谓语言的模糊性是指什么呢？所谓“模糊语言”，是指人们运用语言要素中的一些若干模糊特征准确表达思想、情感并进行交流的一种语言表达方式。这种表达方式和交流方式增强了语言在交际中的适应性、灵活性和生动性，丰富了语言表达，提高了交际水平。

（二）模糊的特征

一般来说，任何词语的意义都有概括性，人们在实践中对事物有了认识，经过反复观察、分析和综合概括，形成概念和词义。这种词义必然概括了事物的共同特征，抛弃了个别的、具体的内容。而模糊词语的外延比起一般词语来说，更加突出地表现了范围的不明确，更明显地表现了模糊性。有些句子，从每个词语来看，意义是明确的，但从整个句子来看，语义所指又是模糊的。

模糊主要有以下几个特征：

1. 表意模糊

语言具有模糊性，主要特征是在表达意思时的非确切性。在交际中所讲的模糊性，是人们在交往中有意识地利用模糊性而达到语言独特的效用。在特定的情况下，估计、猜测、希望、暗示等都可通过模糊的语言达到目的。

2. 表情模糊

人们表达感情不是单一的，感情的复杂性、丰富性也决定了需要用模糊语言来表达。模糊的语言会使感情表达得更加丰富。请看下面一段话：“在一个过分讲求实惠的工商社会里，有野心、有欲望、有计划、有冲动，可就难得有自由自在且不带任何权利色彩的‘做梦’。在讲求‘实干兴邦’的同时，能否为并不一定误国的‘清谈’与‘梦想’留一席之地?”该文作者在表达自己的思想感情时，用了许多模糊语言，表达了作者丰富的内心世界，展示了对社会发展的期待和对自己的期望。如“做梦”的内涵是什么？显然不是指自然的“梦”，梦的内容又是什么呢？又如“清谈”是指什么？“能否”更是典型的模糊语言。作者错综的情感意识、欲言又止的想法，通过模糊语言，表达得相当充分。

3. 适应语境

模糊语言体现了说话人的机智、灵活，反映了说话者主体敏捷的思维。在某些特定的语言环境中，说话者发挥主观能动性，可以恰当地表现出客观事物的不确定性，也可以表达出说话者的主体意向。

例如，廖承志在给蒋经国先生的一封信中，就大量地使用了模糊语言。信中对第一次、第二次国共合作进行了回顾和评价：“国共两次合作，均对国家民族做出巨大的贡献。首次合作，孙先生领导，吾辈虽幼，亦知一二。再次合作，老先生主其事，吾辈身在其中，应知梗概。事虽经纬万端，但综观全局，合则对国家有利，分则必伤民族元气。”这里的“亦知一二”、“应知梗概”、“经纬万端”，都是模糊性的词语，过去的事点到为止，是非已成为历史，为求海峡两岸统一，暂不详论功罪。又说：“三民主义之真谛”为“吾辈深知，无须争辩”。这些模糊词语，表达了中国共产党不纠缠历史旧账，着眼于未来，既不丧失自身的立场，又不引起争论，显得不卑不亢、有理有节。

4. 适应情势

在某些场合和情景下，模糊语言有很强的适应性。模糊语言的多向性，可使听者在理解时做比较灵活的理解。这种语言较易与当时的环境氛围相适应。这就是模糊语言适应情势的特性。

模糊语言可借助于特定的场合达到交际的目的。

（三）模糊的要求

模糊语言也有使用范围和用途的问题。在言语交际过程中，模糊语言与精确语言各有各的用场。使用模糊语言要注意以下两个问题：

1. 适当模糊

模糊语言在实际使用中，实质是更能准确地表达说话主体的复杂情感和丰富的信息。语言是模糊的，信息却是准确的，说话者的思维也是清晰的。使用模糊语言是最适当地显示特定环境下的语义。它们或委婉，或含蓄，不是含糊其辞，不是模棱两可。特别是在必须明确的地方千万不能模糊，模糊应掌握好“度”。

2. 灵活简洁

模糊语言是利用语言的模糊性、多义性来达到加大信息的交际作用。模糊性是由传达信息的丰富性与复杂性决定的，但绝不是弯弯绕、啰唆等。模糊的语言也要求简洁。

第六章 言谈交际

言谈，又称语言谈吐，是人们为了某种目的在一定的语境中以口头形式运用语言的一种活动。这种活动主要是利用有声的自然语言符号系统通过口述和听觉而实现的，也就是人与人之间通过对话来交流思想。虽然由于形式本身的局限，使言谈的形式往往稍纵即逝，但与书写形式的言语活动相比，言谈，这一口头形式的言语活动，在表达思想感情方面则更为直接、生动和形象，也更便于对方的接受和理解。正因为如此，言谈一直是人们最常用、最主要的交际手段。

第一节 言谈交际原则

一、合作原则

合作原则的产生是基于这样一种客观现实：任何交际主体之间都有种种差异，但是任何交际都是为了沟通交际主体，都是双方共同实施完成的行为。因此，都要尽量克服、减少主体间的差异，以保证交际的顺利进行。合作原则由美国语言学家格赖斯（H. P. Grice）于1975年提出。他认为，除非交际双方的言谈都遵守一些共同的基本原则，否则人们在日常生活中的对话可能会造成对方的难以理解甚至误解。因此他提出了著名的合作原则，即一次“准确有效的交际必须说和听都采取合作态度”。为了交际的顺利进行，人们以合作的态度进行交际，并且认为交际对方也是合作的。因此，要取得较好的交际效果，不仅取决于表达，而且也取决于领会。具体来说，合作原则的基本内容包括四个方面：

（一）量的准则

量的准则指在言谈交际中，要提供对方所需信息，但不提供多余信息，也称适量信息准则。从心理学上看，人拒绝接受冗长信息。一般地说，1分半钟表达一个意思最好，特别是礼仪性的致辞更须言简意赅。当然，从某种意义上来说，话语并非越简洁越好，这是由语言的易逝性决定的。在交际中，适当的“冗余度”是必要的。冗余度即废话比例。冗余度的大小主要取决于：

1. 说话内容

一般来说，当话语的内容是一些陈述性的语言或比较易于理解时，冗余度较小；当话语是较难理解的概念或需要反复强调的内容时，冗余度较大。向交际对象表示歉意或谢意时，冗余度较大；接受对方的歉意或谢意时，冗余度较小。

2. 交际对象

当交际的对象难以听懂或理解说话者的话语时（如年龄太小、阅历不足、理解力较差、知识水平较低等），冗余度较大；反之，冗余度较小。

3. 交际环境

当交际的环境较为嘈杂或有各种外界因素干扰时，冗余度较大；反之，冗余度较小。

（二）质的准则

质的准则指在言谈交际中，要说真话，提供可靠证据而不是个人看法。因此要注意：

第一，不说自知虚假的话；

第二，不说缺乏足够证据的话。

（三）关系准则

关系准则是指说话内容要切题，注意使话语与正在交谈的内容有关，不要将没有联系的事物扯在一起。尽快进入主题，不要信马由缰。

（四）方式准则

方式准则是指话语要有关联。因此要做到：

第一，避免造成语义障碍。在交际中，行话、土语、术语、晦涩之语少用。

第二，避免造成知识障碍。交谈只有在双方共同的知识、经验、兴趣范围内才能进行。

第三，用语简练。

第四，有条理。

当然，就具体的言谈来看，很难同时遵守如此多的原则，因此由于说话人场景、目的、强调等的不同而有所侧重，同时也有所忽视。如儿童的语言常常是质的准则放在首位，关系准则、方式准则则放在其次。甚至，人们在交际中并非总

是严格遵守合作原则，日常交际语言中极为常见的谎言就是典型的违反合作原则。

二、礼貌原则

该原则由英国语言学家杰·利奇 1983 年提出。其核心是“以使人受益、使己受损为中心内容”。具体来说，礼貌原则包括六大次则：

策略次则：减少表达有损于他人的观点

- 尽量少表示有损于人的意见；
- 尽量多表示使人有益的意见。

慷慨次则：减少表达利己的观点

- 尽量减少对自己的益处；
- 尽量扩大自己付出的代价。

谦逊次则：减少对自己的表扬

- 尽量少称赞自己；
- 尽量多贬低自己。

赞扬次则：减少表达对他人的贬损

- 尽量少贬低别人；
- 尽量多赞扬别人。

一致次则：减少自己与他人在观点上的不一致

- 尽量减少双方的分歧；
- 尽量增加双方的一致。

同情次则：减少自己与别人情感上的对立

- 尽量减少对人的厌恶；
- 尽量扩大对人的同情。

关于礼貌原则的运用，需要说明以下几个问题：

其一，礼貌原则的基本思想是损己利人。

其二，礼貌原则使用的目的是获得对方好感，以有利于交际的进行，虽然交谈的过程是损己利人，但最终是为了利己。

其三，礼貌原则的使用场合没有普遍性，它只是附着于合作原则的。因此在有些场合，如激烈的争论，紧张的工作场合，紧急意外的状态，亲热情境等均失去作用。人们在以上场合或场景中会自觉放弃而不被认为失礼，否则会导致交际障碍。

其四，要注意礼貌的程度，即礼貌要适度。过于礼貌有时会使人觉得说话人故弄玄虚甚至心存讽刺，乃至虚伪。

第二节　交谈技巧

交际始自交谈。它是指由两个或者两个以上的人所进行的对话。在正常情况下，交谈是人们彼此之间进行交际、开展工作、建立友谊、增进了解的最为重要的一种形式。离开了交谈，人与人之间要想进行真正的沟通几乎是不可能的。

从根本上说，人们的知识、阅历、教养、才智和应变能力等，都可以通过交谈得到体现。在我国古代，人们讲究在交往中要对交往对象“听其言，观其行”，这是因为“言为心声”，只有通过谈话，交往对象彼此之间才能够了解对方，并且为对方所了解。

一、交谈语言的运用

人与人之间的交谈，必须借助于语言这一工具。作为谈话内容的载体，语言的具体运用可以体现出谈话者的思想境界、个人修养的高低。因此，在谈话时人人都有必要重视语言的运用。

在交谈中，在语言方面的总体要求是文明、礼貌和准确。

（一）语言文明

所谓语言文明，即要求人们在具体使用语言时必须讲究文明。具体地来说，应当既表现出使用者良好的文化素养和待人处世的友善态度，又使人产生高雅、温和、爽心、脱俗之感。可以从下述两个方面着手。

1. 尽量使用文雅词语

在交际中，务必要尽可能多地选用文雅词语，简称雅语。雅语与俗语相对，如用“卫生间”代替“厕所”、用“丰满”代替“肥胖”、打电话时用“您找哪位”代替“你找谁”等。总之，要求谈话者在交谈时，尤其是在与他人进行正式交谈时，用词用语一定要力求谦和、恭敬、高雅、脱俗。

一是要注意使用的场合。使用文雅词语，意在展示个人的良好教养和对谈话对象的尊重。因此，必须区别场合。使用文雅词语的最佳场合，主要是初次交往、因公交往、对外交往等。

二是要注意实际的效果。使用文雅词语，一般都可以取得良好的收效，但是必须防止过分书生气。在具体使用文雅词语时，还是应该重视实际效用，避免咬文嚼字、词不达意，过度滥用。

2. 防止使用不雅之语

不雅之语，是指那些失之于文雅的词语。在谈话之中，必须有意识地对其予以回避。如粗话、脏话、黑话、荤话、怪话、气话等。

（二）语言礼貌

在谈话中使用礼貌的语言，是做人的基本常识，也是博得交际对象好感与体谅的最为简单易行的做法。要求语言礼貌，实际上就是要求其尽量多使用礼貌用语。

礼貌用语，一般简称礼貌语。它是指那些约定俗成的、在交谈之中用于向谈话对象表示谦虚恭敬的专门性用语。在一般情况下，礼貌语可分为问候语、迎送语、请托语、致谢语、征询语、应答语、赞赏语、祝贺语、推托语以及道歉语十种类型。它们既有各自专门适用的场合，又有各自专用的具体方式。

在日常生活中，对礼貌用语的使用讲究是多多益善，不厌其烦。因此，有必要养成自觉使用礼貌用语的习惯。在一般性的交际应酬之中，对于下述五句话十个字的礼貌用语，即"您好"、"请"、"谢谢"、"对不起"、"再见"，尤其应当不分对象地经常使用。

（三）语言准确

在谈话进行中，语言准确与否，往往至关重要。如果不重视语言准确的问题，语言含糊，词不达意，是极不利于人际沟通的。

要确保语言准确，主要需要注意下列三个方面的问题。

1. 语言标准

语言标准实际上就是要求人们在交谈时要讲普通话，并且讲好普通话。要做到语言标准，主要应当避免两种常见的错误倾向。一是滥用外语。使用外语，主要适用于同外国人打交道的场合，反之则有卖弄之嫌。二是只讲方言。方言、土语仅仅适用于老乡之间。跟任何人交谈时都一律采用方言、土语，不但有可能难为对方，而且往往表明自己保守而排外。

2. 用词正确

任何语言，都是由一系列具体词汇所进行的排列与组合。因此，要保证语言准确，就首先要做到用词正确。

用词要正确，具体体现于交谈之中主要有三个方面的基本要求。

一是要明辨词意。任何词汇都有其特定的具体含义。只有明确地理解了每个词汇的本意，才能做到用词正确无误。

二是要少用生词。凡是不甚熟悉的生词，尽量不要在交谈中使用。对其具体含义不甚了解之时，也以不使用为好。

三是要防止滥用。在交谈时，语言与词汇的使用，都以朴实无华为佳。切勿滥用词汇，甚至故弄玄虚地堆砌一连串的词汇，否则很容易被人误解。

3. 内容简明

在一般的交谈中，要力求言简意赅，简单明了，节省时间，不讲废话。唯有如此，才有助于保证语言准确。具体而言，下述两点一定要加以特别的注意。

一是不要在交谈之中长篇大论。长篇大论的实际效果，往往都是不尽如人意的。它不仅会令人感到厌烦，而且还会让人听起来不明不白，不着边际。在某些特殊情况下，甚至还会导致曲解。

二是不要在交谈中短话长说。与人交谈，要善于三言两语便抓住重点，千万不要任意发挥、节外生枝、没话找话、啰里啰唆、废话连篇，根本不去涉及正题。

二、交谈主题的选择

任何交谈，都是由谈话者、倾听者及交谈主题三大基本要素所构成。要达到施加影响的目的，就必须关注此三要素。

交谈的主题又称话题，是指交谈时所具体涉及的中心内容。交谈主题，实际上决定谈话的基本走向。从某种意义上讲，能否选择好交谈主题，往往从根本上决定一次交谈的格调及成败。

一般而论，一次交谈的主题多少可以不定。但是，在正常情况下，它是宜少而不宜多的。在某一特定时刻，交谈主题通常最好只有一个。唯题少而集中，才有利于谈话的顺利进行。交谈主题若过多、过杂、过散，往往会令谈话者无所适从。

在选择交谈主题时，应当明确哪些是适宜选择的交谈主题，哪些是不适宜选择的交谈主题。

（一）宜选的主题

与别人进行谈话时，尤其是在与初交进行谈话之时，下列话题一般是适宜的。

1. 既定的话题

既定的话题，通常泛指由交谈双方事先约定，或者其中一方先期已经准备好了的话题。这类话题大都主要适用于较为正式的谈话。在谈话中，此类话题一般都应由双方共同进行商定，至少也要提前得到谈话对象的认可。既然既定的话题是“有约在先”的，在谈话里就必须谨防跑题。

2. 高雅的话题

高雅的话题，通常指的是在谈话中所涉及的那些内容文明优雅、格调高尚脱俗、适宜体现谈话者个人良好教养的话题。一般而言，它适用于各类谈话，并特别适用于讲究层次与品位的正式谈话。文学、艺术、哲学、历史、地理、建筑以及收藏等，都是比较典型的高雅的话题。

但在选择高雅的话题时，要注意以下两点：一是应当面对知音。选择高雅的话题，只有在面对知音时才会引起双方的共鸣。倘若不分对象地一概而论，有时就会曲高而和寡。二是切莫不懂装懂。选择高雅的话题时，应当“知之为知之，不知为不知”，千万不要弄虚作假、班门弄斧。

3. 轻松的话题

轻松的话题，通常是指在谈话之中所涉及的那些令人感到轻松愉快、身心放松、饶有情趣、不觉疲劳、易于应对的话题。一般来讲，轻松的话题主要适用于各种各样的非正式谈话。它的特点是轻松欢快，允许参与者各抒己见，任意发挥。因此，在较为严肃的谈话中，它是不适宜采用的。

在一般情况下，文艺演出、体育比赛，电影电视、音乐歌曲、休闲娱乐、旅游观光、名胜古迹、风土人情、名人逸事、烹饪小吃、美容美发、流行时装、天气状况等，都是人们在谈话之中所喜闻乐道的轻松的话题。

选择轻松的话题，一方面应当顺其自然，尽可能地轻松宜人；另一方面，必须注意适可而止，掌握具体的分寸。若是将轻松的话题等同于低级趣味、庸俗无聊、无所事事、东拉西扯则是十分错误的。

4. 时尚的话题

时尚的话题，通常是指在谈话中以此时、此地正在流行的事物，或者成为举世的焦点、正在引起人们普遍关注的事件，作为中心的话题。按照常规，它适合于各类谈话，是老少皆宜、雅俗共赏的。

选择时尚的话题，既要求对时事保持一定的敏感，敢于发表个人的看法，又要求头脑清醒，明辨是非，万万不可不加分析地对一切事情都信口开河，胡言乱语。

5. 擅长的话题

擅长的话题主要是指交谈双方，特别是谈话对象有造诣、有研究、有兴趣、有见解、有可谈之处的话题。在各种谈话中，尤其是在私交之间所进行的非正式谈话中，此类话题均可优先加以考虑。

在选择擅长的话题时，需要注意的主要是有赖于双向沟通。切勿贸然选择本人擅长而谈话对象一无所知或者知之甚少的话题，以己之长去对人之短，那样不但会使双方“话不投机半句多”，而且还会令对方难堪。

（二）忌讳的话题

在谈话中，特别是在正式谈话中，有一些话题是绝对不宜涉及的。假若贸然犯忌，不仅会失礼于人，而且还会有辱斯文。

1. 个人隐私的话题

所谓个人隐私，通常是指纯属本人的个人私事，与其他人毫不相干，并且不希望别人对此加以了解的事宜。在现代社会里，人们普遍讲究尊重个人隐私。在交际中，尊重他人的个人隐私与否，已经被与对对方的尊重与否相提并论。在交谈时，动不动就去涉及谈话对象的个人隐私，甚至不顾对方的反应如何而再三打探，早已被视为一种缺少教养的行为。

2. 刁难捉弄的话题

所谓刁难捉弄的话题，一般是指在交谈中所涉及的故意难为交谈对象，或者是拿对方任意取笑的话题。在交谈中，切不可不加检点，随意对谈话对象尖酸刻薄，油腔滑调，乱开玩笑，胡言乱语。

3. 非议他人的话题

非议他人的话题，通常指的是在一般性的私人交谈中，主动涉及其他不在场的人，并且毫无缘由地对其进行批评谴责等话题。在现实生活中，的确有极个别的人喜欢在私人谈话里无中生有，制造是非，造谣生事，议论其他不在场的人。自古以来，人们的普遍看法是“来说是非者，必是是非人”。在背后随随便便地非议别人，并不意味着自己与谈话对象亲密无间，反而可以证明自己是一个惯于摆弄是非的人。

应该说明的是，非议他人与批评、自我批评之间是存在明确的区别的。前者乃是“当面不说，背后乱说”，属于一种不负责任的有害行为；后者则是亲朋好友之间、同事同学之间互相关心、互相爱护、互相帮助的一种正大光明的善意行为。

4. 令人反感的话题

令人反感的话题，是指在交谈中由于谈话者一方不慎，而无意中涉及的令谈话对象产生伤感、不快、抵触或者对立情绪的话题。与任何人交谈此类话题，都无助于谈话的顺利进行。

在一般情况下，令人反感的话题主要有三类。一是谈话对象所存在的个人缺陷。对此加以涉及，实际上就是要令对方无地自容。二是谈话对象的伤心往事。提及谈话对象的伤心往事，犹如揭对方伤疤一样，会令对方无比难受。三是使人产生心理厌恶之事。诸如凶杀、惨案、灾祸、疾病、死亡、挫折、失败等。

万一在谈话之中无意涉及以上这些令人反感的话题，一定要立即转移话题。必要时，还须向对方道歉。

三、交谈技巧

在交谈中，要想有好的效果，除了要重视交谈的语言、交谈的主题之外，还必须重视交谈的技巧。交谈技巧主要有双向共感、认真倾听、施词委婉、礼让对方、适可而止等。

（一）双向共感

交谈实质上是一种人与人之间的相互合作。真正意义上的谈话，必须有赖于谈话双方之间的配合与交流。所有的交谈都必须以谈话双方的相互交流作为基础。因此，作为交际者应当明确，在交谈中不可一味地宣泄个人的情感，而丝毫不去顾及谈话对象的反应。在谈话中，每一位参与者都应当主动而自觉地遵守双向共感的规则。

1. 注意双向交流

在谈话的具体过程中，进行双向交流是极其重要的。所谓双向交流，就是要求谈话者彼此之间有来有往，互相配合对方，如在对方讲话时，眼睛应望着对方，不时地作出一些回应等。在可能的前提下，还应当有意识地使谈话以谈话对象为中心。无论如何，都不允许在谈话中妄自尊大，完全忽略交谈对象的存在。

2. 彼此均有兴趣

在涉及交谈的具体内容时，有经验的谈话者都会挑选谈话参与者彼此都有兴趣，并且普遍可以接受的部分，作为交谈的主线。这样既能令大家积极参与谈话，又会体现出自己的善解人意。

（二）认真倾听

在任何谈话中，所有的参与者都可以被分为两个部分。一部分人是发言者，另外一部分人则是倾听者。前者在交谈中处于主动的、支配的地位，后者在交谈中则处于被动的、受支配的地位。尽管如此，忽略了倾听者的临场表现及对谈话的实际影响，是完全不应该的。

在交谈的过程中，每一位参与者实际上都具有双重身份。因此，除了要重视个人观点、见解的表达之外，认真倾听其他人的发言始终都是必要的。在谈话中，每一个人都希望自己的看法被他人所接受。其具体表现之一，就是对方神态专注地倾听自己的陈述。所以从某种程度说，在交谈中“说”的一方往

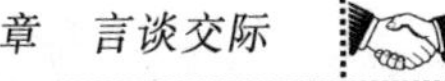

往难处不多，难就难在“听”的一方表现如何。古人曾经就此有感而发：“愚者善说，智者善听。”

“听”的一方在谈话中表现得神态专注，认真合作，就是对“说”的一方的最大尊重，因而也是其应有的最佳表现。要做好这一点，必须注意下列三个方面的问题。

1. 表情专注

在聆听他人的陈述时，通常应当目视对方的双眼，并且全神贯注，聚精会神。千万不要表现得用心不专，东张西望，明显地走神。

2. 动作配合

当对方的见解高人一筹，让自己心悦诚服，与自己不谋而合，或是为了引导、支持、鼓励对方畅所欲言时，应以微笑、点头等动作及时地表示对对方的肯定。

3. 语言合作

在他人讲话时，不妨多以“嗯”声或者“是”字表示自己正在认真倾听。当对方需要理解时，则应以“对”、“没错”、“我也有同感”等短语加以呼应。必要时，还可在自己此后的发言里适当地引述对方刚刚发表的见解，或者直接请教对方有何高见。

（三）施词委婉

与别人谈话时，通常不应当直接陈述令对方反感、不快之事，更不能因此而伤害对方的自尊心。在某些时候，应当在具体表现上讲究含蓄、婉转、动听，点到为止，留有余地，并且善解人意，这就是所谓施词委婉。

要想在交谈中做到施词委婉，有两个方面的具体问题必须予以重视。

1. 规范表达方法

运用委婉的话语，一定要有所规范，切不可随心所欲。常规的委婉表达方法有六种：一是比喻暗示；二是间接提示；三是旁敲侧击；四是先肯定后否定；五是多使用设问句；六是表达留有余地。

2. 注意相互理解

在谈话中施词委婉，无论怎样都应当使之被谈话对象所理解，否则即为劳而无功。因此，必须要注意对方的理解能力与现场反应，注意具体对象具体对待。

（四）礼让对方

在普通的交谈中，要注意有意识地以谈话对象为中心，处处礼让对方，尊重对方。在任何时候都不要忘记：尊敬人就会受人尊敬。

1. 不要独白

既然交谈讲究相互交流，那么在谈话中就要目中有人，争取多给谈话对象发言的机会。不要在谈话中一人独白，侃侃而谈，只顾本人尽兴，而始终不给别人讲话的机会。

2. 不要冷场

不允许在交谈中从一个极端走向另外一个极端，即从头至尾保持沉默，一言不发，从而使谈话变相冷场。不论谈话主题与自己是否有关，自己是否有兴趣，一般都要积极合作，热情投入。万一谈话因他人之故而暂停，亦应努力救场。

3. 不要插嘴

在别人讲话的过程中不要予以打断。这样做不仅干扰了对方的思绪，直接影响到交谈效果，而且还会给人以自以为是、喧宾夺主之感。确需发表个人意见，或是有必要进行补充、说明时，一般应当等待对方的陈述告一段落，或是在得到对方的首肯之后再讲。必须强调的是，当尊者、长者、客人讲话时，随意打断或者插嘴都是严重的失礼。

4. 不要抬杠

抬杠指的是在谈话中过分地自以为是、固执己见，凡事喜爱与人进行争辩，偏好强词夺理。在一般性的谈话中，应当允许全体参与者言论自由，各抒己见，畅所欲言。假定在交谈中得理不让人，无理辩三分，非要争上一个面红耳赤、你死我活、不欢而散，不但大伤和气，而且也有悖交谈的主旨。

5. 不要否定

在交谈中，要善于倾听别人的意见。倘若对方所言之事无伤大雅，无关大是大非，一般不宜当面对对方加以否定。与别人进行交谈时，要虚心好学，求大同、存小异。对于对方的见解，只要其不触犯法律，不违伦理道德，不损害国格人格，不涉及生命安全，通常都没有必要小题大做、上纲上线、确认其对错，更没有必要对其当面加以否定或者批驳。

第七章　劝说语言

第一节　劝说的实质

一、劝说的含义与作用

劝说，也叫说服，是人与人之间影响的一种直接形式。它是指运用一些可以自由取舍的论据，以影响人的信仰、价值观、态度或行为。比如：你和一个朋友打算一块度过一个周末，你想去看电影，你的朋友想去唱歌，那么你和他都会找出各自的理由劝说对方改变原来的设想而接受自己的意见；假如你发现你的上司做了一个不切实际的决策，你想采取最适当的方法说服他改变其错误决定等，这些都需要运用劝说。在社会生活中，各种各样的人际关系都离不开劝说。

当今社会的一个流行观点就是：强者必须精通说服术。特别是很多商界人士，他们最大的心愿，就是具有优秀的说服能力，借此操纵、支配他人，以按照自己的意愿来做事；或在遇到麻烦时，能说服对方帮助自己，在工作场所中，能说服别人接受自己的计划。

由此可知，任何一项工作或任务，没有不需要去说服别人的。说服能力的优劣确实对工作目标的完成具有举足轻重的影响，甚至可以说是决定成功与否的重要条件。想在生意场上立于不败之地，并积极地开展业务，就不得不重视说服力，要做一个事业上的强者，就必须精通说服术。

二、劝说的过程与要素

劝说过程，就其实质而言，是一个信息传播的过程，也是人的思想感情的交流过程。劝说是以劝说者（传播源）传播一定的信息为开端，以引起被劝说者（传播对象）相应的心理变化或反应为目的。研究劝说与态度改变问题的专家、美国著名心理学家麦归尔认为，这样一个从传播信息到最后听众接受信息和作出反应的过程，包括心理上的一系列步骤。就听众角度而言，必须是：

第一，接触传播的信息；

第二，知觉、注意或有效地收到有关信息；

第三，理解或弄懂这些信息；

第四，接受信息，并以之作为改变原有态度的基础；

第五，将这种影响保存在记忆中；

第六，必要时根据所受的影响来反映新的情况；

第七，在接受的信息的基础上作出决定；

第八，采取行动来实行决定。

这八个步骤代表一个达到预期效果的完整劝说过程。所以，成功的劝说必然受制于劝说者的自身条件、劝说的内容与方法以及对劝说对象的了解等基本因素。

（一）劝说者

我们都有这样的体验，一种信息是否能说服我们，往往首先取决于我们对这种信息的来源或传播者的态度。因此，同样的道理出自不同的劝说者口中，就可能产生不同的说服力。

1. 劝说者的可靠度

劝说者的声望、地位、职业、专长，以及对所传播的知识的掌握和理解程度，都会影响听众对他是否可靠的知觉。

美国心理学家凯尔曼等人在一次实验研究中，让一个人就青少年犯罪问题作了三次内容相同的演讲，但在三次情境中对演讲者的身份作了不同的介绍。对第一次情境中的听众介绍说他是个法官，对第二次情境中的听众介绍说他是个默默无闻的门外汉，对第三次情境中的听众介绍说他是个声名不太好的人。多次的实验结果都证明，“法官”的演说使人觉得可靠，而“声名不太好的人”的演说起不到什么说服效果。

听众一般都倾向于相信在某个领域中的专家的意见。所以从商品广告到一种科普理论，常要借用某些“权威人士”的大名和推荐来增进其可靠度，这在心理上就是一种“权威效应”。然而，“权威效应”不仅体现在劝说者的职业、地位、年龄等身份上，更体现在劝说者所流露出来的本身修养、学识、才能及对劝说信息的理解程度上。

2. 劝说者的吸引力

劝说者要使听众信服，还取决于他个性上表现出来的吸引力。从接受心理上分析，听众往往对于所喜爱的传播者，更多注意其正确合理之处，易生信服之感；对于所轻视乃至憎恶的传播者，则更多挑剔其错误或认为荒唐的地方，易生反感之情。同样的信息只因听众对劝说者的态度不同，接受起来就大相径庭。"爱其人而信其言"，这是因为听众对劝说者的看法评价泛化到他所劝说的内容上了。

根据人际吸引的规律，喜欢和相似是互相作用的。一种真正的相似感会产生彼此间的喜欢，而喜欢本身又会增进彼此相互协调一致和相似性。因此，劝说者与被劝说者之间在职业、兴趣、需要、经历、地位等各方面的相似性，对于劝说效果会产生很大影响。从心理学角度分析，相似性能使听众产生一种"同群感"（或称"我们感"），亦即使听众觉得劝说者是"与我（我们）一样的人"，"我们有共同的利益和需要"，等等，于是也就乐于倾听和接受劝说信息了。

3. 劝说者的真挚感情

听众总是倾向于信任说话坦率、态度诚恳的劝说者，真诚本身就有感人的魅力。而若听众觉得劝说者是言不由衷的，那么即使他具有权威性和吸引力，也会自然地拒绝他。正如亚里士多德所说：我们越是觉得一个人诚实，就会越快地相信他。在一般情况下，当问题超出确切的知识范围时，在意见分歧时，我们就更加信赖他。

听众一般能从劝说者的说话神态中判断其真挚程度。首先是判断其劝说意图或动机。如果认为劝说者确实是从听众利益出发的，或是公正无偏的，就会持合作与信任的态度；如果觉得劝说者只是出于自私目的而急欲"推销"一种观点，就会怀疑他的诚意；如果发现劝说者极力想掩饰自己的意图，更会感到其居心叵测，而不会相信他的话了。所以，一个劝说者应该坦率地向听众交心，诚恳而客观地阐述自己的观点。有时劝说者越是急于要说服听众而夸大其词，其劝说效果越是适得其反。

其次，听众也在始终知觉着劝说者的表情。当劝说者对自己的话也并不十分关心和相信，说话时就会显得无精打采、漠无兴趣，或者眼神飘忽、胆怯、含糊其辞，不敢正视听众的反应，以及做出许多极不自然的无关动作，那么就会失去鼓动力和说服力。而当劝说者神态坦然自若，富于自信，说话条理清楚，感情充沛，精神饱满，就会增强听众的信任感。古罗马诗人贺拉斯在《诗艺》中说道：只有一条路可以打动人的心，就是向他们显示你自己首先已被打动。心理学研究也表明，当听众还不能自定劝说信息的可靠性时，往往就会以劝说者本人的自信神态作为信任的依据，因为这至少能表明劝说者本人是相信这些信息的。如果劝说者本人也不太自信又怎能使听众信服呢?

(二) 劝说内容的组织

劝说内容的组织，是提高劝说效果的又一要素。依据心理学原则安排劝说内容，应使之最大限度地便于听众的知觉、注意、理解、记忆和接受。

1. 单面证据和两面证据

劝说是需要用证据来阐明所传播的观点的。在劝说中，是只提有利的证据还是同时提出正反两面的证据呢？要回答这个问题必须考虑到具体的情况。

美国著名心理学家霍夫兰德在第二次世界大战将要结束时，在美国军队里进行了一项比较两种方法效果的实验研究。当时德国已经投降，美军士兵普遍有一种战争即将结束，期望及早退伍回家的想法。为了保持一定的士气来最终打败日本，就需要转变士兵的这种过于盲目乐观的态度和日益滋生的厌战情绪。于是，心理学实验人员在宣传中，对一部分士兵只提供单面证据，如"日本的资源相当充足"，"日本军队在数量和质量上都还很强盛"，等等，以此来论证与日本的战争还将要打下去。对另一部分士兵则提供两面证据，即在提供上述证据之外，还提出了相反观点的证据，如"盟军海军力量占优势地位"，"日本海军舰队曾遭重创"，等等。在比较两种证据以后仍然阐明战争还要延长的劝说观点。结果表明，两种方法都能在一定程度上改变士兵的态度，但其作用是因人而异的。

首先，受教育程度较低的士兵，较易接受单面证据的影响，故正面说服较为有效。而受过中等程度以上教育的士兵，则更易接受两面证据的说服影响。其次，对那些原先认为战争很快就要结束的士兵，只有通过两面证据的比较，才能使他们信服所传播的观点；而那些原来观点就与宣传者一致的士兵，则单面证据就能产生影响。道理很容易理解，当一个人还没有考虑到相反证据时，不必用反面证据去搞混他们的思想；而当人已持有相反证据时，只有承认两种证据都存在，才显出宣传的客观性，否则，他就会以相反证据来抵制宣传所传播的观点。有些心理学家对商品广告的研究也发现，提供两面信息能增强广告的可信度。如一种介绍汽车的广告说："这种汽车的门内把手偏靠后了，但其他都是一流的。"结果，顾客认为这个广告是实事求是的，就较易接受其影响。

一般来说，对于较为复杂和存有争议的观点进行劝说，应尽可能同时提出正反两面的证据。这样，一方面使被劝说者觉得劝说者是客观的，另一方面又使他们能学会比较和辨别正确与错误，对以后可能接触的相反证据产生"免疫力"。尤其是对于有一定知识和认识能力的对象，他们喜欢从正反两面思考问题。因此劝说者主动从两面证据分析问题，论证观点，才能使他们真正信服。比如，对大学生传播马克思主义基本观点，正面证据当然是必不可少的，然而只有同时介绍西方的一些不同的乃至相反的哲学理论，才能使学生提高辨别能力。而若对另一面观点讳莫如深，含糊其辞，或者只有严厉批判而无客观介绍，则显不出理直气壮，可能使学生心存疑窦，一旦他们日后接触到那些不同观点，就会被深深吸引而无法辨别良莠。这种片面宣传教育的后果在我们的社会生活中是有前车之鉴的。

2. 直接结论和暗示结论

要说服别人接受一种观点，就必须通过论证而作出一定的结论。但这种结论是由劝说者直接提出来呢，还是通过推断和间接暗示的方法使听众自然得出预期的结论呢？这也要依据不同情况而定。

弗洛伊德认为，他的心理分析技术应偏重于让病人通过联想和诱导而自己发现问题，这样就比由心理分析学家直接指出他的问题更能使他信服。这种由听众自己推出结论的方法近似于苏格拉底的“产婆术”教育法，常常能收到良好的效果。然而，许多心理学家的实验则显示出，在演讲中，末尾直接提出结论比没有最终结论有更大影响力，因为听众明确无误地收到了传播信息。

一般来说，当听众在承认劝说者所提供的前提上，用自己的思考推断出预期的结论，他就往往更加信服。而且，有些智力较高、自尊心较强的人，对于别人提出明显的结论来要他接受的劝说方式会很反感，会觉得低估了他的判断力和推断力，所以会以一种挑剔的态度来对待所告知他的结论，而他宁愿相信自己论证得出的结论。许多实验都证明，暗示结论的方法有较显著的效果。然而应该看到，这种方法受到一定条件的限制。一是所传播的信息必须逻辑完整，环环相扣，使听众能循着一定的思维步骤顺利地得出这唯一的结论。二是听众应有足够的兴趣、动机和时间来完成劝说者留给他作出的结论，否则他可能根本没有受到传播观点的影响。三是听众还须具备一定的理解能力和推断能力来正确推出隐含的结论而不致发生误解和曲解。如果不能满足这些条件，暗示的结论就起不到其应有的效果。所以究竟采用何种方法，应从具体对象和情境的特点考虑决定。

3. 最初效应和最近效应

如果要用两面证据来说服听众，是先提出正面证据还是先提出反面证据？如果要直接告知听众某种结论，是先提出结论还是最后揭示结论？这就要涉及听众的知觉、理解、记忆和接受的一系列心理活动规律。

从知觉心理学的研究来看，一般是先提正面证据有其积极作用。听众对某种信息或劝说观点一开始就有所了解和熟识，能够形成强烈的首次印象和知觉定式，建立起一种同化和解释以后信息的参照结构和认知基础。因此，先提出正面证据或正确结论，先使听众形成积极定式，对以后的信息就能按正确的方式进行解释和判断，从而能循着传播者的思路而顺利地接受劝说的观点。而若先提出反面证据则可能产生一种不利于接受后面劝说观点的消极定式。这就是所谓“最初效应”。

然而，研究发现，认知复杂、勤于思辨的人，或原来就持有反对和怀疑态度的人，会对最初提出的正面证据有更大的怀疑和挑剔，所以最初效应的作用适得其反。而当劝说者先客观评价反面证据，然后摆出正面的事实根据进行论证，最终作出自己的结论或让听众自己得出结论，这样就能使被劝说者较为客观而理智地评价和接受劝说观点。

从对心理学的研究来看，人的注意力在开始阶段较为集中，接受信息时思维较为清晰，而逐渐地注意力就会分散和消退，学习效果也会降低，这符合最初效应。所以最重要的信息放在开头便于听众的掌握。然而，人的记忆却有另一特点，即刚学过的东西记得最牢固。记忆的遗忘曲线体现出一种先快后慢的现象，先学的东西遗忘的较多，后学的东西遗忘的较少。因此，听众对最后得到的证据和结论较易记住。这就表现为一种“最近效应”。

最初效应和最近效应都在对一种劝说信息的掌握和接受中起特定的作用，两者并不相互冲突，而是互为补充。首先提出的证据和论点，有利于注意和定式形成，而最后提出的结论有助于记忆保持。兼顾最初效应和最近效应，应在开头提出证据的最重要的信息，在结尾作出结论，就能增强说服效果。

（三）劝说对象

有效的劝说，必须基于对劝说对象的心理特点的了解，否则就成无的放矢了。韩非在其《说难》篇中指出：“凡说之难，非吾知之有以说之之难也，又非吾辩之能明吾意之难也，又非吾敢横失而能尽之难也。凡说之难，在知所说之心，可以吾说当之。”大意是说，劝说人所困难的事，并不难在于我能不能了解事理，有没有说服人的理由；又不难在于我能不能具体分析问题，能不能表达出我的意思；也不难在于我敢不敢纵横驰骋地辩论，能不能详尽无遗地说明我的意思。难就难在了解劝说对象的内心从而去适应它。可见，他是把了解人的内心作为劝说者的最困难也最关键的因素的。

对于劝说对象的心理特征，可从纵、横两方面分析，劝说时必须具有针对性。

1. 从纵向来看，不同年龄阶段的人，接受心理各不相同

老年人身体各器官和神经系统逐渐衰老，生理上的变化势必也会影响心理上的变化。他们往往对新的事物不易适应，常有怀旧心理。由于与周围生活的隔膜，容易产生孤独感和偏执感。他们往往会有健忘、固执、猜忌、情绪多变、易于迁怒等心理特点。说服他们，首先要表示出尊重和关心，在方式方法上尤其需要耐心委婉、热情诚恳。有时，他们在相信什么或疑心什么以后，往往一时难以改变，你越是急于解释清楚，乃至露出不耐烦的粗暴态度，越是会加深他们的疑虑。因此，不必向他们反复解释，可以让时间和行动来使他们消释疑虑，自我信服。

中年人从生理功能来看，正是发育成熟、功能健全的时期。反映在心理品质上，具有较强的分析综合与判断推理能力，社会阅历丰富，因而看问题较为冷静、全面、深刻、稳健，他们情绪稳定，自制力强，不易冲动，善于审慎思考。因而劝说他们，应注重说理，以充分的事实和严密的逻辑使他们信服。

青少年在生理和心理各方面都处于从未成熟到成熟，从未定型到定型的急剧变化的过渡时期。他们血气方刚，情绪上波动性较大，容易兴奋和激动，也容易焦虑和懊丧。由于大脑皮质的兴奋与抑制之间不平衡，感情冲动之时就较少受理智支配。随着自我意识的觉醒，他们产生了强烈的自尊心和独立性，希望独立地认识世界和得到社会的承认和尊重。他们观察和思考问题有较大批判性和独创性，但尚不够客观和全面，有明显的主观色彩和理想色彩。说服他们，首先就得尊重他们的人格和自尊意识，鼓励他们的独创性，从感情上关心他们，以平等的姿态去引导他们客观而全面地分析问题，他们在自尊心不受损害的情况下才会心服口服地接受劝说。

儿童在生理和心理上都处于幼稚阶段，具有极大的可塑性。在他们的认识活动中，具体形象思维起重要作用，而抽象逻辑思维还不成熟，故难以理解抽象的道理，说服他们就需要伴之以形象的榜样教育。儿童模仿性强，要说服他们接受一种观点或作出一种行为，就得先给他们作出示范。在日常生活中，成人的一举一动都是“无言之教”，潜移默化地影响儿童的思想行为。儿童还有很强的好奇心和逆反心理。有时你越劝说他别做某事，他就越感到有一种偏要去试试看的欲望，而你越是劝说他去做，他会越觉得不情愿去做。这是因为一种“过度理由化”的心理效应。儿童本来颇有兴致地玩一种玩具，但成人这时如果以奖赏来鼓励他继续玩，反而会使他觉得只是为了奖励来玩的，可能就会失去对玩具的原有兴趣；而若成人限制他玩则会增强他一有机会就去玩这种玩具的欲望。所以，有的家长以金钱、礼物作为劝说孩子用功学习的手段，结

果常是适得其反。儿童原来存在的学习兴趣也会因此而消失，视学习为求得奖励而不得不去做的枯燥无味的差事了。人只有在他主动要去做时，才会觉得自己是真心喜欢做的。

2. 从横向来看，人有不同的气质和性格特征

一般来说，胆汁质的人神经过程属于强而不平衡型，情绪易于冲动，外露而不易抑制，脾气暴躁轻率。对他们应该尽可能冷静理智，不使他们暴跳起来。只有在心平气和时他才听得进你的劝说，而若一开始就激得他发怒，形成剑拔弩张的争斗状态，就很难平安收场了。

多血质的人神经过程属于强而平衡的灵活型。他们反应敏捷，活泼多变，有时较为轻浮随便，似乎满不在乎。对他们的劝说不妨敲一下警钟，使他们看到问题的严重性而重视起来。如果只是随随便便地打个哈哈，他可能无动于衷，根本就没往心里去。

黏液质的人神经过程属于强而平衡的安静型。他们冷静稳重而灵活性低，外柔内刚，情绪内敛而不露，不易激动。他们看上去不冷不热，对不合心意的劝说很难引起反应。所以要说服他们，需要在感情上加加温，必要时不妨稍微刺激一下，促使他们在激动之时倾吐出闷在心底的隐衷。

抑郁质的人神经过程属于弱型，呆板羞涩，过于自我抑制。他们情绪体验深刻持久而不外露，敏感多疑，自尊心强。劝说他们时，你若稍有损害他们的自尊或冤屈了他们，他们就可能因此而对你闭上心灵大门。然而，虽然他们孤僻内向，不善言谈交际，却十分重视知己间的感情，所以当你能处处体谅他们的苦衷，处处表现出对他们的理解、同情和尊重时，他们就会把你当做难得的知己，乐于与你交流最隐秘的思想感情，你的话对他们也最有说服力。

第二节 劝说对象对抗心理分析

在实际生活中，最使劝说者感到棘手的问题，就是劝说对象的对抗心理。这种对抗心理使人的头脑具有闭锁性和排外性，从而影响劝说的效果。一般来说，对抗心理的产生，主要是由四种心理障碍引起的。

一、认知障碍

认知障碍，主要表现为劝说者与被劝说者各自所持的观点相距太远，以致显得明显对立，因而会遭到拒绝。

从接受心理上分析，当一个人接触到劝说信息时，如果觉得与原来认知结

构不一致，就会在他心理上引起三种反应：一是拒绝劝说信息；二是把它歪曲而使之符合自己的观点；三是促成认知结构改变而顺应和接受劝说信息。至于他作出何种反应，除了受制于劝说者和劝说内容的作用外，还取决于他原来观点与劝说信息之间的差距，取决于他在思想和感情上是否经受得住原来认知结构的变更。

比如，你要劝说一个人戒烟，你就得先了解对方对吸烟的态度，了解你的要求与他的观点之间的差距，这个距离可以通过态度量表的测量而在一根标尺上反映出来（如图 7－1 所示）。

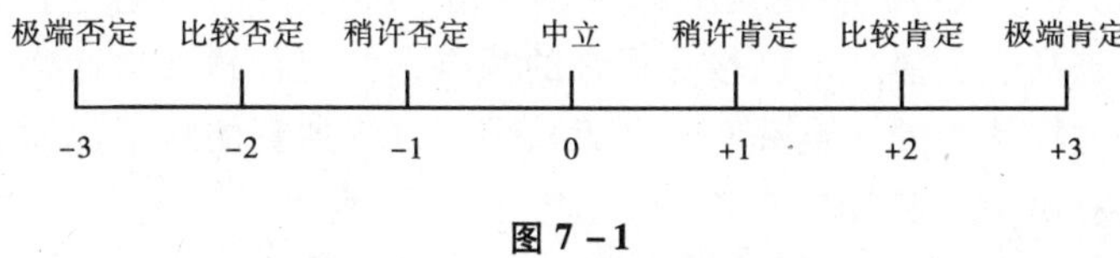

图 7－1

这里，从对吸烟的极端否定（－3）到中立态度（0）直至对吸烟的极端肯定（+3），按其态度的坚定程度而分成七个等级。很显然，当劝说者一下子就要求被劝说者从极端肯定吸烟转变到极端否定吸烟，两种态度就形成鲜明对比和反差，被劝说者可能一下子就感到接受不了，于是会出现一种“对比失误”现象。被劝说者会故意曲解劝说信息使之显得不可接受，这就形成了认知障碍。而如果要劝说极端肯定者转变到中立或稍许否定态度，或者劝说稍许肯定者转变到比较否定或极端否定态度，即在两种态度之间的差距四、五个等级之内，因为没有明显的对立和反差，劝说就有较大的可接受性。

所以，要去除这种认知障碍，就可以采用一些必要的劝说技巧如“登门槛”术和“以退为进”法等，使彼此观点从对立转为彼此逐渐接近，劝说就较易成功了。

二、情绪障碍

心理学研究表明，任何人的心理活动在不同时期都有理智占上风和情绪占上风的交替作用。当一个人理智占上风时，他能尊重客观事实，接受正确道理；当一个人情绪占上风时，会出现心跳加快、血压升高、头脑发热、思想混乱等一系列生理和心理变化，于是往往会以主观愿望来排斥劝说信息，而不是以理智来衡量客观事实和劝说的道理，就形成了情绪障碍。因此，只有设法使他从情绪占上风转为理智占上风时，劝说才能奏效。

情绪障碍还可能是由于人的自尊心而引起的一种自卫反应。有些人自尊心很强，不愿在某种压力之下接受劝说而故意坚持自己的观点。心理学家的许多实验都证明，如果要求被试者毫无选择地接受一种观点，许多被试者都持不合作态度，而让被试者在两种观点的比较中自由选择时，大多数被试者就倾向于接受劝说者所主张的观点了。这是因为人都有一种维护选择自由的自尊心，一旦这种自尊受到威胁就会拒绝接受劝说来自卫，只有在不感到压力或强制的情况下，才可能欣然接受。这里有个形象的比喻：人的心就像一朵花，对于轻落在上面的露珠它欣然接受；可是当倾盆大雨倾泻而下时，它就把花瓣紧闭起来。有时候，我们也会发现，有的人即使心中已经知道错了，但"心服口不服"，你越是要他认错，他越是不愿自甘认错。而你若不要他马上表态，他以后却会在某种场合下显示出已接受了你的观点，并很自然说出这些观点，似乎他本来就是这样认为的，自尊心就毫无损害。也许他真的忘了这些观点是他以前从别人的劝说中"接受"而来的，这里存在一种"睡眠效应"，即间隔一定时间后，不知不觉地接受了劝说信息，却忘了信息的来源。

三、行为障碍

有时，当一个人做出某种行为之后，为了使自己的行为合理化，总想找出种种理由来为所做的行为辩护。因此，当劝说信息与他的行为不一致时，他感到行为无法改变，所以就拒绝接受劝说。于是，错误的行为本身也可以成为对抗劝说时的心理障碍。

心理学家费士汀格提出过一种认知失调理论。这种理论认为，人的态度中有许多认知因素，它们可以是一种知识，一种信息，或对他的行为的评价。在通常情况下，人的各项认知之间是相互协调一致的。所谓"认知失调"是指当人们感到在自己的认知之间或一种观点与自己的行为之间存在不一致时所产生的心理上的不安状态。这时，人的内心体验很不舒畅，有一种压迫感，激发起一种驱使认知因素间重新协调起来的强烈动机。比如，要劝说一个烟瘾很大的人戒烟，你提出的许多吸烟有害健康的证据就会引起他心理上的认知失调（"抽烟对我身体极为有害"——"我每天要抽两包烟"）。为了减轻这种失调，他可能采取两种方法：一是从此戒烟（接受劝说，改变行为），这样，对吸烟的认知与自己的行为就相一致了。二是拒绝接受劝说信息或寻找新的证据表明"吸烟对我无害"，这实际上就是因为他觉得"我吸烟这么长时间了，改不了了"，因而吸烟这个行为就成了他对抗有关戒烟劝说信息的心理障碍。如果是一个没有烟瘾的人，他就不会有这种行为障碍，也就易于接受"吸烟有害"的劝说观点。

在对青少年犯罪心理的研究中常会发现这种现象：有些青少年初次犯错误时，由于没有得到适当的教育，没有在尊重他们人格的基础上给他们提供改过自新的条件，而采用的是简单粗暴的方法将他们视为“不良少年”，结果他们感到行为已经无法挽回，自己已被别人“看死”，所以拒绝接受劝说信息，坚持与自己行为相一致的错误观点。事实上，这是行为障碍的典型表现。

通过行为反馈的劝说方式，使被劝说者看到改变错误行为的可能性，是去除他们的行为障碍的最佳途径。

四、群体障碍

一个人的对抗心理，不仅产生于他本人，而且也产生于他所属的群体的影响。有时候，从他个人来说，他完全可能接受劝说信息，但由于劝说观点与他的参照群体的信仰或规范相冲突，他生怕受到所属群体的反对和排斥，因而也会拒绝接受劝说。

心理学家凯利等人的一项实验表明，在劝说人改变一种态度时，如果不使被劝说者想到自己的从属关系和群体规范，他就很少从群体规范中寻找辩护和支持的证据，而若使他想到所属群体的成员身份时，他就可能根据参照群体所共有的信念来衡量劝说观点以决定是否接受。因此，不改变所属群体的规范而单纯改变群体中的个人的态度，就无法去除群体障碍。

首先，要改变一个受群体规范制约的人的态度时，劝说必须不仅针对其个人，而且要针对其群体。改变了参照群体的行为规范，个人也会作出相应的变化。例如，原苏联教育家马卡连柯在他教育流浪儿童的实践中总结出了一个“平行教育影响”原则。他主张把个人放在集体中进行教育，通过教育集体而教育了集体中的每个成员。

其次，改变一个人的态度，可切断其所属的不良群体与他的联系和对他的影响。当他失去了参照群体的支持和制约，他的归属感和认同感面临危机，就需要重新寻找新的参照点，于是正面的劝说信息就易使他接受。例如，对一些不良青少年团伙成员的教育，就可以采用这种方法。

最后，为了改变一个人的态度，还可使他认同或归属于一个新的、有利于他形成新态度的参照团体。在一个健康的群体中他会接受新的群体规范。同时，也可以通过让他原来群体中的其他已经改变态度的成员进行“现身说法”，这种劝说就更有直接说服力，他会把已改变态度的那些成员当做他新的认同对象。

第三节 劝说的原则与技巧

一、劝说的原则

所谓劝说原则，是指那些使劝导说服达成有效性的指导法则。其中包括：劝说的前提、起步、要领等。

（一）前提

劝说的前提是在劝说别人之前首先要做好的各项工作：

1. 必须先透彻了解别人的意见

这样做是为了“对症下药”。人总是在自己的思维体系中去发展思想，一个人看问题的思维方法是长期形成的，与个人经历、地位、性格密切相关。因此面对这一独具个性的对象，你不能无视他的见解及他的解释。只顾自己滔滔不绝的人无疑步入了“说”的误区，是一种不自觉的盲目，不能说服人，只会讨人厌。

2. 必须先透彻了解对方的接受能力

对方的接受能力亦即对方的悟性。这个前提是基于这样一个事实：人都是不同的。有的人精于逻辑思维，因此他能审谛你的逻辑思辨；有的人不习惯进行思考，甚至无法与你同步推理；有的人喜欢在你的只言片语中搜寻微言大义；有的人情绪易于激动，或怒或怨，听错听偏；有的人任凭你千言万语，我自有一定之规；有的人常因别人的话语而燃起自己想象的火花。凡此种种，说者都要悉心研究才能有的放矢，以防对牛弹琴，对痴人说梦。

3. 不可将自己装扮成真理的化身

即说服时不要给人以“好为人师”的印象，使人反感。如果你代表真理，则意味着对方代表谬误。所以，凡以真理的使者进行说教者，听者就会由于厌烦你而厌烦了真理。如果你将真理置于高岸，你的劝导旨在与听者一起去追求高岸上的目标，那样才会有与之携手攀登的可能。此外，善说者要有一颗真诚的同情之心，即必须存有这样的想法：虽然你的意见是错的，但我同情错误形成的原因，理解偏见的理由。总之，把自己与真理分开，把对方与谬误分开。

（二）起步

1. 善于植入“认识的差异”

人都有偏执的一面，偏执是用旧有材料和逻辑砌筑起来的认知壁垒，也可以算是某种独立的理智平衡。说服者要善于在被说服者的意识中植入某种与之相异的观点、材料，使之产生“认识的差异”，从而破坏或动摇其原有认知结构的平衡，进而使之对自我信念、观念产生哪怕是些许的疑惑，这就为他今后的自由选择提供了可能性。即使你提出的解决问题的方法遭到拒绝，你的努力也成功了，因为你使对方相信问题是存在的，问题必将引起对方的注意。“认识的差异”是攻克对方“心理防线”的最重要的手段。心理防线就像一堵墙，不解决这个问题，再好的理论、再明晰的表达方式也无济于事。所以，攻克对方的心理防线是实现说服力的起跑线。

2. 以对方认识的基点为起点

先避开分歧点，从对方认识的基点出发，谈琐细不谈要害，然后逐步引向异认点、分歧点，达成尽量多的共识，谨慎防止对方产生对立情绪，这是劝导说服初始阶段可酌用的方法。

3. 巧妙地表达与对方的不同观点

所谓巧妙就是防止对方抵触的委婉方法。如暗示、迂回、边缘切入、旁敲侧击、引用名言、借助权威等多种方法。

4. 解除对方的心理压抑

解除对方的心理压抑可以采用淡化性质法、彻底宣泄法、避免伤害法、先退后进法。但要防止单纯迎合，即未能服人却先被人服。

（三）要领

1. 引起对方的需要

说服、推销和论辩是谈判的三大支柱。谈判的核心是需要及需要的满足。作为支柱之一的“说服”，其核心也是需要及需要的满足。所以说服劝导的要领必然是针对对方的需要，引发对方的需要，挖掘对方的需要。当然对方的需要有眼前与长远之分、内在与外在之别、正当与非正当之异、可能与现实之差、真实与虚幻之遥。说服者要善于着眼其眼前，放眼其未来，发掘内在，抓住真实，力求可能，做全方位的合乎道义的诱导和启发，使劝说对象产生“好吃看得见”的心里感觉，这样才能达到说服的有效性。

2. 善意地给对方以绝望感

让人觉得只能这样做，别无他法。这个要领颇似“断绝尘念方可修炼”的味道，也是“迫”其接受某一既成事实的手段。它不适合见多识广的老辣之人，多用于涉世未深的毛头小伙或抱卷的腐儒。当然要使对方绝望也非易事，必须有理、有据且善于推理解析。

3. 使对方产生美好的联想

人们在接受事物时总是连带赋予的联想一起被接受的。劝说者就在于优先诱导对方产生美好的联想，赋予事物以晕轮光环，激发联想需求和满足，达到说服的目的。

二、劝说的技巧

（一）直言点拨式

劝导说服并非不可直言，但也非均可直言。专制社会也有不少直臣，以其忠直的谏言劝止了君王的误行武断。在现实生活中，如果双方关系密切，互不猜疑时也可以运用该种方法。即使是在陌生人中间，只要一方能确立起权威性，也可以运用。这种方式效率高、节奏快，它的要领在于直言和简洁，不能长篇大论地进行批评。

（二）辩驳征服式

这是一种以理服人、摆事实、讲道理的劝说方式。很多时候，劝说总是需要摆事实、讲道理来进行论证的，而论证的雄辩与否在很大程度上取决于逻辑的力量。严谨有力的逻辑能使对方无法反驳，甚至能收到使对方自我说服之效。亚里士多德认为，当我们以逻辑的证明显示了某种观点，这种论点本身才会产生效果。

古希腊哲学家和教育家苏格拉底常采用逻辑上的归谬法使他的学生认识到原来观点的错误。他的方法是，先提出一些问题让学生谈自己的见解，如果认为学生说错了，他并不是直接指出，而是不断提出补充的问题，诱导学生把错误的前提推到显然荒谬的结论而不得不承认错误。然后，又引导学生随着正确的思维逻辑，一步一步通向苏格拉底本人所主张的观点。苏格拉底的信条是：我不以知识授予别人，而只是担当知识自己产生的产婆。

苏格拉底的“产婆术”不仅在教育上有重大意义，而且也引起了现代社会心理学家的浓厚兴趣，并在它的基础上发展起了新的劝说技术。在劝说之初，先明确要改变对方的什么态度，然后又找出一些与这种态度相违背的，而对方又不得不承认的事实来发问。最后，被劝说者会发现自己处于一种两难推理中，要么否定自己原来的观点，要么否定眼前这些事实。但既然事实无法否定，就只能改变原来的观点了，于是就自我说服了。比如，一个学生觉得自己的努力对学习成绩不起作用，由于成绩总不理想而丧失了学习的信心。要劝说他相信自己能够通过努力取得进步，就可以先问他：“那一次你考试成绩有提高，不正是你努力后的结果吗?”“最近你改变了学习方法，不是顺利一些吗?”“这学期你总成绩不如上学期，不正是你没有上学期那么专心刻苦吗?”当他承认确实存在这些事实后，就会否定悲观失望的态度，相信通过积极努力和改善学习方法仍然可能赶上去的。

在正面劝说一种观点时，更需要遵循严密的逻辑。不管是两人间的交谈还是面对大众的演讲，逻辑能使你讲的内容富有条理、层次清楚、便于理解和信服，如果你说话的逻辑混乱就不能自圆其说了。

所以，当在某些特定形势下和针对某些人，运用直言点拨并不能达到预想的效果时，就可以运用辩驳征服的方式，从理性上征服对方，达到说服的目的。

（三）迂回诱导式

如果劝说对象已有较顽固的已见时，开门见山的劝说往往会碰钉子。这时就可以运用迂回诱导的方式，即先将对方的注意力从他所敏感的问题上引开，这样既可以避免陷入僵局，又可以使他有较开放的头脑。

迂回诱导的例证在历史上不胜枚举。如著名的《触龙说赵太后》。在西方的历史上这类范例也很多。1939 年 2 月，爱因斯坦等科学家联名给总统上书力陈美国应抢在希特勒之前研制出原子武器。此信托付总统密友经济学家萨克斯代为转递。萨克斯第一次劝说失败，罗斯福对他的那些艰深生涩的科学论述不感兴趣，对他的口若悬河的辩说不厌其烦。

但总统为表歉意，邀请萨克斯第二天早晨共进早餐。萨克斯一夜未眠，精心思索出一套游说策略。第二天萨克斯如约坐在总统面前，想不到未曾开口总统就有约在先：“今天不谈昨日之事!”萨克斯说：“当然，我只想讲一点历史，我想您不会反对吧?”于是萨克斯胸有成竹地说道：“英法战争期间，在欧洲大陆上不可一世的拿破仑在海上却屡遭失败，这时一位年轻的美国发明家富尔顿来到这位法国皇帝而前，建议法国的战舰砍掉桅杆，撤去风帆，装上蒸汽机，把木板换上钢板。可是我们这位伟大的科西嘉人心里却想，船没有帆能走吗？木板换上钢板能不下沉吗？拿破仑眉头一皱，把富尔顿赶了出去。历史学家们在评述这段历史时认为，这是由于拿破仑缺乏见识而使英国得到了幸免。如果拿破仑稍稍多动一动脑筋，郑重地考虑一下富尔顿的建议，19 世纪的历史就得重写。”说到这里，萨克斯目光深沉地注视着罗斯福。罗斯福沉默了几分钟，然后取出了一瓶拿破仑时代的法国白兰地，斟满了一杯，递给萨克斯，说出了一句也重新改写了世界历史的真诚话语：你胜利了!

（四）循序渐进法

也叫登门槛术。在心理学家弗里德曼等人进行的一项实验中，实验者挨家挨户要求各家主妇支持一项“安全驾驶委员会”发起的运动，并在一项请求以立法鼓励安全驾驶的请愿书上签名。这是一个一般人都可以接受的要求，几乎所有接触到的主妇都同意签名。几星期后，实验者又来要求这些主妇在她们的院子前面竖立一块不大美观的牌子，上面写着“谨慎驾驶”。尽管这是个人们不太情愿接受的要求，但这些主妇们因为以前已接受了第一个小要求，于是有55%的主妇又接受了这进一步的要求。与之形成对比的是，以前没有被要求过在请愿书上签名的主妇，直接听到竖一块牌子这个较难接受的要求，就只有不到17%的人接受。两种方式的效果相差有三倍之大。这项研究表明，当先说服被试者接受一个较小的要求后，被试者对随后的较大要求就有了较大的可接受性。心理学家把这种逐步接近的方法称为“登门槛”术。

在现实生活中，这种技巧十分常见，而且效果往往较好。例如：父母要求爱睡懒觉的孩子提早起床，先要他每天早起半小时就较易办到，待养成习惯后，再要他提前半小时也就有了可接受性。而若一下子要求他每天早起一小时就较为困难。妻子要劝说每天抽两包烟的丈夫戒烟很少能一下成功的，不妨先劝说他每天抽一包，以后再劝他减去半包最后则可能说服他戒烟。假如想见某人，一般容易被拒绝，但若在电话中提出“只谈一分钟”，这种会见就极可能被接受。

（五）以退为进法

劝说，并不意味着一个劲儿地进攻。适当地退让和承认对方观点的合理性，对方也就更觉得你是通情达理的，也就愿意接受你的劝说。

当对方坚持自己的观点，并提出了许多辩护理由，如果你不加分析地全然否定，会使对方感到不快乃至对立，觉得你根本不理解他，所以也会全然否定你的观点。作为劝说者，应能理解被劝说者的处境和主观想法，肯定和接受他的合理意见，并从他的角度帮他分析问题，这样才便于相互沟通。例如你想劝说一个从不参加体育锻炼的学生注意锻炼身体，他可能回答说，学习太忙而抽不出时间。这时，你不妨承认，学习确实很紧张，体育活动也确实会占去不少时间。但是通过锻炼，增强了体质，调节了大脑活动，不是更提高学习效率了吗？这样的劝说，就显得合情合理了。

在非原则性问题的不同见解中，劝说者表现出妥协和退让的姿态也是必要的，实际上这是以退为进的策略。在生活中，父母要说服孩子去做一件他也许不太情愿做的事（如洗碗），估计到可能会遭到拒绝。于是就故意先要求他去做一件他更不情愿做的事（如擦玻璃窗），待他拒绝后，才提出洗碗这个小要求。这时，孩子就会觉得父母让步了，于是会高兴地接受了这个要求。在成人间同样存在这种心理。妻子希望丈夫每天少抽几支烟，但丈夫可能不予理睬。于是，她干脆先提出要他戒烟，然后经过争论达成妥协，每天不超过抽半包烟。丈夫觉得妻子让步了，只得也作让步。而这实际上已达到了妻子预期的劝说目标。这种方法实际上与“登门槛”术有异曲同工之妙，取决于劝说的期望目标。如果你期望他接受一个较大要求，宜先从小要求让他接受开始，逐渐接近目标；而若你只期望他接受一个较小要求，为了使他无法拒绝，则可从提出个大要求开始，然后提出小要求作为让步的条件使他接受。

第八章 谈判语言

第一节 谈判概述

一、谈判的含义

谈判是生活中不可缺少的活动，是人与人之间一种特殊的双向沟通的交往方式。每人每天都在不知不觉中进行着谈判。一位谈判专家讲了这样一件事：他的两个孩子有一天为如何分一只苹果而争执起来，谁都想要大的一半。他建议他们：其中的一个来分，他愿意怎么切就怎么切，但没有挑选权，另一个孩子则可以先挑自己想要的那一块。这个建议他俩接受了，两人都觉得自己得到了公平的待遇——这就是一个"圆满"的谈判之例。

随着社会的发展，经济贸易的往来不断增加，特别是经济合作与竞争因素的增加，相互之间不可避免地会出现不同程度的冲突、争端，于是，谈判就成了经济领域中越来越普遍的现象和常用的手段。通过谈判去获得利益，满足需要乃至击败竞争对手，都是一种正当的经济行为。

（一）谈判的定义

谈判是有关组织（或个人）对涉及切身权益的分歧和冲突，进行反复磋商、寻求解决途径和达成协议的过程。

理解谈判的这一定义，必须掌握谈判所具有的三个特质：

第一，它是"施"与"受"兼而有之的一种互动过程。这就是说，单方面的施舍或单方面的承受（不论它是自愿的还是被动的）都不能算作是一种谈判。因为谈判涉及的必须是"双方"，所寻求的是双方互惠互利的结果。

第二，它同时含有"合作"与"冲突"两种成分。任何一方的谈判者都想达成一个满足自己利益的协议，这是所以要进行谈判的原因。为了达成协议，参与谈判的各方，均须具备某一程度的合作性，缺乏合作性，双方就坐不到一起来。但是，为了使自身的需要能获得较大的满足，参与谈判的各方，势必处于利害冲突的对抗状态。否则，谈判就没有必要。因此，任何一种谈判均含有一定程度的合作与一定程度的冲突。

第三，它是“互惠的”，但并非均等的。“互惠”是谈判的原则和前提，没有这一条，则谈判将无从继续。但互惠的并不是均等的。双方之间的利益在谈判中表现为此消彼长的关系，一方获得的好处多一些，另一方就少一些。尽管谈判家们都会进行策略上的夸张，力图把自己得到的好处解释得很有利，把双方得到的好处说得非常有利，但那是为了说服对方接受协议，事实并非那样。百分之五十的均等利益是不存在的，“非均等”是谈判的结果。导致产生这种谈判结果的主要原因在于：谈判各方所拥有的实力与技巧各不相同。

（二）谈判的目的

谈判中的基本问题，不是双方立场上的冲突，而是双方的需求、欲望、关切的冲突。这些欲望和关切都是利益。谈判的目的，就是调和双方利益而达成某种协议。例如：有两个人在图书馆阅览室争吵了起来，原因是一个想开窗，另一个想关窗，他们为了窗户应该开多大而争论不休——开一条缝？半开？开3/4？没有找到双方满意的解决办法。图书馆管理员走进来，问其中一位为什么要开窗，回答：“使空气流通。”又问另一位为什么要关窗，他说：“避免噪声。”那位管理员想了一会儿之后，打开旁边房间内的窗户，既让空气流通，又可避免噪声。由此可见，不能只注意双方陈述的立场——“开窗”和“关窗”，而应该从“空气流通”和“避免噪声”这两项双方潜在的利益出发，达成一种解决问题的协议。所以，明智的解决方法是针对利益，而不是针对立场。

任何一种利益，一般都可以有多种满足的方式。这就是说，在对立立场背后有可能找到既符合这方利益，又符合那方利益的共同可接受的方式，而且只有在共同性利益大于冲突性利益的情况下才能达到。如上述例子中的“既使空气流通，又避免了噪声”就是双方的共同性利益。

任何一项协议，都是因为双方利益不同才产生达成协议的愿望。买主和卖主对商品和钱都喜欢，但偏爱的对象却不同。卖主对钱的兴趣超过他对商品的兴趣，买主则相反，对商品喜欢的程度甚于钱，交易就这样达成了。

因此，共同性的利益和可以互补的分歧性利益，都能成为产生一项明智协议的诱因。谈判不是瓜分剩余利益，更不是为了打倒双方。谈判是一种合作事业，必须追求共同的利益。在谈判中，只有共同深入审视对方的潜在利益，才能使双方增加更多的利益。在一场成功的谈判中，每一方都是胜者。

二、谈判的种类

谈判的种类，按谈判性质划分，可分三种：一般性谈判、专门性谈判和外交性谈判；按谈判主题划分，可分为两种：单一型谈判和统筹型谈判。

（一）按谈判的性质划分

1. 一般性谈判

一般性谈判，是指一般人际交往中的谈判。一般性谈判包括家庭场合的和公共场合的，家庭场合的如夫妻间商量去哪家餐厅吃夜宵，同学之间讨论何时去郊外“踏青”等。公共场合的如戏院的观众之间协商掉换座位，与送液化气罐的人商量送至六楼愿付劳务费的问题等。一般性谈判是随意的，非正式的，双方无须做过多的准备，几乎到处存在。

2. 专门性谈判

专门性谈判，是指各个专门领域中的谈判，包括教育领域中合作办学的谈判；科技领域中的技术转让谈判；企业中的产品开发谈判；商品领域中的贸易谈判等。专门性谈判是一种明显的经济行为。通过谈判，就某项技术交流、经济合作、工贸往来达成一个有利于双方或多方的一致性协议。专门性谈判是一种有准备的正式谈判。

3. 外交性谈判

外交性谈判，是指国与国之间的政治、军事、经济、科技、文化等方面的谈判，如国际贸易合作，国际纠纷的处理，国际科技文化的交流等。外交性谈判程序严谨，准备充分，效果明显，影响较大，谈判的结果对双方都有很大的制约性。

（二）按谈判主题划分

1. 单一型谈判

单一型谈判，是指谈判的主题只有一个。这种谈判，双方必须确定某个能共同调节的连续变量的值。比如卖方与买方的一场销售谈判，这个“能共同调节的连续变量”就是价格。其中卖方期望这个值高，而且越高越好，而买方则期望这个值低，而且越低越好。单一型谈判的一般规律，是首先要分析、掌握对方的情况，然后确定策略。对销售谈判来说，即如何确定自己所需要的“临界值”，如何在一个恰当的范围内找到一个双方都能接受的值。

2. 统筹型谈判

统筹型谈判，是指谈判的主题由多个议题构成。这种谈判，双方已不再是“单一型谈判”中的激烈竞争的对手，他们能一起合作，同时会得到较多的利益。如甲、乙双方正在进行谈判：一个是关于金钱问题，甲方要求成交价至少为3万元才能签约，而乙方则坚持最多只能考虑2万元，双方不存在达成协议的临界范围；另一个是交货的时间问题，甲提出最早6个月才能交货，而乙方则要求最晚不超过4个月交货，双方同样不存在达成协议的可能。在很难找到双方都可以接受的妥协方案时，用统筹型谈判，协议就可能达成，即如果乙方愿意在价格上接受3万元的成交价，那么，甲方也愿意在交货时间上接受乙方不超过4个月的时间。双方彼此愿意承认这个折中方案。

统筹型谈判，是把双方所存在的两种不同的交换比率（"金钱"和"时间"）结合起来，使他们有机会利用这个差异。这种谈判艺术的关键是：为了得到某项利益，而甘愿放弃另一项利益去换取它。因此，在谈判时，许多谈判者往往表现为在一个问题上坚持自己的意见，而在另一个问题上则接受对方的意见。

三、谈判的核心

需要和对需要的满足是谈判的共同基础。要是不存在尚未满足的需要，人们就没有必要谈判。谈判的前提是：双方都要求得到目前尚未得到的东西，或者要求保护已经得到但有可能失去的满足。比如，两家企业为安排一桩拟议中的合作并面谈条件，两个单位为了一块多年扯不清的地皮归属问题进行协商，几位股东为合营一个工厂而谈筹资和未来分红的规定……这些，都是为了满足自己的需要，同时，也满足对方的需要。

出于种种主、客观原因，这种满足对双方可能都不是100%的满意，谈判的双方各自应作出相应的让步，以大致满足各自的基本需要为成功的标准，不要纠缠在枝节得失上面使整个谈判夭折。

无论是个人之间、企业之间还是国与国之间的交往，总是个人与个人直接打交道，要追求合作成功，就要先了解对方有哪些需要，需要的顺序是什么，哪些是主要需要，哪些是次要需要，然后根据自己的条件和可能，看能为对方提供什么满足，分析对方满足己方哪些需要具有可能性，交换条件是什么。

谈判一般分三个层次：

个人间——个人与个人的谈判；

组织间——团体间的谈判；

国家间——国与国的谈判。

以上不管哪一层次的谈判，总是由人出面的，和一个代表组织的人打交道时，要以分析他那个组织的基本需要为主，同时，不要忽略了他本人的需要。

如果，那个人很爱面子，你却在谈判中有意无意地刺伤了他，他很可能发泄私愤，与你对立到底，使谈判破裂。

受谈判核心的支配，衍生出六种谈判方法，按由易到难的顺序排列如下：

第一，谈判者顺从对方需要；

第二，谈判者使对方服从自我需要；

第三，谈判者同时服从对方和自己的需要；

第四，谈判者违背自己的需要；

第五，谈判者损害对方的需要；

第六，谈判者同时损害对方和自己的需要。

由此可见，不管什么方法，什么结果，“需要理论”像一条主旋律，贯穿于一切谈判之中。

第二节　谈判前的准备

虽然参加谈判的双方在地位上、人格上是独立的和平等的，但是，若识不破对方的策略，缺乏应对的技巧，往往会陷入被动的局面，甚至落入对方设下的陷阱，任由对方摆布。所以，谈判前期的准备工作是非常重要的，它在很大程度上决定着谈判能否顺利进行，以及能否达成有利于己方的协议。古人早就说过：“凡事预则立，不预则废。”就谈判而言，其准备主要包括以下两个方面。

一、“知彼”工作的准备

从事谈判，必须了解对方。了解对方的工作，包括了解对方的个人资料和组织资料。

（一）了解对方的个人资料

个人资料包括年龄、性别、简历、职务、专业、兴趣、爱好、个性、处事态度、谈判风格和家庭情况，以及在谈判中的权限、对方谈判成员的人际关系、跨文化差异等。如香港商人大都是由老板亲自出面谈判，即使代理人出面，最后也要经老板“拍板”才能成交。碰上此类谈判者，就应积极地去影响他后面有权说“不”或“是”的人物。

再如谈判者的简历，要尽可能了解他曾谈成的和没有谈成的每一次谈判，即不仅要从他成功的记录中了解他，而且也要从他失败的记录中了解他。这样，通过仔细分析对方每次谈判成功和失败的原因，就能很好地理解对方的思考方式、心理倾向、风格与作风，以便采取有效的谈判措施。

（二）了解对方的组织资料

组织资料包括组织类型、组织结构、成员人数、组织信誉、对这次谈判抱着什么目的以及重视程度等。

比如通过中间商来进行商业谈判，就要对他们的法定地位、经济实力、信誉情况进行审核，谨防“皮包商”的诈骗。

了解对方的谈判目的，应该判断对方公开表明的谈判目的和其实质上的目的是否一致。如果不一致，要尽量弄清对方的真实目的，以免落入对方的圈套。只有了解对方的谈判目的，才能事先做好充分的准备，一方面可以克服对对方的恐惧感，另一方面可以对对方的目的事先加以评价并作出合理的对策。

对方对谈判的重视程度往往是通过对方谈判人员的规格高低、权限大小表现出来的。弄清对方谈判人员的规格和权限，以便我方派出相应规格的谈判人员和赋予他们相应的权限。例如：在与澳大利亚商人进行谈判时，其代表一般都有决定权，所以我方也应让有决定权的人参加谈判，否则，对方会感到不愉快乃至中断谈判。当然，在谈判中，几乎没有一个人拥有绝对的权力，所以应特别注意那些拥有一定权力的人，在他有所承诺时，尽他的权力所能去履约。

另外，还要弄清楚对方是否把你列为唯一的谈判对手，对方所持立场、所允诺的条件的优缺点等。如果对方把你作为唯一的谈判对手，那么你谈判成功的可能性就会大得多；如果只是把你当做众多对手中的一个，那么你所要付出的努力就要大得多。据此，应该制定不同的谈判策略。

二、设计己方的准备工作

在了解了对方的情况之后，就要相应地准备自己的谈判工作。

（一）确立谈判目标

分析了对方的谈判目的之后，就可以根据双方的实际情况来确立自己的谈判目标。一般来说，目标分为三个层次：

1. 理想目标

理想目标就是希望通过谈判达到的上限目标，也就是想要获得的最高利益。这是不影响整体利益的目标，在必要时往往可以放弃。应把获得理想目标之外的利益作为一种非理性的行为。

2. 现实目标

现实目标就是希望通过谈判来取得的最低要求。如果对方提出更低的要求，那么是绝对不能接受的。

3. 立意目标

立意目标就是介于理想目标和现实目标之间，是谈判最可能实现的目标。

对谈判目标作了以上三个层次的考虑之后，就使得谈判目标有了弹性，也使我方谈判人员有了一定的回旋余地。

（二）组织谈判班子

根据谈判的性质来确定谈判人员的数量、规格，以及专业技术人员的组合。

谈判班子若由一个人组成，那么这个人就拥有完全的控制权。但这对于一个人的素质要求很高，因为这个人不仅要是谈判所涉及的各个领域的专家，而且还要思维敏捷，能及时提出灵活的应变方案。

谈判班子一般由两人或多人组成，利于发挥集体智慧。由于各方面专家的参加，可以使己方的事实陈述更具有权威性，考虑问题更为全面，还可以争取时间，利于己方的周密考虑。但谈判班子涉及一个内部协调的问题，所以，一定要确定一个谈判负责人，其他成员必须服从负责人的统一安排和指挥，制定严格的谈判制度。

根据对方谈判人员的规格，本着对等原则，我方也应派出相当规格的人员参加谈判。

（三）模拟谈判训练

当已经初步确定了谈判目标和人员时，就可以进行模拟谈判训练了。在模拟谈判中，可以将己方参加谈判的人员分成两组，一组为己方，另一组为对方。当你扮演对手时，就应该站在对方的立场上思考问题，从而使你对自己的准备作出调整。美国著名律师劳埃德·保罗·斯特莱克在他的《辩护的艺术》一书中谈道："我常常扮作证人，让助手对我反复盘问，要他尽可能来驳倒我。这是极好的练习，就在这种排演中，我常常会发现自己准备得还不够理想。于是，我们就来研讨出现的失误及其原因，然后，我和助手相互换个角色，由我去盘问他。就这样，新的主意逐渐形成。"

（四）拟定谈判程序

在拟定谈判程序时，要注意两个问题：一是互利性。即不仅符合己方的需要，而且也要兼顾对方的实际利益和习惯做法。二是简洁性。

1. 谈判时间的选择

谈判时间是否适当，对谈判效果影响很大。选择谈判时间时，一般应避开以下几种情况：

第一，避免在身心处于低潮时进行谈判。如夏天的午饭后，人们需要休息。

第二，避免在休息日后的第一天早上进行谈判，因为人们这时在心理上可

能仍未进入工作状态。

第三，避免在连续紧张工作后进行谈判，这时人们的思绪比较凌乱。

第四，避免在身体不适时进行谈判，因为身体不适，很难使自己集中精力于谈判。

还有就是要根据谈判需要，确定具体的议事日程。

2. 谈判地点的选择

谈判地点的选择，往往涉及一次谈判的环境心理因素问题。有利的场所能增加自己的谈判地位和谈判力量。人们发现，动物在自己的“领土”内，最有办法保护自己。人也是一种有领域感的动物。美国心理学家泰勒尔和他的助手兰尼做过一次有趣的实验，证明许多人在自己的客厅里谈话，比在别人客厅里谈话更能说服对方。因为人们有一种心理状况：在自己的所属领域内交谈，无须分心于熟悉环境或适应环境。而在自己不熟悉的环境中交谈，往往容易变得无所适从，导致出现正常情况下不该有的错误。所以，对一些决定性的谈判，应尽量争取在己方的地点谈判。否则，也要尽量争取一个“中性环境”，即不是双方中任何一方的地盘或双方都不太熟悉的场所。最差的谈判地点，则是在对方的“自治区域”内。如果说，这项谈判将要进行多次，那么，谈判地点应该依次互换，以示公平。

谈判地点还包括环境的选择与布置。谈判环境应该是友好的、和谐的、坦诚的和富有建设性的，谈判场所应该是温暖的、舒适的和方便的。一般说来，谈判场所要具备起码的灯光、取暖、通风和隔音条件。整体环境布置要以不使双方谈判人员产生烦躁心情为原则。

3. 谈判人员座次安排

谈判时的座次位序是一个比较突出、敏感的界域语问题。本书第五章中谈到过界域语，在这里是通过谈判桌形状和谈判人员座次安排所表现出来的。安排方桌或长条形会议桌，双方谈判人员面对面坐着，往往是正规的谈判所采取的形式。它显得庄重而严肃，缺少一种活泼的气氛。如果采用圆桌，大家团团而坐，那么有助于创造一个和谐一致的气氛。如果双方人数较少，谈判主题又不是很严肃的话题，那么也可以采取一种社交位置来商谈，甚至不设谈判桌，就相偕坐于沙发上，也未尝不可。

座次安排的另一个方面是指一方内部的座次位置，一般是谈判负责人居中。其余人左右依次而坐，这样就比较严肃、庄重。也有一种是其余人围着负责人而坐，这种坐法凝聚力强，能提高“士气”。还可以与对方人员交叉而坐，气氛友好而热烈。

第三节 谈判的语言技巧

一、谈判的基本语言技巧

谈判，被人们喻为一种“竞技活动”。要在谈判中获得成功，谈判者除了应具备正确的立场、观点，较高的政策理论水平和一定的专业知识、经验外，还必须掌握谈判的基本语言技巧。从本质上说，谈判就是谈话的过程，它是由一系列的问答所构成。谈判双方相互提出许多问题，彼此做出回答。提出一个问题，就等于一项请求，对一个问题的回答，实际上也是某种程度的让步，或者为作出让步提供了机会。在问和答的过程中，使事情得以深入，使协议得以达成。问和答的技巧，也是一种谈判的策略，它包括倾听技巧、发问技巧和应答技巧。

（一）倾听技巧

在面对面谈判的场合，“多听”是谈判者所必须具备的一种修养。“多听”，是认认真真地听，不但可以发掘事实真相，而且可以探索对手动机之所在。这里所谓的“听”，不仅是指运用耳朵听觉器官的听（Hearing），而且是指运用自己的心去为对手的话语作设身处地的构想，并用自己的脑去研究判断对手的话语背后的动机。因此，谈判场合的“听”是“倾听”，即“耳到、眼到、心到、脑到”四种综合效应的“听”（Listening）。即使如此，也不可能把对方的话全部记下。一位研究听话的专家拉夫·尼可拉斯说，一般人在听过别人说话以后，不论他心里如何地想，注意去听，也只能记得所听到的一半。

在谈判场合，不说话并不等于在倾听。一般人听话及思考的速度大约较讲话的速度快四倍。因此，标准的倾听，是不允许同时构想着自己的答辩，而是应该注意对方话语中所蕴涵的观念、需求、用意和顾虑。标准的倾听，应该主动地给对方以反馈，亦即以面部表情或动作向对方示意，你对他的话语的了解程度，或请对方明白阐释，或请复述。同时，要随时留心对方的“弦外之音”。

倾听，是一种只有好处而无坏处的让步，而这个让步带给你的一定会比你所付出的还要多。所以，谈判者要掌握倾听技巧。

（二）发问技巧

谈判中的发问目的是开启话匣，以利沟通。根据不同的目的，提出不同的问题；对同一个问题，也可以用不同的方法，从不同的角度进行发问。

1. 引导性发问

引导性发问，是指对答案具有强烈暗示性的问句。这一类问题几乎令对手毫无选择地按发问者所设计的答案作答。这是一种反义疑问句的句型。在谈判中，往往是使对方与自己的观念产生赞同反应的表示。如：

①讲究商业道德的人是不会胡乱提价的，您说是不是？

②这样的算法，对你我都有利，是不是？

③成本不会很高吧，是不是？

2. 坦诚性发问

坦诚性发问，是指一种推心置腹友好性的发问。这一类问题，一般是对方陷入困境或有难办之处，出于友好，帮其排忧解难的发问。这种发问，能制造出某种和谐的气氛。如：

①告诉我，你至少要销掉多少？

②你是否清楚，我已提供给你一个很好的机会？

③要改变你的现状，需要花费多少钱？

3. 封闭式发问

封闭式发问，是指足以在特定领域中带出特定答复（如“是”或“否”）的问句。这一类问题可以使发问者获得特定资料或确切的回答。如：

①你是否认为“上门服务”没有可能？

②贵公司第一次发现食品变质是在什么时候？

③你们给予 H 公司的折扣是多少？

④我们能否得到最优惠的价格？

这类发问有时会蕴涵相当程度的威胁性，如上述第③句便是。但如果改用“是非问”的句型，语气就大不一样，效果就好多了，如上述第④句。

4. 证实式发问

证实式发问，是针对对方的答复重新措辞，使其证实或补充（包括要求引申或举例说明）的一种发问。这一类问题，不但足以确保谈判各方能在述说“同一语言”的基础上进行沟通，而且可以发掘较充分的讯息，并且以示发问者对对方答复的重视。如：

①您刚才说，对目前所进行的这笔买卖，您可以作取舍，这是不是说，您拥有全权跟我进行谈判？

②您说，贵方对所有的经销点都一视同仁地按定价给予 30% 的折扣。请说明一下，为什么不对销售量较大的经销点给予更大折扣作鼓励？

5. 谈判发问的注意事项

在谈判中适当地发问，这是发现需要的一种手段。一般应该考虑四个主要因素：提出什么问题；如何表述问题；何时进行发问；对方将会产生什么反应。具体的注意事项如下：

第一，注意发问时机。应该选择对方最适宜答复问题的时候才发问。

第二，按平常的语速发问。太急速的发问，容易使对方认为你是不耐烦或持审问态度；太缓慢的发问，容易使对方感到沉闷，无时间观念。

第三，事先应拟定发问的腹稿，以便提高发问的效能。

第四，对初次见面的谈判对手，在谈判刚开始时，应该先取得同意再进行发问，这是一种礼节。

第五，由广泛的问题入手再移向专门性的问题，将有助于缩短沟通的时间。这样，可以在对方回答广泛问题的时候，注意其所提供的有关专门性问题的答案。

第六，所有的问句都必须围绕一个中心议题，并且尽量根据前一个问题的答复构造问句。

第七，提出敏感性问题时，应该说明一下发问的理由，以示对人的尊重。

第八，杜绝使用威胁性的发问、讽刺性的发问，也应该避免盘问式的发问和审问式的发问。

（三）应答技巧

在谈判的整个问答过程中，往往会使谈判的各方或多或少地感受到一股非及时答复不可的压力。在这股压力下，谈判者应针对问题快速反应，作出有意义有说服力的应答。应答的技巧不在于回答对方的“对”或“错”，而在于应该说什么、不应该说什么和如何说，这样才能产生最佳效应。具体应遵循的原则是：

第一，预先应有充分的思考时间，特别是多假设一些难度较大的棘手问题来思考，并准备好应答策略。

第二，对没有清楚了解真正含义的问题，千万不要随意回答。

第三，对一些不值得回答的问题，或一些不便回答的问题，最好的回避办法是：王顾左右而言他。同时，也可用“资料数据不全”为借口，拖延或拒答。

第四，把握应答的范围，对只需作局部答复的问题，决不“和盘托出”。

有些擅长应答的谈判高手，其技巧往往在于给对方提供的是一些等于没有答复的答复。以下便是一些实例：

①在答复您的问题之前，我想先听听贵方的观点。

②很抱歉，对您所提及的问题，我并无第一手资料可作答复，但从我所了解的粗略印象是……

③我不大清楚您所说的含义是什么，是否请您把这个问题再说一下。

④我们的价格是高了点儿，但是我们的产品在关键部位使用了优质进口零件，增加了产品的使用寿命。

⑤贵公司的要求是可以理解的，但是我们公司对价格一向采取铁腕政策，因此，实在无可奈何！

第①句的应答技巧，在于用对方再次叙述的时间来争取自己的思考时间；第②句一般是属于模糊应答法，主要是为了避开实质性问题；第③句是针对一些不值得回答的问题，让对方澄清他所提出的问题，或许当对方再说一次的时候，也就寻到了答案；第④和第⑤两句，是用“是……但是……”的逆转式语句，让对方先觉得是尊重他的意见，然后话锋一转，提出自己的看法，这叫“退一步而进两步”。

二、谈判的策略语言技巧

谈判，毕竟不是打仗，竞争虽然激烈却不是你死我活的搏斗。在谈判桌上，为了尽力避免对抗，除了应注意基本的语言技巧外，还必须讲究策略。谈判的策略语言技巧，包括引诱策略、让步策略和扭转策略。

（一）引诱策略技巧

谈判伊始，对自己一方的情况应隐而不露，不轻易亮出底牌，而要设法让对方先开口说话，设法引诱对方暴露其真实情况。聪明的拳击家上场比赛，一般先不主动出击，而是在对方的攻势中寻找其拳术的破绽，出其不意地将对方打倒。老练的谈判对手往往不急于在谈判中先表态，特别是在数目、期限、条件和价格等问题上，常常让对方试提一下。这样做，一是出于礼貌，显示出自己对对方的尊重；二是从对方的只言片语中窥视其心理活动，以赢得调整思维、部署新方案的机会。有时，精明的对方也不肯首先表态，那么，就可以提出一些假设性的问题，如：

①如果我们同意你的前三个条件，那么，期限是否可以放宽一些？

②如果双方都派出三名工程师，那么，条件是否可以重新考虑？

③如果把这一产品的价值同时考虑进去的话，那么，这个价格还是可以接受的，您说是吗？

引诱策略的目的就是将对方的要求、成交的打算等方面的情况掌握得越多越细越好，这是获取谈判成功的一项策略。

（二）让步策略技巧

让步，是谈判过程中的重要环节。任何一种谈判，都是双方在作出一定程度的让步后达成协议的。如果谈判的双方，互不让步或一方始终坚持不作任何一点让步，那么，谈判会破裂。当然，怎么个让步法，这又是一项策略。在谈判中，对己方来说，让步应注意：

第一，让步的速度。不要让步太快，因为双方等得越久，越会珍惜获得的让步（这种等待是要让对方明显地感到是有希望的），不致得寸进尺。

第二，让步的数额。同等级的让步是不必要的，如他让你 40%，你可让他 30%。如果他说“你应该也让 40%”时，你可以说“我无法负担 40%”来婉言拒绝。

第三，让步的性质。不作无谓的让步，即每次让步都要从对方那儿获得某些益处。但在一些细小或枝节问题上，可首先主动让步。当然，有时甚至可以做些对自己没有损害的让步。

谈判高手一般很能控制自己的让步分寸，使用的让步方式也令你难以揣测。观察的结果表明，他们比较能够忍受事物的不确定性。当双方相持不下的时候，他们一般不会轻易地中止谈判。

假设有一位商人，他准备减价 600 元。在谈判过程中，他有 8 种不同的让步形式，可以达到同一个目的。

表 8－1

让步形式	预定减价	第 1 期的让步	第 2 期的让步	第 3 期的让步	第 4 期的让步
1	600	0	0	0	600
2	600	150	150	150	150
3	600	80	130	170	220
4	600	220	170	130	80
5	600	260	200	120	120
6	600	490	100	0	10
7	600	500	100	－10	＋10
8	600	600	0	0	0

第一种让步形式：（0/0/0/600）

这是一种坚定的让步方式，让对方一直以为妥协的希望很少。若是一个软弱的买主可能早就放弃和卖主讨价还价了，而一个坚强的买主则会坚守阵地，继续迫使卖主作小的让步。他先试探情况，然后争取第四期的最高让步。当然买主必须冒着形成僵局的风险。

第二种让步形式：（150/150/150/150）

假如买主肯耐心地等待，这种让步形态将会鼓励他继续期待更进一步的让步。假如卖主能把谈判拖得更长些，使让步形式成为（20/20/20/20/10/10）便能使对方厌烦不堪，不攻自退了。

第三种让步形式：(80/130/170/220)

这种让步形式往往会造成卖主的重大损失。因为它诱导买主相信“更加令人鼓舞的日子就在前头”。买主的期望随着时间越来越大，要求也越来越多。

第四种让步形式：(220/170/130/80)

这种让步形式能显示出卖主的立场越来越坚定。表示卖主愿意妥协，但是防卫森严，不会轻易让步。

第五种让步形式：(260/200/120/20)

这种让步形式表示出强烈的妥协意愿，不过同时也告诉了买主：所能做的让步是非常有限的。在谈判的前期，有提高买主期望的危险，但是随着让步幅度的减少，卖主趋向一个坚定的立场后，一个聪明的买主便会领悟到，更进一步的让步已经是不可能的了。

第六种让步形式：(490/100/0/10)

这种让步形式很危险。因为一开始就大让步，将会大幅度地提高买主的期望，不过接着而来的，第三期的拒绝让步和最后一期的小小让步，会很快就抵消了这个效果。这是一个很有技巧的方法，使对方知道，即使更进一步地讨论也是徒劳无功的。从卖主的观点来说，危险全在于一开始就作的490元的大让步，他永远不会晓得买主是否愿意付出更高的价钱。

第七种让步形式：[500/100/（-10）/（+10）]

这种让步形式乃是自第六种形式脱胎而来。第三期的轻微涨价（可能是由于刚刚发现到计算错误），表示出更坚持的立场。第四期又恢复了10元的减价，这将会使买主深感满意。

第八种让步形式：(600/0/0/0)

这种让步形式对于买主来说，有着极强烈的影响。一下削价600元，使他把期望大大地升高了。假如他把这种兴奋的情绪带回公司去，则受了感染的伙伴们，便会期待他带回更好的消息。

可是紧接而来的却是卖主的坚持，甚至双方会因此而闹成相持不下的僵局。碰到这种情形，买主只有愧对公司同人的期待了。因为他实在无法再得到任何让步。

以上8种不同的让步形式表示，不同的让步形式可以传递不同的讯息。在谈判中，对方的反应决定于你所使用的让步策略。对买主来说，最理想的让步策略应该是：起步要慢而小。而对卖主来说，正好相反，应该是：起步要快而大。

（三）扭转策略技巧

谈判总有出现曲折的时候，一时陷于僵局，这在谈判中经常可能发生。特别是一些不能使用妥协和让步的场合，更需要谈判者采用扭转的策略，使谈判继续下去，直至成功。如广东一家玻璃厂曾与美国欧文斯玻璃公司谈判引进设备。在谈判过程中，在全部引进还是部分引进这个问题上僵住了。为了缓和气氛，广东代表施展了一系列扭转策略后说：

> 你们欧文斯的技术、设备和工程师都是世界一流的。用一流的技术、设备与我们合作，我们就能够成为全国第一。这不单对我们有利，而且对你们更有利！（分析：首先给予对方很高评价，然后指出你我已为一体，荣辱共存。对方感到说得很实在，这些观点可以接受，并以极大的兴趣继续倾听）但是，我们厂的外汇很有限，不能将贵公司的设备全部引进。（分析：然后运用“将心比心”这一古老的心理战术，希望对方能接受“但是”后面所包含的内容。当他们观察到对方已同意了他的观点时，为了巩固“战果”，再进一步运用了“激将法”）现在，你们知道，法国、比利时和日本都在跟我们北方的厂家搞合作，如果你们不尽快跟我们达成协议，不投入最先进的设备、技术，那么你们就会失掉中国的市场，人家也会笑话你欧文斯公司无能。（分析：这样一来，濒临僵局的谈判气氛立刻缓解，最后，双方达成了协议）

第三编　交际形象

这里提出的交际形象是基于这样一个前提：形象应是一个整体的概念。它包括内在形象和外在形象两部分。在交际中，人们必须准确地对自己所扮演的“角色”进行定位；必须摆正在交际中与他人的关系，即正确地认知自我；必须克服交际中的一些心理障碍，树立使交际活动获得成功的良好心理状态；注意培养能够吸引人的交际魅力。这些都是使交际成功的个人形象的内在方面。另外，随着人们生活及工作节奏的加快，现代交际方式的变化，人们日益讲求交际形象的外在美，并希望以此给他人留下良好的印象，从而促进交际的成功。

第九章　交际主体的内在形象修炼

第一节　交际主体的角色定位

一、角色的含义与实质

社会学中的角色概念是从戏剧舞台用语中借用来的。当然，这种借用并非随意滥用，而是有其科学根据的。因为，舞台上的戏剧正是人类社会的缩影，或者说社会就是一个大舞台。作为社会学意义上的“角色”术语是美国社会心理学家玛格丽特·米德首先提出来的。她认为：角色，即人处于一定的地位具有一定的权力。角色首先是指人，是处于一定地位并按其相应的行为规范行动的，而不是指行为规范或行为模式，更不是行为本身。其次，角色总是被赋予一定的权力和责任。这就是说，角色的行为不能随心所欲，而必须符合一定的行为规范。在交际活动中，一个人的言行必须同他的身份、地位、社会角色相适应，才能被人理解，被人接受。

从交际学的角度来看，角色是处于一定社会地位上的个体按照特定社会期望的要求在与他人交际过程中表现出来的特定的交际行为模式。

角色通过交际主体在交际过程中的交际行为模式表现出来，但这只是角色的表现形式，决定这种表现形式的是具有客观性的社会地位与社会期望以及具有主观性的角色扮演者的素质。角色的实质就是这二者的统一，即客观因素与主观条件的统一。

（一）社会地位与角色

简单地说，社会地位就是个体在社会中所占据的位置。从成为社会成员开始，个体便有了自己的社会地位，只是有高低贵贱之分罢了。与社会地位紧密相连的是社会期望，社会期望即社会对每种社会地位（位置）所具有的权力、义务以及进入该位置的个体的行为模式所作的规定和限制。当个体进入某个社会位置从而具有了某种社会地位时，就应该履行相应的权利和义务，并表现出符合该地位的行为模式。此时，我们便说他进入了角色。

社会期望通常可以分为两大类型，即有形的明确的社会期望和无形的模糊的社会期望。前者指那些有明确规定甚至有文字可资依据的社会期望，例如作为一名军人，各种条例规定了他们必须怎么做，否则就是违反纪律；大学里为学生订立的学生守则也是有形的、明确的社会期望。在一个社会中，更常见的是在长期的社会生活中逐渐形成的那些无形的、模糊的社会期望，例如怎样做丈夫或如何做妻子，就没有明确的规定，通常无文字根据可查。一个社会对丈夫或妻子角色的社会期望，是一种无形的模糊的社会期望，它是人们在长期的社会生活中形成的约定俗成的规范。社会文化背景只是大致规定了这种期望的方向和轮廓，具体的行为方式却有很大的可塑性。例如，在今天大多数人心目中，丈夫仍然是刚强、勇敢、智慧的象征，而妻子则应该贤惠、善良、温柔。每一个通过社会化而成为合格社会成员的个体，通常都知道如何按照社会要求去做丈夫或做妻子，但在具体做的时候却是千差万别的。在一般情况下，人们也并不觉得有什么特别奇怪的。究其原因，就在于社会对丈夫或妻子的社会期望是模糊的和具有可塑性的。反之，如果一位军人触犯军纪或大学生违反了校规，情况就大不一样了。由此可见，两种不同的社会期望对于进入一定社会位置、具有一定社会地位的个体会产生不同的约束力。

社会属性是角色的客观属性的反映，也是角色的本质属性的反映。社会个体之所以会表现出各自的行为方式，其根本原因是他进入了一定的社会位置，具有了一定的社会地位，因而在社会期望的约束和作用下必须履行自己的权利和义务并表现出恰当的言行举止。

（二）社会个体与角色

与角色密切相连的是作为角色扮演者的社会个体的素质，这是角色的主观条件。社会地位及其与之相联系的社会期望只是一种客观存在，它只能决定角色行为的方向和表现形式，而不能决定角色行为的质量，更不能反映角色行为的风格。角色行为的质量和风格取决于进入一定社会位置的角色扮演者的生理素质和心理素质，亦即扮演角色的能力。角色扮演能力是一种综合性的能力，包括理解能力、想象能力、模仿能力和实际操作能力等。当然，不同的社会地位对角色扮演者的能力要求是大不一样的。

不同的社会个体在进入相同的社会位置、扮演相同的社会角色时，会因其能力的不同而表现出不同的角色行为质量和角色行为风格。例如，同是作为企业领导者，会有不同的领导风格和行为模式。同是工人，有人可能温文尔雅、积极上进，而有人可能玩世不恭、不思进取。

从上面的分析可以看出，我们不能把角色单纯理解为社会地位和社会期望，也不能只将它看做是个体的行为方式，而必须从角色概念的客观因素和主观条件的统一性上去把握角色的实质。把角色理解为社会与个体之间的联结点，这就真正抓住了角色的本质特征。在这里，社会不再是抽象的概念，而是被赋予了一定权利和义务的社会地位（位置）的集合，而个体则是具有一定生理和心理特征的角色扮演者。只有当社会地位和角色扮演者结合一体，或者说，只有把一定的社会个体放到一定的社会位置上之后，才产生了社会角色。

所以，交际学讲求“准确的角色定位”，人际关系学讲求“领悟角色”，目的都在于引导人们扮演好自己的社会角色。

二、角色的类型

社会是由各种不同类型的社会地位（位置）组成的，这就决定了社会中存在许许多多不同类型的社会角色。根据不同的标准，我们可以对社会角色进行不同的分类。

（一）先赋性角色和获得性角色

根据角色所取得的社会地位是否经过了角色扮演者的主观努力，可把角色划分为先赋性角色和获得性角色。先赋性角色是指那些不经过角色扮演者的努力而由先天因素或由社会决定的角色。如由遗传、血缘等先天因素决定的性别角色，由社会的世袭制而继承某种地位的角色等。获得性角色则是指那些由个体所扮演的通过主观努力而获得某种社会地位的角色，如通过考试成为大学生，通过竞选当上某一领导者等。

（二）活跃性角色和潜隐性角色

根据角色行为表现的隐显状态，可将角色分为活跃性角色和潜隐性角色。一般来说，每个人都要扮演多种角色，例如上班时可能是科长，下班回家则是丈夫、父亲等。但是，任何人在一定的时刻只能扮演一种角色，这种正在扮演的角色便是活跃性角色，该个体所要扮演的其他角色在此时便成为潜隐性角色，而暂时不表现出角色行为。显然，活跃性角色和潜隐性角色具有相对性并且相互转化。在一定的条件下每一种活跃性角色都会转化为潜隐性角色，而潜隐性角色也会转化为活跃性角色。

（三）正式角色和非正式角色

根据社会对角色有无明确的社会期望以及角色扮演者对社会期望的执行情况，将角色划分为正式角色和非正式角色。

从有无明确的社会期望来看，凡是得到社会认可，具有明确的社会期望的

社会角色叫做正式角色。一般来说，社会对每一种社会角色都有一定的社会期望，只是存在明确或模糊的区别。而且，从角色本身的含义来说，社会期望本身就是角色概念的组成部分，没有社会期望也就谈不上角色。但是，也存在这样的情况：人们创造了某个新的社会位置并以其顽强的生命力在这个位置上生存下来了，但此时社会尚未来得及作出反应，对于这个新位置上人们的权利、义务以及行为模式还未能形成一定的社会期望。这种情况，我们通常称为“新生事物”，它便是非正式角色。非正式角色在得到社会的认可之后便转化为正式角色。

从角色扮演者执行社会期望的情况来看，凡是符合一定社会期望的要求并为社会所认可的角色都是正式角色，而那些违反、破坏现有社会期望的反社会的角色则成为社会所不容的非正式角色。这种意义上的非正式角色即人们通常所说的“反面角色”。

三、角色的功能

角色是作为客观因素的社会地位、社会期望和作为主观因素的角色扮演者的有机统一体，因此角色的功能也通过这两方面表现出来。一般来说，角色具有以下三种主要功能：

（一）角色的规范功能

角色具有使人们的行为规范化的作用，这就是角色的规范功能。角色的规范功能是通过社会期望实现的。社会期望规定了每个社会成员的权利、义务乃至行为模式，它使每一个进入某一社会位置、具有某种社会地位的个体必须履行其相应的权利和义务，否则就是失范。社会期望对社会成员行为的规范化作用是通过两种方式实现的。其一，主动的内化方式。当个体成功地进行了角色的社会化，社会期望已完全地内化成了个体人格组成部分时，个体会自觉地执行社会期望，表现出与角色相适应的行为方式。其二，被动的群体压力方式。有些社会个体未能成功地进行角色的社会化，并不具备进入某一社会位置扮演某一角色的资格，或虽具有资格但本来无意扮演某种角色，只是由于某些原因被推上了某种社会位置，迫于社会舆论的威慑或群体压力，违心地扮演该种角色，表现出某种行为模式。在这种情况下，角色的规范功能便是通过被动的群体压力的方式实现的。例如，有些无能之辈由于裙带关系而身居高位，结果只得装腔作势以掩人耳目；有些有才能的人，自己虽不愿意但被时代推上了某个重要的位置，因此也只好“在其位而谋其政”，以免辜负社会公众的期望，等等。

（二）角色的激励功能

有人将社会比做一个大竞赛场。在这里，所有社会成员运用自己的能力和意识展开竞争，竞争的目标表面看来各式各样：有人追求知识，有人追求权力；有人追求荣誉，有人追求金钱、财富、幸福……但实质上，追求的目标只有一个，那就是在社会中的位置——社会地位，追求在社会大舞台中扮演令人羡慕的主角，不要被社会冷落甚至遗弃。这就是角色对社会个体的激励功能的表现。正是角色的激励功能，使每一个具有上进心的社会个体，焕发出无穷无尽的热情，克服种种困难，在实现理想的竞争中勇往直前，使人生闪耀出光辉，同时推动社会不断向前发展。

角色对社会个体的激励作用表现出两种不同的方式：

第一，位前激励。它是指当个体进入某一社会位置扮演某种角色之前，该种地位或角色作为个体追求的目标而对其所产生的激励作用。现代行为科学的研究发现，在目标的激励下，个体会产生追求目标的行为，这种行为分为目标导向行为和目标行为两部分。目标导向行为，即个体为实现目标做准备的行为；目标行为，则是个体直接实现目标的行为。同时，目标对个体激励力量的大小取决于两个因素，即目标价值的大小（效价）和目标实现可能性的大小（期望值）。社会地位作为个体追求的目标，同样符合这些规律，即当个体所追求的社会地位价值越大，实现的可能性也越大时，便对个体所产生的位前激励力量越大。

第二，位后激励。它是指当个体实现了自己的目标，成功地进入了自己所期望进入的社会位置，扮演了这种角色之后所产生的激励作用。角色的位后激励是一种特殊的激励方式。按照行为科学的理论，当个体实现目标后，便会使内驱力降低，激励作用减退甚至消失。这时只有寻找到新的目标才会产生新的激励力量。但行为科学的内驱力减退学说在这里遇到了例外。当个体实现了自己的目标，进入了某一社会位置扮演了某一角色之后，的确有可能产生内驱力减退的倾向，出现松一口气的念头。但地位或角色的追求与金钱或其他形式的追求的不同之处在于，进入某一位置之后便会有社会期望的规范随即发生作用，激励个体继续努力，以便使自己的行为符合自己的地位和角色要求。此时，社会期望对角色扮演者的行为的规范作用实际就是一种激励作用，即位后激励。

当然也不否认个别个体一旦进入某一位置之后便以为大功告成，置社会期望于不顾，从此失去进取精神。例如，中学生在考上大学之前，大学生这个位置或这种角色对他们的激励属于位前激励；考上大学之后，做一个名副其实的大学生的社会期望对他们行为的规范作用便是位后激励。虽然也有人在考上大学以后便不求上进甚至堕落，但这毕竟是个别现象。

（三）角色的交际功能

交际是交际主体运用交际符号彼此传递信息、交流思想感情的活动过程。这里，交际主体是具有一定社会地位、扮演一定角色的社会成员，他们具有的社会特征和人格特征都会对交际活动产生影响。同样一个言语信息或非言语信息从具有不同地位特征和心理特征的交际主体身上发出，交际对象会产生完全不同的理解，从而作出不同的反应。这正是人们的交际活动复杂性的主要表现之一，也是人类交际区别于简单的信息传播活动的本质所在。角色对交际活动的影响，或者说人们是以各自的角色参与交际，这就是角色的交际功能的表现。角色的交际功能是角色最重要的功能。

四、交际主体的角色定位

在交际活动中，随着主客关系和交际对象的变化，角色也在不断地发生变化。一个人可能同时扮演几种不同的角色，而不同的社交角色的行为模式和礼仪行为是不同的。因此，在交际中必须把握自己的角色地位，才能做到彬彬有礼、合意得体。

（一）角色定位的意义

在社会生活中，每一个人都存在于一定的团体之中，在人与人的社会交往中，都扮演一定的社会角色。每个人都要按其所具有的身份、地位为实现其存在价值而完成一系列行为。角色不仅给个人确定自己的行为提供了规范，而且为人们相互识别、相互交流、相互评价、相互理解提高了标准。人们在社会交往中往往需要以不同的身份出现，这种身份的变化就是角色的变化，其行为必须符合社会对这一角色所认同的行为规范。交际中，人们凭借彼此的行为模式，来相互识别和评价，混淆角色及其行为规范，轻则不道德、不礼貌，重则遭到舆论的谴责和众人的唾弃。

角色不同，要求也就不同。在人与人的交往活动中，衡量一个人成功的重要标志是他使自己的行为与他人、社会的期望相符合。这种角色的实现，是建立在个人对自己的角色有所认识的基础上的。

尽管人们从儿童时期就耳闻目睹各种并学习在交际中扮演不同的角色，但在交际中把角色“演得恰到好处，礼貌有加，事事得体”却是不容易的事情。现实生活中，并没有一种衡量社交角色的绝对标准。更何况，在新旧体制交替的年代，社会行为规范、价值观念急剧变化，人们对同一角色的一致性看法越

来越少，这无疑更增加了社交中角色把握的难度。正因为如此，每个人都要重视社交角色的定位，在社交活动中，事事文明得体，保证社交成功。

总之，正确的社交角色定位，为社会交往中人的行为提供了可靠的前提保证和出发点。

（二）影响角色定位的因素

要促使交往成功，就必须注意在交际中的角色定位。影响角色定位的因素主要有三个方面：

1. 社交角色的清晰程度

社交中，人们对于每种社交角色都有一定的要求，或是明文规定的，或是约定俗成的。这些角色的权利、义务、礼仪规范被规定描述得越清晰、越明确，就越容易扮演。反之角色越模糊，其权利、义务、礼仪规范越笼统，就越难以把握。例如，作为来宾出席一个晚宴与作为主人主持一个晚宴，其各种要求肯定是大不相同的，其礼仪规范也是不相同的。那么，有没有一切都准备好了的角色可以扮演呢？没有。人们只有在实践中，逐步学会扮演各种角色。当角色越是不清晰时，就越要彬彬有礼，以礼相待。

2. 社交角色扮演者的个性特征

人的个性特征对社交角色的扮演有很大的影响。一个人对某一社交角色的价值的理解，对某一社交角色的要求的内化程度，都影响他的扮演是否积极，是否成功。如性情刻板的人和性情活跃的人，在社交中的成功率就不一样。前者在角色转换中往往不如后者。在角色定位上，不同的个性特征的人适应能力是有差别的，行为的方式方法对社交角色的定位也是有所影响的。

3. 角色期待对角色定位有积极影响

在社会交往中，人们对某一个人的行为模式的期待，叫做角色期待。当一个人意识到社会对自己的期待时，就会强化他的行为动机，付出更大的努力，最终获得公众的首肯。这种期望效应可以帮助人积极地进行社交角色定位，主动地约束和规范自己的行为。文明得体的仪表、仪态和积极的交际行为，会促成社交目标的有效达成。

（三）角色定位中要注意的几个问题

1. 增加执行多种角色的能力

人的潜能是很大的，只要具有了必要的素质，人在交际中就可以承担多种角色。训练有素的交际人员，其角色心理的转换是很快的，有很强的应变力和适应能力。这一切的获得不是天生的，而是靠后天的训练和教育。一名工人和一名公务员在社交中的要求并没有根本的区别，所能区别的只是对角色的应变力和适应力。

2. 尽量避免角色冲突

一个人同时扮演两个或两个以上的社交角色，而不同的角色具有不同的价值观，不同的甚至相互矛盾、相互对立的要求。个人的时间、体力总是有限的。如一位女经理，要当好经理，又要当好妻子、母亲和媳妇，要同时满足所有这些角色的要求是很困难的。所有这些冲突都属于角色冲突。

对于角色间的冲突来说，不同的角色所要求的行为越是差别大，角色冲突的强度就越大；不同角色的行为规定越是严格，冲突就越激烈。反之，这种冲突就越小。在发生角色冲突时，要弱化或强化冲突中的某一角色的价值，对角色重新排列，以减少冲突。消除角色冲突，对于人际关系的和谐，社会的安定是有益的。

3. 不同交际角色的礼仪差异

不同的角色，如上级与下级、下级与上级、男人与女人、女人与男人、亲友之间、朋友之间、同事之间，其礼仪要求是有差别的。正式场合和非正式场合的礼仪要求也是有差别的。只要自主地把握自己在社交中的角色地位，明晰自己的权利和义务，便可以在交往中得体地表达自己的感情、思维，与对方有效地沟通，实现交际的目的。

第二节　交际主体的自我认知

自我认知是树立良好的交际形象的心理基础，不能正确地认知自我，就不能正确认知社会和他人，就不能将个人放在一个恰当的位置上，从而与周围环境格格不入。

一、自我认知的含义及意义

自我认知，就是人在社会实践中，对自己的生理、心理、社会活动以及对自己与周围事物的关系进行认知。自古以来，人最想了解而又最难了解的正是自己。自我认知是主观的我对客观的我的理解、觉察和态度。人在自我认知的基础上产生自我印象，即对自身的形象概括（如形体特征、性格特征、言行举止、社交能力等）。自我印象进一步概括化，就产生了自我评价，即对自身的观点、看法（热情、开朗、勇敢或胆小、怯懦、自信心不足等）。一般来说，人都会以肯定或否定对自身进行评价。伴随对自身的评价产生了对自身的情感体验，如自尊、自卑、自爱、自责，并且表现出对待自身的行为倾向，如自我监督、自我控制、自我激励等。自我认识、自我印象、自我评价以及自我情感体验共同形成对待自身的态度，即自我态度。自我态度又直接影响对他人的态度，而影响交际效果，包括自我观察、自我体验、自我感知、自我评价等。

准确的自我认知、正确的自我评价对于一个人的心理活动和行为表现有重大关系，对于协调人际关系也是重要的内在因素。但是一个人往往很难完全了解自己，容易产生不切实际的评价。如有的人过低评价自己，看不到自己的价值和优势，就会产生自卑感，在交际中信心不足，缺乏勇气，缺乏积极性，缺乏应有的热情，在交际中就会失去吸引力和成功的可能。有的人只看到自己的长处，过高评价自己，就会有自高自大、自命不凡、孤芳自赏的心理。这种心理很容易在与人交往中流露出来，使别人对他敬而远之，不愿与他交往。这样，他就处理不好人际关系，缺乏朋友，孤独苦恼。

二、自我认知结构与自我呈现

（一）自我认知结构

自我认知是完整性与可分性的统一。所谓完整性，指人是一个完整的有机的统一体，认知是自我与所处的社会环境及社会群体相互作用而完成。所谓可分性，指人的自我认知可以分成若干要求，它们按一定的结构组成认知系统，这个系统便于对自我认知进行理论研究。

美国心理学家威廉·詹姆士（William James）把自我认知分为三个要素：一是物质的自我，即自我的身体、生理、仪表等要素组成的血肉之躯；二是社会的自我，即自己在社会生活中的名誉、地位、人际关系、处境、别人对自我的大致评价等，也是自我在群体中的价值和作用；三是精神的自我，即对自己的智慧、道德标准、心理素质、个性的认识，如自我的能力、性格、气质等。詹姆士的划分方法，与弗洛伊德把人的心理分为三要素的思想颇有相似之处。这三种自我的划分方法，在社会实践及心理分析时有一定的可取之处，它们对自我认知确有不同的影响，但人的行为最终由统一的自我来完成。

此外，自我还可以分为现实的自我与理想的自我。前者指一定的社会环境下，交往中以习惯行为表现的自我，后者指自我希望成为什么样子。一般来说，当两者大致相同时，自我表现为一定的心满意足；当两者发生矛盾时，自我表现为一定欲望和追求。

（二）自我呈现

自我呈现，又称自我暴露，指人在社会生活中，通过自己的行为、语言等方式把自己的个性及内心世界的奥秘表述和显露出来。在交际中，客体（他人）总是通过主体的自我呈现来认识主体，主体也要通过自我呈现，观察客体对自己的反应，进行社会比较和行为语言定性，从而认识自我，反省自我，调整自我，协调自我。自我呈现表现为下列几个方面：

1. 正相呈现

即言行一致、表里如一地显现自我的内心世界。对人推心置腹，忠诚老实，作风正派，不夸大自己的能力，也不掩饰自己的不足，即所谓“君子坦荡荡”。交际中，正相呈现的自我，常能和集体的目标保持一致，与人平等互爱，很少产生利害冲突。

2. 反相呈现

即言行不一、表里不一地显现自我，内心活动与外部行为不一致。反相呈现包括两种情况：

一种是普通人迫于某种压力如人际关系不正常、民主不健全情况下表现为反相呈现的自我。进一步分为：一是言不由衷，嘴里说的并非心里想的，说的是违心话；二是正话反说，含讥讽意味，如旁敲侧击、指桑骂槐、冷嘲热讽、颠三倒四等；三是以退为进，因环境所迫，不宜自我实现而有意反相呈现。

另一种是心术不正的人自然而然表现的处世行为，即所谓“小人喻于利”，属一种唯利是图之人。表现为阳奉阴违，投机钻营，两面三刀，口蜜腹剑，或表现为声东击西，混淆视听，浑水摸鱼，想方设法获取个人利益，与集体的利益大相径庭。

3. 放大呈现

即在一定情况下，将自我的某些信号进行放大，以强化对别人的刺激。如自吹自擂；取得一点成绩，就炫耀自己的能力；高学历在低学历面前的神气活现等。

4. 收敛呈现

即有节制地表现自己的行为，不愿或不屑表现自我的长处，缩小信号以减弱对别人的刺激。常见有三种情况：一是年轻人在长者面前，下级在上级面前，洗耳恭听，言听计从，唯唯诺诺，随声附和等；二是强者在弱者面前，表示不以强凌弱，谦虚客气，大智若愚，谨言慎行等；三是有意收敛呈现，在一定的时期内，作为一种策略和手段隐藏自己，如韬光养晦、委曲求存、夹尾做人、低三下四、逆来顺受等。

5. 单向呈现

有目的地表现出某一特长或某一方面，给人留下深刻印象。社会交往中每个人都有自我实现的需求，自我实现的最好方式就是扬长避短，把自己优势显露出来。如人除了专业角色外，还有书法、音乐、美术、舞蹈、体育、剪裁、烹饪等方面的特长，也都可以显出才华来。

6. 无意呈现

未经仔细考虑，把自己内心深处的想法不自觉地流露出来。如原形毕露、无意吐真情、不打自招、情不自禁等。

三、自我的特征与自我管理

（一）自我的特征

1. 自我是一个统一的、一致的有机体

一般来说，个人的目标必须统一，只能围绕一个主要目标，而不能把许多目标作为等量齐观的主攻目标。如果一个人既想当科学家，又想当政治家、艺术家、文学家等，目标难以统一，精力分散，疲于奔命，潜能就难以发挥。东一榔头，西一棒槌，收获甚少，便会导致自我焦虑、不安、苦恼和空虚，这称为自我的同一性危机。

2. 自我是一种动力和行为的源泉

人要认识世界，自我是内因，世界是外因。自我总喜欢自以为是、自行其是，不愿接受别人的强迫；总喜欢自我选择、自我预见、自我决策、自我组织等；面对别人的说三道四、评头论足干涉控制，自我会产生逆反心理，感到讨厌和不愉快，甚至公开对抗。

3. 自我是独立的、唯一的

即便是双胞胎，也不能成为一个自我，而各是各的自我。在同一房间中，大家言谈、衣着都一模一样，人一般会感到焦虑与不安。当一个人的独立性没有满足时，他会发动自己去表现自己，标新立异。西方心理学家实验表明，个体在群体中常被去掉“个性化”而打上“社会化”的烙印，社会化要求个体实行自我约束。但当取消一定的约束后，自我能比较自由地表现自己。

4. 自我总是在不断地评价自己

社会交往中，自我经常对自己的能力、动机、兴趣、需求、价值等进行感觉和评价，并表现为一定的自尊心、自信心和自豪感。评价不佳时则表现为自卑感、羡慕之心、嫉妒之心等。

5. 自我寻求实现

西方人本主义心理学家认为，自我实现是人类最重要的需要之一，人生来就有创造欲，有精神寄托和事业向往。我国古代也有类似认识，如“天生我材必有用”，每一个人在社会活动中都想成为一定的“人物”。

6. 自我是个性与社会性的统一

人不能离群索居，人是社会成员就要接受社会规范约束。西方强调个人主义，而我国提倡国家利益、集体利益、个人利益相统一的社会主义集体主义，反对极端个人主义。

（二）自我管理

自我管理是一个复杂的系统工程，是人通过自我认知，调整和修养自己的心理，并使自己的外部行为与社会环境相适应。主要有以下内容：

1. 自我监督

自我监督是指对自己进行检查、督促。包括自知，正确估价自己，不卑不亢；自尊，不自轻自贱，有民族自尊心和个人自尊心，不出卖灵魂与肉体；自勉，见贤思齐，不断用高标准来勉励自己，脱离低级趣味，做有益于社会的人；自警，自我暗示、提醒，克服不良的心理行为。

2. 自我批评

指自己批评自己的短处，进行辩证的否定。包括自我反省，使个人的思想品德变得日益完美；自责，对自己的不足进行曝光，勇于承担责任，接受群众监督。

3. 自我控制

指实行自我约束，防止感情用事，理智地待人接物，抵制和克服一切外来的不良影响。包括反躬自问，反思自己的行为，如果发生人际矛盾，首先从自己身上找原因；控制自己的情绪、欲望、言行，客观地对待批评，力求更好地把握自己。

4. 自我调节

指通过自我疏导，使自己从矛盾、苦恼、冲突、自卑中解脱出来。包括自解，自我疏导，不自寻烦恼，不折磨自己、惩罚自己；自宽，自我宽慰自己，知足常乐，淡泊名利，承认差距，降低欲望；自遣，自我消遣，分散或转移注意力，如美食、郊游、看书、书法、绘画等；自退，设身处地地退一步想一想，退一步海阔天空，降低目标，转换方向，另辟新路。

5. 自我组织

指在新环境，重新振作、重新审视和组织自己的心理行为。包括内化顺从，认输服输，接受别人的不同意见，放弃自己的意见；同化，把别人的意见与自己的意见融汇在一起，吸收他人的营养丰富自己；自新，自我更新，从更

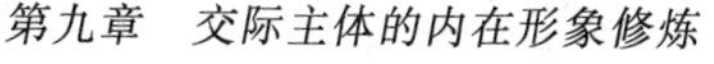

高、更新的角度来认识问题、分析问题，重打锣鼓另开张。

四、在交际中进行自我认知的途径

心理学研究表明，个体很难恰如其分地认知自我以及认知自我与外部世界的关系。这里既有认识的原因，又有情绪动机的原因。如不能准确把握自己，或过高评价而盲目乐观，或过低评价而过于悲观。另外是由于怕如实反映自我而使别人笑话自己。如自我评价较低而引起别人对自己看不起，或者实事求是地给予较高的评价而怕别人指责自己骄傲自大，因此有意地做出不切实际的自我评价。怎样才能正确地认知自我呢？可以从下面几方面努力：

（一）通过别人对自己的态度进行自我认知

别人对自己的态度可以作为自我认知的参照点。别人的态度就像一面镜子，通过这面镜子映照出自己的形象。别人的态度如果是肯定的、尊重的、喜爱的，乐于与你交往，就表明你有一些令人愉悦的优点，应该加以发扬；如果别人的态度是否定的、轻视的、疏远的，那就说明你有一些使人反感的缺点，应该加以纠正。因此，在日常生活中，应该主动参加交际活动，在与人的交往中开放自己，善于通过别人的评价来认识自己。如果不愿与人交往，得不到别人的评价，自己也很难认知自我。

当然，别人的态度和评价只能作为参考，因为这里面难免有偏见、误解和夸张，也难免有功利因素掺杂其中。例如：作为一名领导者，掌握一定实权，一些有求于他的人就可能过分地吹捧、奉承他；一些人由于工作等原因得罪过某些人，这些人出于报复心理说一些不切实际的坏话；等等。这样就需要冷静地分析，既听取拥护自己的人的评价，也听取反对过自己的人的评价，避免认知自我出现偏差。

（二）通过与同自己类似的人对比进行自我认知

人总是通过与社会上同自己学识、年龄、经历类似的人的比较评价自己以及自己与周围世界的关系。比如和同学比较认识自己的学习水平；与同事比较认识自己的工作成绩；与同龄人比较认识自己的进步程度，等等。但是适当地与特殊人物相比较，能够找出差距，从而激励自己向更高的目标前进。比如和成功的学者、科学家、英雄人物相比较，尤其是与那些自身条件很差、境遇坎坷却获得成功的人相比较，更能找出自身差距。

与别人的对比不应该是静止的，应该动态地比较，人人都在变化之中，如果只看自己的优势，故步自封，夜郎自大，就有可能落后于别人，优势变为劣势。

第三节　交际主体的心理训练

一、交际中常见的心理障碍

（一）嫉妒心理

嫉妒是在现实生活中的一种极端消极和狭隘的病态心理。通俗地说，嫉妒是对与自己有联系，而又强过自己的人的一种不服、不悦、失落、仇视，甚至带有某种破坏性的危险情感。这种消极的心态，将产生人际严重的内耗，其结果不是把人向前推进，而是把人向后拉倒。嫉妒具有以下特点：

1. 针对性

嫉妒作为一种社会的消极现象，一般都有其明确的指向性，也即指嫉妒往往具有一定的区域和范围，与嫉妒者没有联系，没有利益冲突的人，一般不会招致嫉妒。

2. 对等性

嫉妒的对象往往是和嫉妒者的职业、层次、年龄相似而超过自己的人。

3. 潜隐性

嫉妒有时可以埋藏在一个人的内心深处，而并不体现出具体的行动来。也就是说，嫉妒既包括其内隐机制，又包括其外显行为。从这种意义上说，嫉妒之心，人皆有之，不过强弱程度不同罢了。但倘若这种心理活动太强，冲破理智的束缚，就转化为嫉妒行为了，这时，往往会对嫉妒对象采取不择手段的贬抑行为。

嫉妒是现代交际中的一大心理障碍，因此应对嫉妒心理进行积极控制。

首先，学会理解并接受他人，学会接受自己，适应自己。只有在理解别人，把握自己的前提下，才能保持冷静的头脑，减少嫉妒心的增长。

其次，要有博大的胸怀，有容人之量。要打破自私的狭隘心理，当别人强过自己时，应保持乐观的情绪，通过公平竞争，追赶别人。

（二）自卑心理

个体自卑感的形成和一个人儿童时期的人格是否健康发展有一定联系，但主要还是社会环境长期影响的结果。例如：有的是因为自己经常受挫而受到过多的指责和惩罚造成的；有的是自己的成绩长期得不到认可和赞许造成的；有的则是在家庭中遭到父母的长期训斥或是教育不当、父母离异等原因造成的。上述情况容易使人产生一种失落感，从而形成自卑心理。

自卑不同于自谦，它是一种不健全人格的反应。一般来说，自卑感强的人较多是性格内向，勤于反思而又敏感多疑者。他们自尊心也很强，但他们不是积极进取以获得自尊，而是消极退避以保护自尊。正是为了追求一种不使自尊心受到伤害的安全感，为了不在别人面前暴露自己的弱点，于是不愿坦率地与人交往，对集体性的或富有竞争性的社会活动采取躲避态度。自卑感强的人唯恐别人看不起自己，实际上正是自己低估了自己。而别人对他的轻视，常常正是由于他们自己的自卑和退避行为造成的。所以，自卑对交际的影响是显而易见的。自卑的人大多不宽容，因而非常容易在人际交往中与人产生摩擦，从而加深自卑的心理，造成恶性循环。

实际上，每个人都有各自的长处和短处，与人比较是为了取长补短，促使自己进步。在共同的交往活动中，通过与人的相互作用，才能学会正确地评价别人和评价自己，抛弃自卑心理。

（三）羞怯心理

羞怯心理是绝大多数人都会有的一种消极心理。具有这种心理的人，往往在交际场合或大庭广众之下羞于启齿或害怕见人，总是把别人看成自己的判官。由于过分的焦虑和不必要的担心，使他们在言语上支支吾吾、行动上手足无措、瞻前顾后，干任何事一开始就担心失败，失败一次成为一种负荷，再失败，再加上一个负荷。长此下去，会变得越来越羞涩，越来越自卑，既不利于自我完善，更不利于同他人交往。可见，过分的羞怯心理会使人在自我否定、自我责备的心态中断送机遇。一般来说，羞怯分为三种类型：

1. 气质性羞怯

这种类型的人生来性格就比较内向，属典型的抑郁质或黏液质气质。平时比较沉静，说话低声细语，见到生人就脸红，甚至怀有一种胆怯心理。

2. 认识性羞怯

这种类型的人过分注重自我，患得患失心太重，生怕自己的言行不适受到别人耻笑，久而久之，他们不敢与人接触，更羞于在公开场合讲话。

3. 挫折性羞怯

这种类型的人原本性格开朗，社交积极主动，但由于种种主、客观原因，与人交往连遭挫折，从而变得胆怯、消极。

（四）猜疑心理

猜疑也是人际关系中的一大忌，是人际关系的一大心理障碍。具有这种消极心理的人，往往难辨真假，疑心重重，无事生非，总有“害人之心不可有，防人之心不可无”的想法。

猜疑心重的人，往往仅凭自己的个人主观猜测，以主观想象来揣度他人。持有这种消极心理的人，往往戴着有色眼镜看人，他们总是处处小心别人、防范别人，戒备心非常强，有时甚至口是心非。

由于猜疑心强的人往往心胸狭窄、疑神疑鬼、虚伪做作，所以周围的人际关系环境便与他格格不入，其结果是既不利于他人，又不利于自己，有的最后还引火烧身、众叛亲离。

二、交际主体应有的良好心理素质

交际是心理接触和心理活动的过程。交际者良好的心理素质是实现交际成功的重要条件，各种心理上的缺陷和障碍不仅不利于表达自己，而且也妨碍对他人的认知和交往。因此，在交际过程中要有意识地训练个人良好的心理素质，同时要学会观察和理解他人的心理，达到心理沟通和心理相容的目的。

（一）自信

自信是指一个人对自己的学识、能力及所做的事的一种肯定的评价。自信是一个人勇于参加交际活动，树立个人良好形象，争取朋友支持的重要条件。自信不仅能使自己达到成功的目的，而且可以给交往对象强烈的感染力和良好的印象。因此可以说，自信是成功的一半。如何培养自信心呢？

1. 用补偿心理超越自卑

补偿心理是一种心理适应机制，个体在适应社会的过程中总有一些偏差，从心理学上看，这种补偿，其实就是一种“移位”，即为克服自己生理上的缺陷或心理上的自卑，而发展自己其他方向的长处、优势，赶上或超过他人的一种心理适应机制。正是这一心理机制的作用，自卑感就成了许多成功人士取得成功的动力，成了他们超越自我的“增压”，而“生理缺陷”越大的人，他们的自卑感也越强，寻求补偿的愿望就越大，成就大业的本钱就越多。

解放黑奴的美国总统林肯，不仅是私生子，出生微贱，且面貌丑陋，言谈举止缺乏风度，他对自己的这些缺陷十分敏感。为了补偿这些缺陷，他力求从教育方面来汲取力量，拼命自修以克服早期的知识贫乏和孤陋寡闻。他在烛光、灯光、月光前读书，尽管眼眶越陷越深，但知识的营养却对自身的缺陷作了全面补偿。他最终摆脱了自卑，并成为有杰出贡献的美国总统。贝多芬从小听觉有缺陷，耳朵全聋后还克服困难写出了壮丽的《第九交响曲》，他的名言——“人啊，你当自助！”成为许多自强不息者的座右铭。

在补偿心理的作用下，自卑感具有使人前进的反弹力。由于自卑，人们会清楚甚至过分地意识到自己的不足，这就促使其努力学习别人的长处，弥补自己的不足，从而使其性格受到磨砺，而坚强的性格正是获取成功的心理基础。

2. 用实际行动建立自信

征服畏惧，战胜自卑，不能夸夸其谈，止于幻想，而必须付诸实践，见于行动。建立自信最快、最有效的方法，就是去做自己害怕的事，直到获得成功。具体方法如下：

（1）突出自己。在各种形式的聚会中，在各种类型的课堂上，后面的座位总是先被人坐满，大部分占据后排座位的人，都希望自己不会“太显眼”。而他们怕受人注目的原因就是缺乏信心。

坐在前面能建立信心。因为敢于将自己置于众目睽睽之下，本身就必须有足够的勇气和胆量。久之，这种行为就成了习惯，自卑也就在潜移默化中变为自信。另外，坐在显眼的位置，就会放大自己在交际对象视野中的比例，增强反复出现的频率，起到强化自己的作用。

（2）正视别人。眼睛是心灵的窗口，一个人的眼神可以折射出性格，透露出情感，传递出微妙的信息。不敢正视别人，意味着自卑、胆怯、恐惧；躲避别人的眼神，则折射出阴暗、不坦荡心态。正视别人等于告诉对方：“我是诚实的，光明正大的，我非常尊重你，喜欢你。”因此，正视别人是积极心态的反映，也是自信的象征。

（3）快步行走。许多心理学家认为，人们行走的姿势、步伐与其心理状态有一定关系。懒散的姿势、缓慢的步伐是情绪低落的表现，是对自己、对工作以及对别人不愉快感受的反映。倘若仔细观察就会发现，身体的动作是心灵活动的结果。那些遭受打击、被排斥的人，走路都拖拖拉拉，缺乏自信。反过来，通过改变行走的姿势与速度，有助于心境的调整。要表现出超凡的信心，走起路来应比一般人快。将走路速度加快，就仿佛告诉整个世界：“我要到一个重要的地方，去做很重要的事情。”步伐轻快敏捷，身姿昂首挺胸，会给人带来明朗的心境，会使自卑逃遁，自信滋生。

（4）当众发言。面对大庭广众讲话，需要巨大的勇气和胆量，这是培养和锻炼自信的重要途径。在我们周围，有很多思路敏锐、天资颇高的人，却无法发挥他们的长处参与讨论。并不是他们不想参与，而是缺乏信心。在公众场合，沉默寡言的人都认为：“我的意见可能没有价值，如果说出来，别人可能会觉得很愚蠢，我最好什么也别说，而且，其他人可能都比我懂得多，我并不想让他们知道我是这么无知。”这些人常常会对自己许下渺茫的诺言：“等下一次再发言。”可是他们很清楚自己是无法实现这个诺言的。每次的沉默寡言，都是又中了一次缺乏信心的毒素，他会越来越丧失自信。

从积极的角度来看，如果尽量发言，就会增加信心。不论是参加什么性质的会议，每次都要主动发言。有许多原本木讷或有口吃的人，都是通过练习当众讲话而变得自信起来的，如萧伯纳、田中角荣、德谟斯梯尼等。

（5）学会微笑。笑能给人自信，它是医治信心不足的良药。真正的笑不但能治愈自己的不良情绪，还能马上化解别人的敌对情绪。如果你真诚地向一个人展颜微笑，他就会对你产生好感，这种好感足以使你充满自信。正如一首诗所说："微笑是疲倦者的休息，沮丧者的白天，悲伤者的阳光，大自然的最佳营养。"

3. 增加成功的积累，善于从成功中获得成功

一个人的自信往往是在与他人接触过程中，在他人对我们的态度中获得的。如果我们的服饰、仪表、言谈、举止得到别人的赞赏、鼓励，如果参加交际活动获得一次成功，就会使我们内心得到一种愉快的情感体验，这种体验就会增加进一步交往的信心。所以要增强自信心就应该注意接受交际中的积极性反馈，增加情感愉快体验。记住：成功也是成功之母。要善于使交际中的小的成功变成你生活和工作中的大的成功。

还有很重要的一点便是：了解自己是实现对自己有信心的基础，同时也可以避免自大自傲。比如在择业的时候，了解自己适合于做什么工作，在哪方面才能做出业绩，为自己找一个合适的定位，那么，才有可能在自己最拿手的行业中取得成功。相反，如果对自己认识不够，去选择那些"热门"但却不适合自己的工作，是根本不可能成为一个成功者的，失败的次数多了无疑对自信心会有影响。

（二）尊重

交际者要有尊重心理，既有较强的自尊心，又要尊重他人，自尊和尊人是相互关联的。

自尊，是指人对自己的爱护、尊敬。有自尊心的人能够重视自己的价值，珍惜自己的形象，能努力上进，不甘落后。自尊心太弱就有可能对自己失去信心，自暴自弃，自轻自贱，把自己看成社交中可有可无的角色。缺乏自尊心的人可能不在乎别人的批评意见，不检讨自己不妥当的言语行为，缺乏责任心和道德感，他也就得不到别人的尊重。但是自尊心过强也不利于交往，过分自尊的人容易孤芳自赏、自命清高，认为别人庸俗、浅薄，不值得与其接近，不愿意广泛结交朋友，使别人难以与他接近。过分自尊的人往往固执己见，听不进别人的批评建议，容易兴奋、冲动，却欠冷静、欠周密，不愿意在别人面前暴

露出自己的缺陷，在言行上表现得虚荣心过强，缺乏应有的真诚。

自尊是可贵的，但是自尊的同时还要尊重别人，把自尊和尊人统一起来。人要想获得自尊，前提是获得别人的尊重。每个人都有自尊心，每个人都需要别人的尊重。你尊重别人，别人才会尊重你，你才可能满足自尊。尊重别人，表现出一个人良好的道德情操和文化修养。尊重别人并不意味着自己低下，相反更证明你具有较强的自尊心，从而得到别人的尊重。

尊重别人，要做到尊重别人的正当权利，不能把自己的意志强加于人，不干涉别人的隐私，不偷拆他人信件，不偷看别人日记，等等。尊重别人，要尊重别人的意见，善于倾听别人的观点，不轻易否定别人。尊重别人，要尊重别人的劳动，爱惜别人的劳动成果，肯定别人的劳动功绩。尊重别人，要尊重别人的人格，不能传播有损别人名誉的流言飞语，不能当众用恐吓、谩骂、讽刺的语言指责别人。尊重别人，要尊重别人的信仰习惯，对宗教信徒要尊重宗教礼节和禁忌，对各民族客人要尊重其民俗习惯。尊重别人还要尊重别人的感情，感情是交往中最为珍贵的东西，无视别人的感情、玩弄别人的感情、伤害别人的感情，是不尊重别人的表现。

（三）坦诚

交际中要坦白诚恳，对人诚心诚意，绝不口是心非。坦诚，首先要求心地坦白，对别人给予信任，相信人与人之间的关系是建立在相互信任的基础上的，信用是靠坦诚维护的，绝不能靠虚伪。坦白，要求开诚布公地表达自己的观念、意愿，对别人的缺点错误不姑息迁就，原则地、善意地批评指正，对自己的缺点、错误虚心承认和检讨。对待交际对象要充满诚意，主动热情地进行沟通，真心实意地进行交往。要不怕别人的误解、反感、抵触，不怕挫折和失败，以自己的真诚最终得到人们的理解和信任。要愿意公开自己，以开放的态度对待别人，愿意让别人更多地了解自己，只有了解自己才能得到信任和理解，才能得到真诚的友谊和合作。

坦诚不等于简单粗暴、信口开河。在交际中面对各种各样的人物，情况是复杂的。有的人性格开朗，喜欢直言快语，坦诚相待；有的人比较敏感，喜欢委婉的表达方式，过于率直的批评他可能接受不了。另外，交际中的信息沟通要有所区别，有些信息是可以公开的，但有些信息保密性强，或者现在还不能公开，那就不能完全公开。坦诚待人不等于不看情况乱讲，出发点虽好，不顾客观条件也不会收到预想效果。

（四）宽容

交际中要宽厚待人，容得下别人的缺点、错误、误解。宽容的前提是严于律己，对自己要求严格，时刻检讨自己的言行。出了问题勇于承担责任，作自我批评，不怨天尤人。对别人宽容，是指当遇到别人的误解和委屈的时候，毫无怨恨之心，能够以德报怨，谅解对方，并能和睦相处。对别人宽容，是指对待有这样那样缺点和毛病的人能够容纳和谅解。每个人都可能有自己的缺点，只要不是原则问题，就不应该求全责备，也没有必要针锋相对，而给对方留些面子，让人家自己去反省改正。

当然，宽容不等于无原则，对于那些原则上的问题和错误要坚持原则，不能宽容，应该进行坚决的斗争。

（五）乐观

乐观的人有较强的交际魅力。人都愿意和那些充满乐观精神、不怕任何困难、性格活泼、积极上进的人交往，而不愿意和那些悲观消沉、呆滞僵化、忧心忡忡的人交往。每个人在生活中所负荷的已经够沉重了，一般不愿再过多承负来自别人的压力。乐观的人有一种幽默感，在最困难的时候他能以一种乐观的幽默激发大家的斗志，缓解紧张心理。乐观不仅是个人拥有的财富，而且是赠与别人的最好礼物。

培养乐观性格要有一个远大的目标，为实现这一目标有一种勇往直前的决心和必胜的信心。要有清楚的头脑和正确的思维方式，不为表面现象所迷惑，有强大的心理承受力，经受住任何挫折和困苦。当然，乐观并不是盲目的，盲目乐观是不可取的。

第四节　交际主体的魅力培养

“魅力”一词是一个模糊的概念，但从交际学的角度看，人的交际魅力总的来说离不开谈吐、仪表、气质风度、才华、学识、品德、性格等内涵。在与人交往中经常会发现这样一种现象：有些人往往更能引起别人的注意，他们说话有人听，也更容易得到提升和别人的帮助；而工作同样努力，富有同样的才华，并且容貌也不差的其他一些人，要取得这样的效果往往要付出更多的努力，这其中就是魅力的作用。当然魅力并不仅仅是微笑和记住别人的名字这样表面的东西，富有魅力的人的吸引力很大程度上来源于他们对周围的人们所提供的精神方面的激励，这种激励使人们愿意与他们交往。

一、交际魅力的作用

总的来说，交际魅力对于人际交往至少有三方面的作用。

（一）增强自尊和自信

富有个人魅力可以增强自尊心和自信心。因为富有个人魅力的人会用一种能够增强自尊心的方式行动和思考。例如，他们对每一天的开始都很兴奋；当接到具有挑战性的任务时，会信心十足地全身心投入；敢于直言，毫无顾忌地说“不”；善于微笑，对周围的人们友好；等等。这样，他周围的人往往会受他的吸引。由于这些微笑和赞美，富有个人魅力的人的自信心便能不断地得到增强。所以，在某种程度上反过来也是成立的，高度的自尊心和自信心都有助于增强个人魅力。

（二）与周围人建立良好关系

具有个人魅力的人在人际关系方面能带来优势。因为富有魅力的人往往被人们视为成功者或赢家。一般情况下，人们会受他们的吸引并产生一种积极的情感反应，就好像人们在面对一幅美丽的画或一首壮美的诗时的反应一样；同时，当人们已与某个富有魅力的人形成了一种积极的关系，意味着他（她）已被对方接受，从而可提高自尊心。这样，人们就会认为和颇具个人魅力和气质的人交往能得到精神上的愉悦和好处，因此，有个人魅力的人与周围人容易建立良好的关系也就不难理解了。

（三）对他人形成影响力

个人魅力和领袖气质是密切相关的，其最大的好处是能对他人形成影响力。富有魅力可以帮助个人实施作为领导者应该做的主要工作，如说服、鼓舞、影响、激励别人并且使他们接受你的观点。当人们认为某个人很有魅力时，更有可能采取他所建议的行动步骤，很多人都有这样的体会，当自己的领导很富有领袖气质时，往往愿意为他付出更多、更拼命地工作。

二、交际魅力的培养

交际魅力既然有这么大的作用，当然每个人都希望自己变得更有魅力。那么，在生活和工作中如何培养交际魅力呢？

（一）学会有效表达情感

情感的表达有利于一个人提高有效利用其他富有魅力的行为的能力。具体可通过以下途径：

1. 适当地阐明自己的情感

在日常生活中，很多人不善于表达自己的情感，当然也有些人对自己的情感完全放纵，这都会影响自己的交际魅力。应学习以一种吸引他人的方式来表达自己的情感。要做到这点，首先必须了解自己的情感，这样才能培养以有益

的方式将它们表达出来的能力。富有魅力的人能直言不讳地表达自己的积极或消极的情感，如“我太高兴了”、“我感到太失望了”、“我很激动”，等等。其次是要将自己的情感直接而非间接地表达出来。许多人都习惯用一种间接的方式表达自己的情感，而不是说明自己对某件事、某个人或某样东西的真正感受。例如，当人们对自己的现状不满时，往往倾向于攻击大环境而不是坦率地面对自己的感觉。

2. 策略地表露情感

策略地表露情感是一种有效的对他人产生影响的技巧，但并不是人人都会使用这种技巧。策略地表露情感需要很强的自我克制能力和约束力。首先要准确分析自己的情感。如果能有意识控制自己内在的情感，就会给他人留下美好的印象。我们通常说的某人善于见机行事，指的往往就是某人善于通过自我情感的控制去操纵另一个人的情感和行为。其次是要经常练习表露积极或消极的情感。一个富有魅力的人能在需要时自然恰当地表露情感。此外，经常性的微笑也是对情感表露的最基本的策略性利用，要学会微笑，甚至在内心情绪不能让你微笑的时候也要微笑。

3. 表露热情

富有热情的人都有一个明显的特点，就是他（她）对别人、对工作充满热情，具有个人魅力的领导者热爱他的员工和顾客。要想变得富有魅力，首先必须找到让你充满热情的东西，然后让别人了解你的热情。假如你生性不是很热情，那么在工作中寻找潜在的能激发热情的对象对你来说就更为重要，因此，你可以对你工作的各个方面进行一次仔细的调查，以便找到可激发热情的东西。其次要利用各种机会，让别人了解你的热情。当然，领导者如果对工作默默的执著将有利于增强个人魅力，因为富有献身精神的人会引起别人的好感，但即使如此，假如能让别人了解你的热情，你就能获得更多的魅力。

（二）采用与众不同的语言与思维模式

1. 采用丰富多彩的语言表达方式

在适当的场合使用某些词语可以增加语言的说服力，从而增加魅力。如果自然得体并且富有诚意地使用这些词，将会对别人产生影响并且对他们起到激励作用。富有魅力的人往往能借助不落俗套、丰富多彩、令人难忘的语言来使他们的话更加生动活泼。

2. 显示出比别人更敏锐的洞察力

富有魅力的人的一个与众不同的优势是他们能正确地估计形势，看透人的心思，并且比一般人更能获得深入的了解。敏锐的洞察力之所以让人富有魅力，是因为它帮助人们捕捉发展趋势、诠释事件。因此，当有敏锐洞察力的人帮助他人更为清楚地了解情况后，常常会获得别人的好感和敬慕。不可否认，有敏锐洞察力的人会对周围的人产生强烈的吸引力。

要取得敏锐的洞察力，最重要的方法是学会深刻地解释所反馈的信息。一般人会就事论事地接受所反馈的信息，而富有魅力的人会从中挖掘出更多的意义。著名的组织心理学家克里斯·阿杰里斯为了区分自我意识的不同水平，创造出了单循环学习和双循环学习两个词语。单循环学习是一种简单、浮浅的方法，学习者对问题只寻找少之又少的反馈信息；双循环学习需要精神高度集中，它要求深入细致地学习，利用反馈信息来检验在特定情况下自己思维的有效性。

3. 多表达积极的思想

一般来说，人有一种与生俱来的要么积极要么消极地看待生活的禀性，因此，人倾向于积极或者消极地看事情。而富有魅力的人所具有的一个很重要的思维模式是知道在适当的时候表达积极思想。发脾气会限制人的感染力的发挥，改变消极的想法需要很大的克制。因此，要学会用积极的语言表达消极的信息，在可行的时候，甚至用积极的语言替代消极的语言。如用“挑战”替代“问题”；用“发展机会”替代“个人的弱点”，等等。在日常生活中，要经常练习这类语言的表达。

（三）善于使用非语言技巧

展现个人魅力，除了恰到好处地使用语言外，还可以使用非语言信号。有魅力的人在交际时通常整个身体都参与表达。

1. 得体的着装和外表

时髦、新潮和有魅力并不能画等号，甚至会妨碍魅力的发挥，影响一个人的形象。在着装时首要的一条是保持简朴，避免穿着杂乱，应使人们注意到你而非你的衣着；其次是做到清淡而自然，选择自然的设计轮廓，不要有不自然的款式；飘逸自然的发型是令人喜爱的，假发意味着做作，红润的脸颊意味着健康和充满生气，一个灿烂而迷人的微笑可以为交际排除障碍，引发出智慧的交谈。

2. 优雅的举止

优雅与个人魅力是密切相关的。如在听别人讲话时身体前倾、稍做鞠躬以感谢他人到场、当别人讲话时肯定地点头微笑、有力的握手等都会给人留下有魅力的印象。无论何时，都要克服一些不良习惯，如捻弄头发、玩弄耳环、搔痒、抖腿、嚼口香糖等。

在运用非语言技巧时，尤其要注意取得信息上的一致性。语言信息和非语言信息保持一致，才能增强魅力，给人以诚实、可信之感，否则别人会觉得你虚伪做作。你发出的信息越具有一致性，就越容易被他人吸引。因此，当与别人交谈时，集中注意力至关重要。集中注意力可以让神经系统与大脑反应一致。

（四）学会赞美他人

与其他增加个人魅力的方法相比，学会赞美他人是一种比较容易的方法。而且对能够理解赞美之言的人来说，赞美对他们中的95%有效，剩下的5%是那些缺乏自尊、麻木不仁或心怀猜疑的人。为什么赞美会有这么高的效果呢？首先，在人的内心深处都渴望被人赏识，美国著名心理学家杜威博士认为：人的内心里最深切的渴望就是被人赏识；其次，人都期望有魅力、机敏成熟的他人来夸奖自己。但是，赞美他人并非时时都能有好的效果，因此，我们必须学会有效赞美。

1. 赞美别人必须发自内心并符合实际

赞美是对他人表示钦佩和羡慕的表示。对他人赞美要求赞美者真诚坦白，措辞恰当，恰如其分。过分了会使人难堪，甚至感到是一种讥讽，又会使人感到诚意不够。能引起好感的只能是那些基于事实、发自内心的赞美，相反则会让人觉得你油嘴滑舌和虚伪。每个人都有值得赞美之处，关键是你要善于发现。真诚的赞美使接受者心情愉快，从而增强赞美者的魅力。

2. 赞美须有个性化

最需要赞美的是那些因被埋没而产生自卑感或身处逆境的人，最有效的赞美是“雪中送炭”。因此，赞美时不能泛泛而谈，最好用明确、具体的语言，微笑着赞美对方的行为、能力、知识、外表或他拥有的物品，等等。同时，人因为年龄长幼不同、性格不同、职业不同等，对赞美的话有不同的偏好。因此，赞美时必须因人而异，不能对每个人都说同样的赞美的话，否则，别人会觉得你很虚伪。要注意观察，以便发现别人的行为中值得赞美的地方，这样就能使你的赞美个性化。

除此之外，我们还可以通过许多对别人的暗示性赞美来增强个人魅力。如认真地听对方讲话，在说话的过程中提及或引用对方的话，对对方投以赞许的目光，做个夸奖的手势，友好的微笑，记住对方的名字，等等。

（五）对工作投入

个人魅力不仅指有吸引人的外表、良好的品性、迷人的语言智慧，还可以通过工作表现出来。真正有魅力的人对自己的工作充满热情，充满朝气，态度是积极的，成绩也是斐然的，这些都能把他人吸引到你的周围，你的个人魅力从而得到体现。

第十章　交际主体的外在形象塑造

第一节　仪表与仪容

一、仪表、仪容的含义

仪表即人的外表。仪表是一个人的门面，也是一个人内心世界和内在修养的显露。仪表不等于相貌，相貌是天生的，而仪表在很大程度上是自我塑造的。人的相貌（如五官、肤色等）主要得自于遗传，而仪表是后天的产物，由社会属性决定。除了天生的长相以外，后天所受的教育、所生长的环境、人的文明程度和修养都会对人的外表起到潜移默化的影响。因此，仪表是指能给他人以良好知觉的外表，即仪表是通过别人来评价的，不是自我感觉。

仪容主要指人的容貌，而且是经过修饰以后的能够给人以良好知觉的容貌。

从广义的角度看，仪表包括仪容和仪态。在生活中，我们评价一个人仪表出众，其中所包括的内涵是相当丰富的。仪表主要包括人的容貌、发型、姿态、服饰、举止言谈、体态、神态等内容，它是人的精神面貌的外观。

二、讲究仪表的现实意义

仪表是交际中不可忽略的一个重要因素。

首先，讲究仪表传达了处世态度，可给人留下良好的第一印象。仪表，在交际的最初阶段，往往是最能引起对方注意的，人们常说的“第一印象”多半来自一个人的仪表。在最初的交往中，仪表往往比一个人的档案、介绍信、证明、文凭等的作用更直接。人们通过仪表来判断一个人的身份、地位、职业、学识、个性等。外表给人的第一视觉印象常常会使人形成一种特殊的心理定式。修饰得体的仪表能够给人留下深刻的、良好的印象，无形地左右着人们相互交往的进度和深度。从这个意义上说，仪表美是社交活动的通行证。

其次，讲究仪表体现了对自己、他人和社会的尊重。仪表端庄、穿戴整齐者比不修边幅者显得有教养，也更懂得尊重他人，这已成为现代人的思维定式，虽然这未必就是确定的和正确的认识，但这却是赢得他人好感和继续深入交往的基础。一个人的仪表体现了对自己的重视、对自己的要求，还暗示着与社会的合作精神以及对别人的尊重。一个热爱生活、富于理想、工作作风严谨的人，应当是注重仪表的。仪表端庄大方、整齐美观，既体现了一个人的精神风貌，也是自尊自爱的体现。衣冠不整、不修边幅，会被认为是作风拖沓、生活懒散、社会责任感不强，难以得到人们的信任。仪表美还体现了一种安全感，一种认真的作风，一种自信、热情、向上的精神风貌，使人们在思想感情上容易沟通，有利于增进彼此间的了解和友谊。尊重是人们在社交活动中最普遍的心理需要，仪表美在一定程度上起到了调整人际关系、增进友谊的作用。

最后，讲究仪表还是树立良好组织形象的需要。从某种意义上说，一个人的仪表，不仅反映的是个人的精神风貌，而且也是所在工作单位整体形象的一部分。有这样一句话：形象代表档次，档次决定价格，价格产生效益。尤其对服务行业来说，员工的仪表、仪容对企业的成功非常重要。

三、良好仪表的塑造

（一）整洁是最好的修饰

整洁指整齐干净。一个整齐干净的人总是受欢迎的。在交际场合，人们都不愿意与一个蓬头垢面、邋里邋遢的人交往，而更愿意与一个干净整洁的人握手谈话。可见，要塑造良好的交际形象，整洁是重要的一环。应经常洗澡，保持身体各部位洁净，要保证衣服平整清洁，以一种清爽的面貌与他人接触。平日里应饭前饭后勤刷牙、多漱口，保持口腔清洁，尤其吃了辣味、腥味食物后，更应清洁口腔。可采用口香糖或茶叶末儿清除口腔异味，否则带着异味与人交谈是很不礼貌的。参加社交活动之前应学会修饰自己。男士应剃净胡子、修面、剪鼻毛，保持一个清新干净的形象。男人的形象是由一头一脚组合而成的，故平日里应梳理好头发，让头发柔顺干净，皮鞋应无灰锃亮，衣服平整无污垢。女士在参加社交、活动前进行修饰打扮的同时也要重视个人卫生。总之，在社交场合或平日生活中，个人卫生是健康健美的标志。在讲究个人卫生的前提下，再适当修饰打扮，方能起到锦上添花的作用。

（二）美发

美发，顾名思义是让头发及发型更美更顺，充分发挥它在交际中的作用。

有人说，“女性的美有一半在头发”。女性有一头秀发，可增添无限的风韵及魅力。对男性而言，头发的魅力虽不如女性那么显眼，但还是在一定程度上展现着男性的魅力。因此，首要的是把头发养护好，使之清新柔顺，乌亮润泽。

1. 护发

每个人都希望有乌黑、光亮、柔软的秀发，它可以表现出青春的活力，若再选择端庄、美观的发型，更可以增加人的仪表美。要使头发健康秀美，必须用科学的方法保护。护发是美发的基础。护发也应注意，要经常保持心情的愉快，营养的平衡，睡眠的充分。此外，还要从以下几个方面进行护理：

（1）保持清洁。头发应当经常清洗，洗发可以去除落在头发上的灰尘和头皮的分泌物，保持头发的清洁，有助于头发的生长和健康，尤其是油性头发，更应勤洗。一般来说，油性头发应每天洗，干性头发每 3 ~ 4 天也应洗一次。洗发应选择适合自己发质的洗发用品，市面上有根据人的发质配制的干性、油性、中性等洗发液，可有选择地加以使用。洗发时，将适量的洗发液倒入手中，揉开后擦入发根部，用手指轻轻按摩头发。洗完后最好自然风干，不要用电吹风吹干，如有急事需用电吹风时，电吹风应与头发保持 10 厘米以上距离。

（2）经常梳理。梳发不仅是为了使头发整齐，达到美观的效果，而且是护理头发一种运动。梳发可以去掉头发上的污垢和头屑，可以促进头部的血液循环，使头发根部的营养输送到发茎、发梢部分，经常梳发可以保持头发的光泽和柔软。梳发时，动作应轻柔，不要太猛、太用力，这样容易拉断发丝，损坏头发。

（3）头部按摩。按摩头部是增进头发健康的重要手段，有利于促进头部血液疏通，促进头发生长，防止头发脱落。按摩时，将十指分开，从前向后做环状揉动，反复多次。按摩后会有头皮发热和紧缩的感觉。

（4）注意饮食。中国人的头发以乌黑为美，黑发更是青春的标志之一。从中医理论上讲，肾气盛则发乌黑有光泽，肾气虚则发稀而枯黄。所以美发应从补肾入手，多吃些含有维生素、微量元素、蛋白质的食物，如绿色蔬菜、水果、鱼、鸡、猪肉等。头发枯黄或过早变白，应多吃动物肝脏、黑芝麻、核桃、葵花子、黄豆；头发脱落过多应补充蛋白质以及钙、铁、硫等多种微量元素，如黑豆、蛋、奶、松仁等食物；头皮屑过多可多吃含碘丰富的食物，如海带、紫菜、带鱼等。

2. 发型

发型的选择不仅要符合美观大方、整洁和方便工作与生活的原则，而且要与自己头发的性质、年龄、气质、四季服装以及环境等因素很好地结合起来，这才能给人以整体美的印象。在选择发型时要考虑以下几个问题：

(1) 与发质相符。根据头发的性质和弹性的不同，可以把头发分为五种类型：一是粗而硬，富有弹性的“钢发”。属于“钢发”的人，无论男女都不适宜留长发。二是发丝细软，弹性较差的“绵发”。这种类型的头发可以梳任意发型。梳短发时，女性宜留齐眉穗，烫发时宜卷大花，并略长些，给人一种温柔的美，但这种发质要注意定型。三是油脂较多，抗侵蚀力强，但弹性不够稳定的“油发”。这类头发选择的发式应便于清洗，留短发时要修剪出层次。四是正好与油发相反，容易干燥，蓬松的“沙发”。这种类型的头发可留长发或短发，但不宜梳平直式的短发，若要烫发，则需做成较大的波纹。五是自然形成卷曲状的“卷发”。这种类型的头发适宜梳长发，以展现自然风貌。

(2) 与身份、职业、社会地位及环境协调。在选择发型时，必须考虑到自己的职业、身份、社会地位及环境等，不能太个性化。例如：政府工作人员、外事人员发型的要求是，男性不留长发，一般也不烫发，鬓发不能盖过耳部，但可适当地进行局部修饰；女性不烫波纹过大的发型。作为企业公关人员，日常发型应清洁整齐，色泽统一。从事旅游接待工作的人员，发型的基调应是活泼开朗、朝气蓬勃、干净利落、端庄持重，不可将头发染成红色或黄色等鲜艳的颜色，避免使用色泽鲜艳的头饰等。再如，同为女性，职业女性发型应文雅、庄重；礼仪小姐发型应新颖、大方；参加晚宴或舞会，发型可以高雅、华丽；娱乐界人士的发型应时尚并有个人的鲜明特色。

(3) 与自身特点协调。在生活中，并不是所有的人都适合一种发型，在考虑个体社会角色的同时，发型的选择还要和人的脸形、体型、气质、年龄等结合起来，才能产生好的效果。

一般而言，瓜子脸形者配上任何发型均有较好的效果。而长方脸形者，适合留有刘海式的发型，这样可以弥补脸长的缺陷；相反圆脸或扁脸形的人，则可以选择披肩长发，可以起到拉长脸部的效果。圆脸形选用削发或童花式发型，会使脸部更圆更扁。如额头较窄的脸形，适合将额前头发全梳上去，尽量露出额头，可以使脸部显得开阔清爽。脸呈方形的人，对于男士可以无所顾忌，而对于女士应尽量通过发型遮去方脸形的四个棱角，故可以使两鬓的头发自然下垂，可以卷成波浪形自然地贴住脸盘两侧，尽量使脸部显得柔和有生气。

另外，在选择发型时，还应根据自身气质、体型、年龄进行有目的的选择。比如，苗条的女士可以选择较长的发式，而矮胖的女士宜选较短的发式。年龄较小者如少女可选童花式或浪漫的男性化短发，也可以选不落俗套的时髦发型，通过发型变化给人青春活泼之感。相反年龄较大女士则宜选择一些比较端庄成熟的发型，如波浪式、自然上翻式等，宜追求一种成熟女士的风韵。对于年龄更大些的妇女，宜选一些变化不大的自然发型，一般以中长发型为主，不选太长或太短的发式，通过发式的选择给人一种稳重、高雅之美。

总之，头发整洁、发型大方是发式美的基本要求。整洁大方的发式易给人留下神清气爽的印象，而披头散发则会给人以委靡不振的感觉。一般来说，发式本身是无所谓美丑的，无论男女，只要一个人所选的发式与自己的脸形、肤色、体型相匹配，与自己的气质、职业、身份相吻合，就能显现出真正的美。同时，通过对不同发式的选择，还可以充分展现自己美的部分，从而起到扬长避短的作用。

（三）美容化妆

不可否认，容貌美会给社交活动带来许多便利。爱美之心人皆有之，但天生丽质的人总是少数，绝大多数人只是相貌平平。即便是天生丽质的人，随着时光的流逝，也会容貌衰老。因此，美容化妆越来越受到人们的普遍重视，已进入现代人的日常生活。

美容化妆对于仪表美有画龙点睛的作用，因为它突出地表现了人体最富于感情的部分。经过美容化妆，可以使人焕发青春的光彩，增强自信心，在工作和学习中精力充沛，在社交中增加魅力。同时，化妆也是社交活动中相互尊重的一种表现，美容化妆有助于社交的成功。

化妆是一门综合的艺术，它涉及美学、生理学、心理学、造型艺术等学科。化妆又是一种技术、技巧，它不是单纯的涂脂抹粉，而是运用色彩及各种化妆用品，来突出和强调每个人面部自然美的部分，减弱或掩饰其容貌上的缺欠，使每个人的容貌都变得尽可能完美。化妆的目的不是要把自己打扮得花枝招展，而是塑造一副淡雅清秀、健康自然、鲜明和谐、富有个性的容貌。

1. 化妆的基本要求

（1）正确认识自己。化妆的目的既然是要突出自己的优点，修饰缺点，那么，我们就要了解一下人的面部的基本特点和规律。人们常说“五官端正”，就是指人的面部五官比例要协调匀称，这是五官美的前提。人的五官位置是有一定规律的，五官比例是“三庭五眼”。“三庭”是指，上庭，从额头的发际线到眉线；中庭，从眉线到鼻底线；下庭，从鼻底线到颌底线，这三庭的长度是相等的。“五眼”是指从正面看，右耳孔到左耳孔之间的脸部横向距离，正好相当于自己一只眼宽的五倍。一个人的脸形如果符合这个比例，就产生匀称感；如果不符，就要在化妆时运用一定的技法进行调整和弥补。

（2）以修整、自然为准则。生活中的美容化妆，以修整统一、和谐自然为准则。恰到好处的化妆，给人以文明、整洁、雅致的印象。浓妆艳抹，矫揉造作，过分的修饰、夸张，是不可取的。

（3）正确选择使用化妆品。化妆品是美容化妆的物质条件。当前，化妆品琳琅满目，种类繁多，必须正确地选择和使用。根据化妆品的功用不同可以分为三大类：洁肤类化妆品，用于清洁皮肤；护肤类化妆品，用于保养皮肤；修饰类化妆品，用于修饰化妆。使用化妆品要注意：一是根据自己的肤色选择；二是根据自己皮肤性质选择；三是要注意化妆品的质量；四是不要频繁更换化妆品。

（4）不同的场合，不同的妆色。化妆的浓淡要视时间、场合而定。在白天自然光下，在工作场合，适合化淡妆。浓妆艳抹，厚厚的粉底，重重的唇膏，与周围的工作气氛不相宜，让人感觉你不是在认真地工作，甚至认为你不稳重。在这样的环境中，应少修饰，而应多表现天然、质朴，需采用不露痕迹的化妆手法。晚上，参加舞会、宴会等社交活动，可穿着艳丽、典雅的服装。因有灯光照耀，故妆色可浓些，可使用发亮的化妆品。

外出旅游或运动时，不要化浓妆，可使用一些保护皮肤的化妆品。在天然秀丽的风光中，最宜表现一个人的自然美。

（5）化妆的礼节。女士在正式场合必须化妆，这是对别人的尊重。但除非是不得已，不要在众人面前化妆，因为那是非常失礼的，是对他人的妨碍，也是不自重的举动。假若需要修饰化妆，应到房间里去。不要非议他人的化妆，每个人都有自己的审美情趣和化妆手法，切不可对他人的化妆评头论足。不要借用别人的化妆品，这既不卫生，也不礼貌。男士的化妆要能体现男子汉的气质，切不可搞得油头粉面，花里胡哨。

2. 化妆的基本程序

每个人的面容都有自己的特征，因此化妆的技法和风格也不应是相同的。而且每隔一段时间，化妆方法也会有不同的流行特色。但是，化妆的基本程序不会有太大差异，每个人都应在掌握基本化妆程序的基础上，根据自己的特点，采用最适宜的化妆技法。化生活妆的基本程序是：

（1）清洁面部。化妆必须在清洁的面部上进行，因此清洁面部是十分重要的工作。首先用洗面奶等清洁类化妆品洗脸后，用水冲净；然后涂上爽肤类、护肤类化妆品，如爽肤水、乳液、护肤霜、美容蜜等。使用这类化妆品的目的有两个：一是润泽皮肤，二是起隔离作用，防止带颜色的化妆品直接进入毛孔。

（2）基础底色。使用底色的目的是遮盖皮肤的瑕疵，统一皮肤色调。应根据自己的脸形施以粉底，突出面部的优点，修饰其不足。不要用太白的底色，否则会让人感到失真，最好是选用两种颜色的底色，在脸部的正面，用接近自己天然肤色的颜色，均匀地薄薄地涂抹。在脸部的侧面，可用较深底色，从后向前，由深至浅均匀地涂抹。因为深色有后退和深陷的作用，这样做可以收到增强脸形立体感的效果。在面部需要表现后退和深陷的部位，都可以巧妙自然地使用深底色。

（3）定妆。上完底色后用粉定妆，目的是柔和妆面固定底色。可用粉饼或散粉，粉的颗粒越细效果越自然。粉色不要太白，否则会让人感到像“挂霜”一样，粉一定要涂得薄而且要均匀。

（4）画眼线。画眼线是为了增加生理睫毛的合理浓密程度，增强眼睛的神采。画眼线时，使用眼线笔紧贴睫毛由外眼角向内眼角方向描画，上眼线比下眼线重些，上眼线从外眼角向内眼角画 7/10 长，下眼线画 3/10 长。

（5）画眼影。画眼影的目的是为了表现眼部结构的整体化妆风格，强调眼睛的主体感。选择颜色要适合自己的肤色及服装色，可以用腮红或阴影色代替。涂眼影时，贴近睫毛部位要重些，眼角部位也要重些，然后用眼影刷轻轻扫开去，与鼻侧影自然相接。

（6）眉毛的修饰。修饰眉毛是为了给眼睛这幅美妙的图画加一个精彩的画框。眉毛的生长规律是两头淡，中间浓；上面淡，下面深。标准眉形是在眉毛的 2/3 处有转折。描画时，应根据眉毛的这种生长规律，将其修饰得接近于标准眉形，将眉笔削成扁平状，沿着眉毛的生长方向一根根地描画，这样描出的眉毛有真实感，不要画成黑乎乎的一片。修饰眉形要根据自己的脸形，如果脸盘宽大，眉毛就不宜修得过细；五官纤细的人，不要将眉毛修饰得太浓密。

（7）腮红。使用腮红的目的，一是表现皮肤的健康红润，二是利用腮红的位置和方向来矫正脸形。面颊红润，会给人留下生气勃勃、精神焕发的印象。腮红的中心应在颧骨部位。刷腮红时用腮红刷从颧骨处向四周扫匀，越来越淡，直到与底色自然相接。圆脸形的人，腮红的形状应是长条形的，以减弱胖的感觉；长脸形的人可刷得宽些，以增加圆的感觉。腮红的颜色的选择，白皮肤的人，可选用淡一些、明快一些的颜色，如浅桃红、浅玫瑰红；皮肤较黑的人，腮红可深一些、暗一些。

（8）涂口红。涂口红可以加深嘴的轮廓，使其生动润泽，富有魅力。涂口红时应先用唇线笔勾出理想的唇型，若嘴唇过大、过小，或太厚、太薄，应注意修饰。然后用口红在轮廓内涂抹。若在唇的外缘用深色口红，内缘用浅色口红，则可以使嘴唇丰满、有立体感。口红的颜色，应根据肤色的不同来选择，还要注意不同的场合选用不同的口红颜色。日常生活中的化妆，应避免选用鲜艳的颜色。婚礼、宴会等场合，可以用较鲜艳、热烈的颜色。

（9）睫毛。为了更好地表现眼睛的神采，使其生动而有立体感，可用睫毛夹、睫毛膏等使睫毛卷曲，并增加其浓密感。

以上几个步骤进行完后，要全面检查一下整体的化妆效果，尽量不要显露修饰的痕迹。检查一下化妆与衣着、发型是否协调，与自己的身份、气质、年龄以及场合是否相宜。

3. 皮肤的护理

（1）皮肤的构造：美容必须有好的皮肤，保护皮肤是仪容美的基础。天然的优良肤质，是任何化妆品修饰过的皮肤无法比拟的。

要保护好皮肤，首先必须了解皮肤的构造。人的皮肤分为表皮、真皮和皮下组织三大部分。表皮位于最外层，下面是真皮和皮下组织，表皮与化妆美容的关系最为密切。表皮由外向内又可以分为四层，角质层、颗粒层、棘状层和基底层。表皮的四个层次不断地新陈代谢，由基底层向角质层生长转化。角质层不断地衰老并脱落。与真皮相接的基底层含有黑色素，形成皮肤的颜色。黑色素能保护深层的组织免受紫外线强烈照射的伤害，但强烈的阳光可以使黑色素增加，从而使肤色变深。因此要保护皮肤免受紫外线的照射。

（2）皮肤的性质：人的皮肤可分为中性、油性、干性三种类型。不同性质的皮肤应选用不同的化妆品并采用不同的方法保护。

中性皮肤，也称正常皮肤，油脂分泌量适中，皮肤表面柔滑滋润，富有光泽，是比较理想的皮肤。

干性皮肤，皮肤外观洁白细嫩，皮肤表面油脂分泌量少，毛孔不明显，不易长粉刺。但脸部无光泽，易起小皱纹。这类皮肤应选用含有保湿成分的化妆品，以保持皮肤的润泽。

油性皮肤，皮肤表面油脂分泌量多，面部油亮光泽，肌纹粗，毛孔明显，易生粉刺，但不易起皱纹，这类皮肤的护理，要注意皮肤表面的清洁。

混合性皮肤，亚洲人中较多，额头、鼻两侧、嘴周围偏油性，其他部位偏干性。这类皮肤在护理时可局部使用磨砂，并涂收缩水。

过敏性皮肤，爱生皮肤病，油脂分泌差，缺乏光泽，皮肤较薄，对外界刺激敏感，在使用化妆品时容易过敏，要注意在用新的化妆品时，先在耳后、手腕内侧做化妆品实验。

随着季节和年龄的变化，皮肤的性质也会有所改变。一般在夏季皮肤普遍偏油，干性皮肤也会显得光泽滋润；冬季皮肤偏干，皮脂分泌量相应减少。随着年龄的增长，皮肤的油脂分泌会逐渐减少，年轻时油性或中性皮肤，中年以后会逐渐转向中性或干性皮肤。

（3）皮肤的健美：皮肤的健美，可以用四个标准来衡量。第一是皮肤的湿润。皮肤的含水量很高，就皮肤本身来说，水分的重量是皮肤总重量的70%。因此，保持皮肤的水分，是皮肤光滑润泽的前提，是年轻美丽的象征。第二是皮肤的弹性。皮肤富有弹性，就会光泽平整；皮肤失去弹性，就会松弛，出现皱纹。第三是皮肤的色泽和细腻。皮肤白皙，通常都认为是美丽的皮肤，其实晒得黝黑的皮肤也是美丽的，而无论皮肤是黑还是白，细腻总是美丽的。第四是皮肤的健康。健康的皮肤能够抵御细菌侵蚀，防止感染，皮肤的健康是皮肤美丽的基础。保护皮肤，就是要使皮肤具有上述四个特点。

（4）皮肤的护理：随着年龄的增长，人的皮肤会老化松弛，失去光泽，产生皱纹。这种生理现象是不可避免的，但是用科学的方法保护皮肤，延缓皮肤的衰老却是可能的。

皮肤的健康与身体的健康、精神的愉快是密切相关的。保护皮肤，首先要经常保持乐观的情绪，这是最好的“润肤剂”。人在笑的时候，面部表情肌肉舒展活动，促进血液循环，能够增强皮肤的弹性。其次，要保证充足的睡眠。睡眠充足，会使人感到精神振作，容光焕发，眼睛明亮有神。再次，养成多喝水的习惯，多喝水可以保持皮肤的细嫩、滋润，还要注意室内空气的湿润。最后，注意合理的饮食。从食物里摄取各种营养成分，其美容功效非任何化妆品所能及，而且所获得的是一种健康的美。

此外，还可以采用以下方法进行皮肤的护理：

其一，正确洗脸。洗脸水的温度不宜过高，可以早上用冷水洗脸，晚上用热水洗脸。洗脸的方向应从下向上、从内向外，长期养成习惯，可以防止肌肉下垂。

其二，定时蒸面。把开水倒入脸盆中，如加入薄荷、菊花等植物效果会更好。用开水的蒸气蒸面，这样可以使毛孔张开，体温升高，加速血液循环，使皮肤吸收水分，增加光泽。

其三，面部按摩。按摩可以起到运动皮肤的作用，促进血液循环，活泼面部神经，改善皮肤的营养，从而减缓皮肤的老化过程。按摩的方法很多，可以用两手掌相互摩擦发热，然后顺着脸部肌肉的生长方向，逆着皱纹，由下向上、由内向外进行按摩，手的力度要适中。也可以用经络美容法，按摩有关的经络和穴位，使皮肤健康柔润。另外，还可以使用各种面膜敷面，进行皮肤的保养与护理。

第二节 服饰

在交际活动中，人们通过服饰打扮给他人留下良好的印象，从而实现自我参与交际的意义。

一、服饰的含义及功能

（一）服饰的含义

所谓服饰，狭义的理解即衣服上的装饰。广义地说，指衣服及其装饰。装饰包括两层意思：一是指装饰用品，如领带、胸针、眼镜、手表之类的饰物，与衣服分开；二是指衣服上的图案色彩及点缀等，与衣服一体。

就人体本身而言，服饰无非是为了使人体能够适应外界的自然环境，提高生活、工作的效率。对于社会而言，服饰的穿用则有多方面的目的，其中最主要的是装饰、美化自身的目的。在社会生活中，人们往往喜欢穿着能够体现个人风度的服饰，以期引起他人的注意或显示其优越感。这种服饰目的由于很少受到限制，因而容易向极端化方向发展，从而引起道德礼仪的不容。因为服饰尚有其道德礼仪的目的，人们往往为了对他人表示尊重，自觉端正自己的服饰，并在不同的场合穿着不同的服饰。

（二）服饰的功能

服饰在其发展过程中，逐渐产生了基于服饰目的之上的内涵丰富的功能，这些功能随着穿着者在穿着过程中对服饰的要求而产生。

1. 服饰的社会功能

即服饰是社会意识在个体上的反映。每一种服饰都是社会风尚的象征。服饰最具社会性，是社会的一个风向标。在社交活动中，人们可以通过服饰来判断一个人的身份、地位、涵养等。古今中外，无不如此。远在古代，人们通过服饰的色彩和样式来划定各种等级品位，黄色便成了帝王之色，普通百姓是不能享用的，于是就有了“黄衫”、“布衣”之说。古代服饰和色彩是“上下有序”、“尊贵有度”的等级制度的标志，是权力和地位的象征。尽管现代服饰的这种阶级性早已消退了，但服饰的社会性仍是源远流长。随着我国对外开放、对内搞活的深入，服饰像晴雨表一样反映了人们多姿多彩的追求。人们通过别具个性的服饰展现自我的同时，也展现了时代开放、自由、竞争、崇尚自然的社会风尚。这正是服饰的社会意义之所在。

2. 服饰的仪容、仪态功能

一件服装的全部内容包括三个方面：一是服装本身的使用价值和审美价值；二是使用服装的人的审美趋向和审美观点；三是使用服装的人与交际对象的审美观念的认同。其中，最后一点更能体现服饰的最高层次的价值和意义，也是人们在选择服饰时最看重的。人是社会人，要与他人交往，穿什么服装，如何修饰，具有当众表演的特点，可看成是着装与交际对象的一种对话。

在社会生活中，穿着者通过服饰这一无声语言向他人显示自身的气质、修养、性格和爱好，表达对他人友好的或傲慢的态度。

3. 服饰的标志功能

服饰的标志功能象征穿着者的地位、职业、身份、阶层和所属。在社会生活中，各种制服、职业服装以及各种肩章、徽章、臂章、胸章、领章、饰带的装饰目的，就是为了标志穿着者的特定角色。例如，要求军人具有与众不同的形象特征，其结果便产生了军服这种只允许军人穿着的服饰，这一服饰也因此具有了标志功能。为了标志军官军衔的大小而在肩章上设置了“杠”和“星”的形式，“一杠”为尉级官；“二杠”为校级官；黄牌为将级军官；“一杠一星”为“少尉”；“一杠二星”为中尉；“一杠三星”为“上尉”，以此类推。

二、服饰交际的原则

（一）整洁原则

整洁的原则指整齐干净的原则，这是服饰打扮最根本的原则。一个穿着整洁的人总能给人积极向上的感觉，总是受欢迎的，而一个衣衫褴褛的人给人的感觉总是消极颓废的。在社交场合，人们往往通过衣着是否整洁大方来判断对交往的是否重视，是否文明有涵养等。整洁的原则并不意味穿着的高档时髦，只要保持服饰干净合体，全身整齐有致即可。

（二）个性原则

个性原则是社交场合树立个人形象的要求。每个人都希望自己以一个独立的人被社会接纳与承认，而服饰打扮可以帮助你达到这个目标。要使打扮富有个性应注意两个问题：第一是不要盲目赶时髦，最时髦的往往也是最没有生命力的。第二是穿出自己的个性。俗话说，世间没有两片完全相同的叶子。不同的人由于年龄、性格、职业、文化素养等不同，自然就会有不同的气质，故服饰选择应符合个人气质要求。既要符合个人的气质，又要通过服饰更突显个性气质。为此，必须深入了解自我，让服装尽显自己的个性风采。服饰的个性原则，归根结底也是一个美的原则，服饰美的生命力就在于掩盖人们的缺点，尽显人类的优点。

（三）和谐原则

所谓和谐原则指协调得体的原则。有两层含义，一是指着装应与自身体型相和谐，二是指着装应与年龄相符合。服饰本是一门艺术，能掩盖体型的某些不足。借助于服饰，能创造出一种美妙身材的错觉。

人的高矮胖瘦各不相同，因此着装意识应有所区别。对于高大的人而言，在服装的选择与搭配上，应注意，上衣适当加长以缩小高度，切忌穿太短的上装。服装款式不能太复杂，服装色彩宜选择深色、单色为好，太亮、太淡、太花的色彩有一种扩张感，显得人更高大了。

对于较矮的人而言，都希望通过服装打扮拉长高度，故上衣不要太长、太宽，裤子不能太短，裤腿不要太大，裤子以盖着鞋面为好，服装色彩宜稍淡、明快、柔和些为好，上、下色彩一致可以造成修长之感。服装款式宜简洁，忌穿横条纹的服装。“V”形无领外套比圆领更能营造修长之感。简洁的连衣裙可以提高腰线，但忌用太宽的腰带。

对于较胖的人而言，穿衣就要尽量让自己显瘦，故穿衣不能穿太紧身的衣服，以宽松随意些为好。衣服领以低矮的“V”形领为最佳，裤或裙不宜穿在衣服外边，更不能用太夸张的腰带，这样容易显出粗大的腰围。在颜色上以冷色调为好，强烈的色调使人显胖。忌穿横条纹、大格子或大花的衣服。

对于偏瘦的人而言，要尽量穿得宽松些。不要穿太紧身的服装，服装色彩要尽量明亮柔和，太深、太暗的色彩使人显得瘦弱。可选择穿一些横条、方格、大花图案的服装，以达到丰满的视觉效果。

除了与体型身材协调外，着装还应注意与年龄相吻合。不是所有的服装都适应同一年龄的人。由于年龄的差异，从服装款式到色彩均有讲究。传统的穿衣观念是：年轻人可以穿得鲜亮、活泼、随意些，而中老年人应穿得庄重、严谨些。年轻人穿着太老气会显得未老先衰没有朝气；相反，老年人如果穿得太花哨就会被认为不够庄重。但随着社会的发展，人们着装的理念也发生了许多变化，一个很明显的趋势就是：年轻人穿得素雅，而中老年人相对花哨。老年人希望通过服装来掩盖岁月的痕迹，年轻人则试图通过素装来强化自己的成熟。但不管怎么说，服饰打扮始终还是有年龄距离的，因此在穿戴服饰时必须考虑自己的年龄。

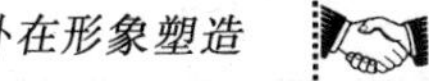

（四）着装的 T. P. O. 原则

T. P. O. 分别是英语 Time、Place、Occasion 三个词的缩写字头，即着装的时间、地点、场合的原则。一件被认为美的、漂亮的服饰不一定适合所有的场合、时间、地点，如泳装在游泳池或海滩边是别具魅力的，然而身着泳装出现在闹市街头就显得不伦不类。故在生活中着装时，应考虑到这三方面的因素。

着装的时间原则包含三层含义：一是指每天早晚的变化；二是指季节的不同；三是指时代的差异。一天中时间的不同决定了人们生活内容和空间的不同，自然服饰就应有所变化，比如晚上在家穿的睡衣不宜穿着跑到马路上，更不适宜穿到办公室去。同样，如参加晚宴或赴会等，穿着就应比白天上班时更讲究些，晚礼服或更精致的服饰可以烘托气氛，加强交际效果。在一年四季中，服饰变化相对比较大，经常有人形容一个爱漂亮的年轻女性要风度不要温度，说的就是年轻女性穿着时间原则上的错位。服饰的时代原则也很强，如果 20 世纪 60 年代的蓝袄便裤出现在社交场合，就会被认为是复古或死板；同样，穿着一些太前卫的服饰出现在一些社交场合也是不得体的。

着装的地点原则指环境原则，即不同的环境需要与之相适应的服饰打扮。穿着豪华精致的服饰行走在丝绒地毯上与行走在田间小路上的感觉显然不同。最好的办法就是“入乡随俗”。

着装的场合原则指场合气氛的原则，即着装应与当时、当地的气氛融洽、协调。打扮得花枝招展去参加追悼会是绝对的错误，去参加他人婚礼也不应打扮过度，否则会产生误解。总之，或庄重或活泼或素雅或浓烈均应符合具体场合气氛才算到位。

服饰的 T. P. O. 原则的三要素是互相贯通，相辅相成的。人们在社交活动中，总是会处于一个特定的时间、场合、地点中，那么，在你着装打扮时，不妨认真考虑一下，穿什么？怎么穿？这是社交成功的开端。

三、服装的分类及穿着规范

（一）服饰的分类

随着人们生活水平的提高，服装的分类越来越细。可以按性别、年龄分，也可以按季节来分，还可以按服装的面料、穿着服装者的风格分类，等等。从交际学的角度看，最有意义的是按场合进行分类。

按人们出席的场合，服装可分为三大类，即工作装、社交装与休闲装。工作装即人们在上班时或工作中穿的服装；社交装即人们在参加正式的社交活动时穿的服装，如出席宴会、舞会、看演出等；休闲装即人们在除了上面两种场合以外的时间或场合穿的服装。其中，工作装和社交装统称正式服装，也叫正装。休闲装也叫非正式服装。

（二）服饰的穿着规范

1. 男士的正式服装及穿着规范

男士的正式服装主要有：西服套装、中山套装、民族服装、特殊制服。其中以西服套装最常用。在较正式的场合，西装的颜色必须是纯色和深色，不带条、格和花、点；西装的质地必须是纯毛、麻、棉、丝、皮，化纤成分要少；西服套装最好配系带黑色皮鞋和线、棉、丝、毛袜，袜子的颜色要深。

在正式场合，男士穿西服套装时，要注意“三个三”。

其一为三色原则。三色原则是选择正装色彩的基本原则。它主要是要求正装的色彩在整体上以少为宜，最好控制在三种颜色内。这样可使正装保持庄重、保守的整体风格，同时使正装在色彩上显得规范、简洁、和谐，从而提升西装档次。

其二为三一定律。即男士在正式场合穿西装时，鞋、包、腰带应为同一颜色，并以黑色为佳。否则会给人以繁杂、低俗之感。

其三为三大禁忌。即男士在正式场合穿西装时，要注意领带不要与衬衣同色；衬衣不要与西装同色；不要穿锦纶袜子和白色袜子。因为西装的美感之一在于层次感，领带与衬衣同色、衬衣与西装同色都是犯了色彩含混不清的错误。而锦纶袜子、白色袜子都是与西装的庄重、高雅的风格不相适应的。

俗话说：西装七分在做，三分在穿。因此，如何穿西装是很有讲究的。西装的穿着要领是：

（1）整体：干净、平整，裤子要有裤线。

（2）领带：穿西装必须系领带，若西装里面穿羊毛背心，领带须放在背心里面；领带的长度基本达腰部；领带只能配西装、制服，若穿夹克打领带不适合出席涉外场合；领带的长短、宽窄也很重要，领带的宽窄随西装领及衬衫领的宽窄而变。其原则是：衬衣的领角越大，领带结扎得越大；领角越尖，领带结扎得越小；领角中庸，相应领带结也扎得适中。

西装、领带、衬衣三者的色调应该是和谐的，而领带是三者中最醒目的。领带的主色调一定要与衬衫有所区别。但领带选择与外衣同色系时，颜色要比外衣更鲜明；当领带采取与西装对比色的搭配方法时，领带颜色的纯度要降低。单色、条纹、圆点、细格、规则图案，都是最常规的。穿礼服时领带颜色尽可能庄重些，像大花图案、色彩斑斓的就不合适。如果不是特殊嗜好，最好不要用鲜红色的领带。

(3) 衬衫：衬衫的领要硬挺、清洁，衬衫领略高于西装领，衬衫袖子略长于西装袖子，以显示穿着层次；衬衫下摆均匀地塞进裤内；内衣应单薄，以免破坏线条美；长袖衬衫打领带只适合室内，短袖衬衫打领带只适合制服。

(4) 领带夹：一般人可不用，穿制服的人和动作较大的人可用，位置在六粒扣衬衫从上朝下数第四颗扣的地方。

(5) 扣子：分几种情况，穿两颗扣西装时，可以不系扣，但较正式场合必须系扣，一般只系上面一颗扣；两颗都系上，并不符合西装穿着规范。穿三颗扣西装时，可只扣中间一颗，也可以系上面两颗或只系上面一颗，要注意最下面一颗是不系的。如果是双排扣西装，则所有的扣子都要扣好。

(6) 口袋：西装的上衣袋及裤袋一般只做装饰，钱包、打火机、钢笔等用品可装在西装左、右内侧衣袋里。

(7) 鞋：穿西装一定要穿皮鞋，而且皮鞋要上油擦亮。有人说，欲知一个男人服饰品位的高低，只要看一看他身上的细节就可以了。一双鞋、一条领带、一件普通的衬衫，就能把他的服饰水平显露无遗。因此，鞋每三天最好换一次。穿正装皮鞋的时候，不能穿运动袜，而要穿羊毛袜或丝袜。袜子的颜色以黑色、深灰色为佳，忌讳浅色，千万不能花哨。而且袜筒要高，弹力要好，免得坐下来，露出一截腿显得十分不雅观。

2. 女士的正式服装及穿着规范

女士的正式服装有西服套裙、旗袍、民族服装和连衣长裙。对于女性来说，服装的选择余地远远高于男性。因此，女性的正式服装也不像男性那样单一。其中，西服套裙比较适合于工作场合，而旗袍、民族服装和连衣长裙则比较适合社交场合。这里主要介绍一下套裙的穿着规范。

套裙最早是由男式西装演变而来的。女性所穿的套裙，大致可分为两种基本类型。一种是“随意型”，即女式西装上衣同随便的一条裙子所进行的自由搭配与组合；另一种是“标准型”，即女式西装上衣和与之同时穿着的裙子为成套设计。严格地讲，套裙指的是后一种类型。

在正式场合穿的套裙，应当是由高档面料缝制的，上衣与裙子应当采用同一质地、同一色彩的素色面料。它在造型上讲究为着装者扬长避短，因此提倡量体裁衣、做工考究。它的上衣注重平整、挺括、贴身，较少使用饰物、花边进行点缀，裙子则应以窄裙为主，并且裙长应当及膝或者过膝。

(1) 质地：总的说来，套裙在面料上的选择余地要比西服套装大得多。其主要的要求是：套裙所选用的面料最好既是纯天然质地的面料又是质料上乘的面料；上衣、裙子以及背心等，应当选用同一种面料。不仅弹性、手感要好，而且应当不起皱、不起毛、不起球。通常，人们对套裙面料的一致性，是最为看重的。

（2）色彩：在色彩方面，应当以冷色调为主，以体现出着装者的典雅、端庄与稳重。与此同时，还须使之与此时此刻正在风行的各种“流行色”保持一定的距离，以示自己的传统与持重。在一般情况下，各种加入了一定灰色的色彩，比如藏青、炭黑、烟灰、雪青、茶褐、土黄、紫红等稍冷一些的色彩，都是职业女性可予考虑的。

（3）图案：女士在正式场合穿的套裙，可不带任何图案，也可以是以各种格子、圆点、条纹为主要图案的套裙。一般认为，套裙不应以花卉、宠物、人物、文字、符号为主体图案，因为这与套裙的风格是不相容的。

（4）装饰：套裙上不宜添加过多的点缀，否则会使其显得琐碎、杂乱、低俗和小气。有时，点缀过多还会使穿着者显得不够稳重。

（5）尺寸：套裙在整体造型上的变化，主要表现在它的长短与宽窄两个方面。一般来说，一件套裙，上衣与裙子的长短是没有具体的规定的。但比较而言，人们似乎更关注裙子的长度。传统的观点是：裙短则不雅，裙长则无神。裙子的下摆恰好抵着装者小腿肚子上，是最为标准、最为理想的裙长。一般情况下，女士所穿的套裙之中的超短裙，裙长应以不短于膝盖以上 15 厘米为限。

（6）造型：从总体上来讲，套裙造型的基本轮廓可以大致分为“H”型、“X”型、“A”型、“Y”型四种类型。

“H”型造型套裙的主要特点是：上衣较为宽松，裙子亦多为筒式。上衣与下裙给人以直上直下，浑然一体之感。它既可以让着装者显得优雅、含蓄和帅气，也可以为身材肥胖者遮丑。

“X”型造型套裙的主要特点是：上衣多为紧身式，裙子则大都是喇叭式。实际上，它是以上宽与下松来有意识地突出着装者的腰部的纤细。此种造型的套裙轮廓清晰而生动，可以令着装者看上去婀娜多姿、楚楚动人。

“A”型造型套裙的主要特点是：上衣为紧身式，裙子则为宽松式。此种上紧下松的造型，既能体现着装者上半身的身材优势，又能适当地遮掩其下半身的身材劣势。它还能在总体造型上显得松紧有致、富于变化和动感。

“Y”型造型套裙的主要特点是：上衣为松身式，裙子多为紧身式，并且以筒式为主。它的基本造型，实际上就是上松下紧。一般来说，它意在遮掩着装者上半身的短处，同时表现出下半身的长处。此种造型的套裙往往会令着装者看上去亭亭玉立、端庄大方。

(7) 款式：套裙在款式方面的变化，主要集中于上衣与裙子方面。上衣的变化，主要表现在衣领和衣扣方面。套裙的主角是裙子，裙子的式样也不乏变化。西装裙、一步裙、围裹裙、筒式裙、折裥裙、百褶裙、旗袍裙、开衩裙、"A"字裙、喇叭裙等都是受欢迎的式样。

与男士的西装相比，女士的套裙在款式上千变万化，令人眼花缭乱。

女士在正式场合要想显得衣着不俗，不仅要注意选择一身符合常规要求的套裙，而且套裙的穿着一定要得法。在穿着套裙时，需要注意以下五个问题：

第一要大小适度。她人的套裙，过大或过小、过肥或过瘦，都不宜贸然穿着。通常认为，套裙的上衣最短可以齐腰，而其中的裙子最长则可以达到小腿的中部。但是，在一般情况下，上衣不可以再短，裙子也不可以再长；否则，会给人以勉强或者散漫的感觉。上衣的袖长以恰恰盖住着装者的手腕为好。衣袖过长会使其看上去矮小而无神；衣袖过短，则会显得滑稽而随便。

第二要穿着到位。在穿套裙时要注意：上衣的领子要完全翻好，衣袋的盖子要拉出来盖住衣袋；不能将上衣披在身上，或者搭在身上；裙子要穿得端端正正；上下对齐之处务必好好对齐。另外，女士在正式场合穿套裙时，上衣的衣扣必须全部系上。

第三要考虑场合。每一种服装都有适合穿着的场合，套裙也同样如此。在各种正式的场合，职业女性一般以穿着套裙为好。在涉外商务活动之中，则务必这样去做。除此之外，大都没有必要非穿套裙不可。

在出席宴会、舞会、音乐会时，可酌情选择与此类场面相协调的礼服或时装。此刻依旧穿套裙，则会使自己与现场"格格不入"，并且还有可能影响到他人的情绪。

外出观光旅游、逛街购物，或者进行锻炼健身时，女性一般以穿着休闲装、运动装等便装为宜。在这些时候还穿着套裙的话，会使他人觉得着装者煞有介事。

第四要协调妆饰。高层次的穿着打扮，讲究的是着装、化妆与佩饰风格统一，相辅相成。因此，在穿着套裙时，女性必须具有全局意识，将其与化妆、装饰一道通盘加以考虑。女士在穿套裙时的基本守则是：既不可以不化妆，也不可以化浓妆，要恰到好处。在工作岗位上，可以不佩戴任何首饰。如果要佩戴的话，则至多不应超过 3 种。同时，在佩戴首饰时，还必须兼顾自己职业女性这一身份。不允许佩戴与个人身份无关的珠宝首饰，也不允许佩戴过度张扬自己"女人味"的耳环、手镯、脚链等首饰。

第五要兼顾举止。穿上套裙之后，女士要站得又稳又正，不可以双腿叉开，站得东倒西歪，或是随时倚墙靠壁而立。就座以后，务必注意姿态，切勿两膝分开，或是翘起一条腿来，脚尖抖动不已，更不可以脚尖挑鞋直晃，甚至当众脱下鞋来。

一套剪裁合身或稍为紧身一些的套裙，在行走之时或取放东西时，有可能对着装者产生一定程度的制约。由于裙摆所限，穿套装者走路时不能够大步流星地奔向前去，而只宜以小碎步疾行。行进之中，步子以轻、稳为佳，不可走得“嗵嗵”直响。需要去取某物时，若其与自己相距较远，可请他人相助，千万不要逞强，尤其是不要踮起脚尖、伸直胳膊费力地去够，或是俯身、探头去拿。免得露出自己身上不该暴露的部位，甚至使套裙因此而突然开裂。

四、装饰用品

在服饰的构成中，装饰用品作为服装的辅助用品而出现，然而它又是区别于衣服而相对独立地存在。装饰用品与服装构成了服饰的内容。服饰之间的配套是一种基于实用与审美基础上的人体的造型艺术，这种形式之美的欣赏基于人们对色彩、线条和造型的感知能力。它是一种立体的艺术。穿着一套精心设计的服装，切不可忽视装饰用品。巧妙地使用首饰和饰物，是构成整体和谐的点睛之笔，能达到互相烘托、交相辉映的装饰效果。

装饰用品的种类很多，根据其作用大致可划分为两大类：装饰类和实用类。耳环、戒指、手镯、项链、手表、胸花等属于装饰类，统称首饰。帽子、鞋袜、眼镜、腰带、皮包等属于实用类。服饰与服装搭配得当，可使人锦上添花；搭配不当，则成了画蛇添足。装饰品的特点是体积较小，效果明显。其功能是点缀、美化整体形象。因此，选用装饰品的主要原则是有利于表现整体形象。如果集美丽、昂贵的饰物于一身，珠光宝气，皮包、腰带、帽子满身披挂，这并不是美，只是让人见物不见人，掩盖了人独具特色的自然美，破坏了整体形象的和谐。

（一）首饰的佩戴

随着人们生活水平的提高，高档的金银珠宝首饰和价格不高的艺术性首饰越来越受到人们的青睐。

1. 饰品佩戴的原则

要强调的是，即使是在很正式的场合，也不一定要佩戴首饰。男士在正式场合能佩戴的首饰只有戒指，而且主要是图章戒指和结婚戒指。对于女士来说，可选择的余地要大得多，但绝不可随心所欲，完全根据自己的喜好来佩戴。要注意以下原则：

（1）季节原则。饰品佩戴应考虑一年四季有别的原则。夏季以佩戴色彩鲜艳的工艺仿制品为好，可以体现夏日的浪漫；冬季则佩戴一些金、银、珍珠等饰品为好，可以显现庄重、典雅。

（2）场合原则。女士赴宴或参加舞会等，可以佩戴一些较大的胸针，以期达到富丽堂皇之效；平日上班时或在家休闲时，可以佩戴一些小巧精致、淡雅的胸针、项链、耳环等。

（3）服饰协调原则。饰品佩戴应与服饰相配。一般领口较低或袒肩服饰必须配项链，而竖领上装可以不戴项链，项链色彩最好与衣服颜色协调；穿运动服或工作服时可以不带项链和耳环，带坠子的耳环忌与工作服相配。

（4）体型相配原则。脖子粗短者，不宜带多串式项链，而应戴长项链。相反，脖子细长者，可以戴多串式项链，以遮掩脖子长度。宽脸、圆脸形和戴眼镜的女士，少戴或不戴大耳环和圆形耳环。

（5）年龄吻合原则。年轻女士可以戴一些夸张的无太大价值的工艺饰品；相反，年纪较大的妇女应戴一些较贵重、较精致的饰品，这样显得庄重、高雅。

（6）简洁原则。戴饰品的一个最重要原则就是少而精，忌讳把全部家当全往身上戴，像个饰品推销商，除了给人以俗气平庸的感觉外，没有任何美感。

总之，佩戴饰品时，应根据以上几个原则，选择出一两件最适合自己的饰品，以达到画龙点睛之效。

2. 几种饰品佩戴的艺术

（1）戒指：戒指是具有特定含义的传递物，适用于男女。它是爱情的信物，富贵的象征，吉祥的标志。在西方的大多数国家，戒指是希望、快乐和同心的象征。戒指有金、银、钻石、宝石等不同质地，形状也千差万别，有方形的、圆形的、镂空雕花的、刻字的，等等。戒指戴在不同手指上含义不同。

戴在食指上——表示想结婚即表示求婚；

戴在中指上——表示已有意中人，正在恋爱；

戴在无名指上——表示已结婚或订婚；

戴在小指上——表示独身。

按照风俗，结婚戒指忌用合金制造，必须用纯金或白银制成，象征爱情纯洁。

选择戒指，应和自己手形相配。手指粗短者，不宜带方形或宽阔的戒指，最好选一些不规则图形如椭圆形、梨形等；手指纤细者，可适当选一些较为宽厚的戒指佩戴，如圆形、心形等。从审美角度而言，戒指并不是越大越重越好，而应视每个人的手形等来进行选择。一般女性的戒指以镶宝石、钻石、翡翠或镂空雕花居多；而男性相对来说比较规范，如正方形的、长方形的等，显得庄重、高贵。

（2）项链：项链是女性常用的饰品之一，现代男性也有戴项链的。项链有金、银、珍珠、象牙等之分，不同质地的项链其艺术效果不同。金银项链比较富贵，珍珠项链比较清雅，钻石项链华贵，景泰蓝项链古朴，玛瑙项链柔美，象牙项链高洁，贝壳项链自然，玻璃项链活泼，骨质项链典雅，木质项链朴素。

选择项链时，应考虑个体的一些因素。个子偏矮且圆脸形的人，戴长项链至胸部可以拉长人的高度；个子细长且颈部细长的人，用短粗项链可以缩短颈长。

金银、珍珠等价值颇高的项链不宜太粗太长，而以精致短小为佳。相反一些仿制的工艺项链可以夸张粗大些，可以增加艺术效果。工艺项链适宜戴在羊毛衫、套头衫外面，而金银、珍珠等项链以贴颈戴较合适。

（3）耳环：耳环也是自古就有的一种装饰品，现在市面上耳环的款式丰富多彩，但并不是所有款式均适合每个人。耳环是佩戴在耳朵的一种饰品，因而戴与不戴以及怎样戴直接影响整个脸部的造型效果。耳环的佩戴首先应考虑的是佩戴者的脸形。

脸形圆胖的女士，不宜戴圆形的耳环；相反，脸形瘦长的戴圆形耳环较合适。圆脸形的女士，可选择长方形、叶形、“之”字形等垂吊式耳环有助于拉长脸部。

脸形方的女士，可选卷曲线条或任何圆形、纽形或垂挂形耳环。

脸形较长的女士，可选择可增加阔度感的耳环，如大纽形、大圆形、大方形等，均有一种夸张之效。

此外，耳环的佩戴还要考虑场合。在各种比较正规的社交场合，如参加宴会、婚礼或庆典仪式，应选用高档的耳环，如用钻石、翡翠、宝石镶嵌的耳环。同样，老年人不宜选用大型的、新潮的、鲜艳的耳环，以不失端庄与持重。

（4）手镯：手镯以玉镯为主，也有现在流行的木质、象牙、骨质手镯，还有金手镯（链）和银手镯（链）等。女士戴手镯一般戴在右手上，如是一对手镯，也同时戴在右手上。戴手镯时一般不再戴手表，否则显得太累赘。

（二）饰物的使用

可供选择的饰物很多，这里介绍常见的几种。

1. 帽子

帽子不仅有防寒防晒的功效，同时也是服饰搭配中的一个组成部分。帽子的花色品种繁多，有八角帽、太阳帽、牛仔帽、便帽等。对于服饰来说，帽子式样、颜色的选用是十分讲究的，它将直接关系到服饰整体效果的好坏。

帽子的选用主要应考虑到与脸形、身材、年龄和服饰之间的配套。圆脸形的人选用圆顶帽就会造成脸形过大的视差，而尖脸形的人戴圆帽则比较适宜。但尖脸形的人选用棒球帽就会使脸形显得上大下小，而这种帽子倒非常适宜圆脸形的人选用。帽子的选用亦应根据错视原理去加以挑选。身材高大的，帽子宜大不宜小；身材瘦小的，帽子则宜小不宜大；矮个子不戴宽檐帽，高个子不戴高筒帽。帽子必须与服饰的整体相协调，在风格、色彩、造型上与其他服饰浑然一体，给人以美的享受。

从款式上来看，款式新颖的流行时装女帽，会使女性显得潇洒大方，富有青春气息。翻边仿礼帽使女性刚柔相济，富有男性气派。各类草帽、金丝帽配上夏令时装，顿觉清凉明快，充满女性魅力。帽子的色彩应与整体服饰的主要色调相近或一致，或与服饰色彩形成强烈的对比，但在对比运用过程中应注意视觉效果。

参加正式的宴会而穿晚礼服时，绝对不能戴帽子。截然相反的是，在正式的午餐或者招待会上，则几乎都要求戴帽子。在出席鸡尾酒会时可以随意选戴各式与服饰相配的帽子。穿着毛料的西服应戴礼帽，穿中山装时宜戴圆顶帽。

2. 围巾

围巾不但具有保暖的功能，更具有装饰美化的效果。

围巾的品种、色彩、款式不同，在服饰整体上会产生不同的效果。围巾的色彩一般应选用紫红、藏青、咖啡色、灰、黑、朱红等颜色。围巾的款式一般是长方形的，也有用整张动物皮毛制成的围巾，如用整张狐皮或貂皮制成的高级围巾。正方形的围巾称为方巾，也可以作为包头、披肩、束腰甚至作为衣服使用。在欧美一些地方，方巾甚至成为一种珍贵的艺术品加以珍藏。

在使用围巾（方巾）进行服饰配套时首先应注意的是脸部肤色。围巾的选用应与脸部肤色和服色相一致。围巾可以衬托脸形，如方巾还可以运用不同的包法以调整脸形，如包紧些可使脸形略显隽长秀美。在使用围巾时还应注意与服饰的款式相协调。

3. 眼镜

眼镜作为饰品的一种，不仅可以起到矫正视力的作用，而且还可以调节脸形，使戴者的五官由不美转美，由美变得更美。适宜的眼镜与整体服饰的配套，更增添文质彬彬、温文尔雅的风度。

选择眼镜，同样应该以自己的脸形、肤色、年龄、服饰为选用依据。戴眼镜首先应与脸形相协调，粗犷豪放的方形脸宜选用的是架型粗、沉稳的大方形镜架；而下巴偏瘦的尖形脸适宜选用的则是架型纤细、镜框下角呈锐角形的镜架；长脸形的人可以选择色深而不透明的阔边镜腿的镜架，以使脸显得短些；脸形较短的人则应选择镜框底边为无色透明的镜架，最好是无框底的镜架，这样能使视点上移，脸形加长。一般来说，圆形脸不宜使用圆形镜架，椭圆形脸形的人镜框不应过分扁圆，脸形清瘦的宜选用轻巧纤秀的镜架，使人感觉文雅清秀。

如果双眼间距过近，可以选配两个镜框之间的镜桥呈透明或淡色的眼镜架；而如果双眼间距过宽，则适宜选用镜桥黑色或深色或镜桥上有装饰图案的镜架，以弥补眼距过宽的不足。

眼镜的颜色应与脸色相互协调。脸色过深的可选戴色彩明亮的眼镜；脸色过浅的则可选戴浅色或浅暗色的镜架；脸色偏黄的不宜选戴色调偏冷的镜架，而适宜暖色镜架。

注意在公务场合不要戴色彩较深的眼镜或太阳镜，因为这意味着不够坦诚，甚至可能会使对方对你难以产生信任感。

4. 领带

领带的花色品种很多，面料主要是丝绸、缎类和化纤品。我们通常所说的领带是指直式领带，还有一种横式领带，通常称为领结。领结分为小领花和蝴蝶结。

目前西装以中灰、深灰、蓝、黑、咖啡色为主，配戴的领带则适宜以深红、紫红、咖啡等暖色调为主。肤色偏黑的选用领带应以中浅色为主，而不适宜使用深色调或过浅的领带。一般来说，西装与领带的深浅搭配要有层次，浅色西装配深色领带，而深色西装配浅色领带。领带与衬衫领宽和上装的领子宽度也应相协调。大尖领衬衫配细领带或小领西装配阔领带都是不相宜的。

领带、衬衣、西装上装的色彩是否相配，也是选配领带时应注意的问题。通常米色、灰色等浅色的西装上装适宜选用红、绛、咖啡色等暖色调的领带和选配米色、浅灰色的浅色衬衣；而蓝色、藏青色等深色西装上装适宜配冷色调的领带，如选用蓝色、青色、灰色的领带，衬衣可选天蓝色、粉色等浅色衬衣。

在喜庆和宴会场合，宜选用色彩鲜艳亮丽的领带；在庄严肃穆的场合，应选用深色或黑色的领带。领带与西服的相配有一定的讲究。斜条图案的领带分为英式和美式两种。斜条图案如由右上斜向左下是属英式的；从左上斜向右下则属美式的。一般来说，英、法式西服必须配英式领带；美、意式西服，必须配美式领带。

小领花分为黑、白两色，一般白领花只适于燕尾服的配饰；黑领花则用于配穿小晚礼服及一些礼服变种。蝴蝶结一般配用于大礼服、小礼服上，也用于大饭店的男女服务员的工作服上。

领带是一种男性专用的重要装饰。从心理学的角度讲，领带的选用常可体现一个人的心理特征。系短领带，领带结头宽大，则表明此人自信心极强；相反，领带的结头打得过紧、过小，则表明此人的自卑。因此，领带应打得宽松得体。

5. 手袋

小巧新颖、制作精美的手袋已成了女性不可缺少的装饰。目前，国内以精制的牛皮挂包最为流行。

手包的颜色应与服装的色彩相协调。现在流行的是由皮包、皮鞋、皮带、皮手套组合的系列配套装饰。手包的色彩同服饰的色彩相一致是一种常用的搭配方法，但选用对比色也不失为一种好的点缀方法。

体型矮胖的女性应选用体积小、造型不过于秀巧的手包；体型高胖的则应携用体积稍大的手包；苗条纤瘦的应选用小巧玲珑的手包。

中年女性参加宴会或出席各种社交场合，适宜使用黑色天鹅绒或黑色丝缎做的小提包，提包花纹点缀应传统精致，不宜夸张，以显示中年女性的端庄、大方和持重。青年女性应选用色泽鲜艳并造型美观的羊皮或缎面小包。一般参加鸡尾酒会可选用随意一些的手包，以色彩鲜艳、点饰轻巧为佳。参加宴会时手包可挂桌子底下或座椅靠背上，置于腿上亦可，但不可搁置于桌上。

6. 袜子

随着人们生活水平的提高，人们对袜子的要求不仅仅只是防寒保暖了，同时也为了装饰美化。

选用不同的袜子，造成的视差效果也是不同的。腿较粗的人，最适宜穿着的是深色的袜子，如透明的灰褐色、黑色。根据深色的收缩感原理，深色的袜子会使人感觉腿形修长。相反，如果腿形过于细长，则适宜选用的是浅色的或肉色的袜子，这样会给人一种丰满的感觉。深色调的袜子配相同色调的靴子，将会使两腿显得修长。袜子一般不宜选用鲜艳的色调。

从鞋跟与袜子间的关系来看，在选择袜子时应掌握鞋跟越高袜子越薄的反比关系。带有装饰性图案花纹的袜子只适用于穿高跟鞋。女性着袜时不应露出袜口；男士也应注意，袜筒不可过浅，否则坐下时袜口与裤腿间露出一截小腿，很不雅观。

7. 鞋子

鞋子是人们最为关心的服饰之一。为了挑选一双鞋子，人们往往要花费很长的时间。漂亮的服饰，配以协调的鞋子，将令人足下生辉。

鞋子的造型、色泽与服饰相匹配是相当重要的，特别是女鞋与服装的匹配。一般来说，与套裙配套的皮鞋，以黑色最为正统。此外，皮鞋色彩若与套裙色彩一致也可选择。但是鲜红、明黄、艳绿、浅紫的鞋子，则最好莫试。一般认为，鞋、裙的色彩必须深于或略同于袜子的色彩。

不论是鞋子还是袜子，图案与装饰均不宜过多，免得“喧宾夺主”。一点图案与装饰都没有的鞋袜，有时穿起来效果反而更好。

与套裙配套的鞋子，以高跟或半高跟的船式皮鞋或盖式皮鞋为宜。系带式皮鞋、丁字式皮鞋、皮靴、皮凉鞋等，都不宜采用。

此外，在休闲场合，齐膝马靴与呢绒长裙的相配恰到好处地显示了青年女性挺拔俏丽、英姿飒爽的风采。牛仔衣裤与高筒皮靴的匹配是极富有魅力的。

第三节 仪态

仪态，从狭义的角度看，泛指人们身体所呈现出来的各种姿势，亦即身体的具体表现和造型。有时，它又叫做仪姿、姿态。从广义的角度看，仪态又可以进一步地被区分为举止动作、神态表情以及相对静止的体态，还直接展示一个人的气质和风度。在日常交往里，每一个人都会以一定的仪态出现在他人的面前，并且借着自己的一颦一笑、一举一动向别人传递不同的信息。

一定的仪态可以向他人传递一定的信息，因此，仪态又被称为人的体态语。有人为强调其重要性，还将其称作人类的“第二语言”。美国著名心理学家梅拉比曾经提出过一个重要的公式：

人类全部的信息表达 =7% 的语言 +38% 的声音 +55% 的体态语。

梅拉比通过这一公式证明，观察一个人的仪态，即可了解一个人的素质、阅历及思想感情。这种了解，比通过其口头语言所进行的了解，往往更值得信赖。

一、姿态

（一）站姿

站姿是人们平时所采用的一种静态的身体造型，同时又是其他动态的身体造型的基础和起点，最易表现人的姿势特征。在交际中，站立姿势是每个人全部仪态的核心。如果站姿不够标准，其他姿势便根本谈不上优美而典雅。

1. 站姿的基本要领

站姿的基本要领是：头正、颈直、肩平、挺胸、收腹、立腰、提臀、腿直、脚稳。

2. 不良站姿

不良的站姿不仅不雅观，而且缺乏敬人之意。需要克服的不良站姿主要有以下几种。

（1）身躯歪斜。古人曾对站姿提出过“立如松”的基本要求。所以，站立时不能歪歪斜斜。若身躯明显地歪斜，如头偏、肩斜、腿曲、身歪或是膝部不直，不但直接破坏了人体的线条美，而且还会使自己显得颓废消沉、委靡不振或自由放纵。

（2）弯腰驼背。是一个人身躯歪斜的一种特殊表现。在站立时，一个人如果弯腰驼背，除去其腰部弯曲、背部弓起之外，通常还会同时伴有颈部弯缩、胸部凹陷、腹部凸出、臀部撅起等一些其他的不良体态。凡此种种，都会显得一个人缺乏锻炼、无精打采，甚至健康状况不佳。

（3）手位不当。站立的时候，必须注意以正确的手位去配合站姿。在站立时手位不当，会破坏站姿的整体效果。站立时手位不当主要有：一是双手抱在脑后；二是用手托着下巴；三是双手抱在胸前；四是把肘部支在某处；五是双手叉腰；六是将手插在衣服或裤子口袋里。

（4）脚位不当。在正常情况下，“V”字步、“丁”字步或平行步均可采用，但要避免“人”字步和“蹬踩式”。“人”字步即俗称的“内八字”，蹬踩式指的是在一只脚站在地上的同时，而把另一只脚踩在鞋帮上，或是踏在其他物体上。

（5）半坐半立。在正式场合，必须注意坐立有别，该站的时候就要站，该坐的时候就要坐。在站立之际，绝不可以为了贪图舒服而擅自采用半坐半立之姿。当一个人半坐半立之时，站不像站，坐不像坐，不但样子不好看，而且还会显得过分随便。

每个人都有自己习惯的站立姿势。美国夏威夷大学心理学家指出，不同的“站姿”可以显示一个人的性格特征。我们在与人交往时，可以据此对他人作一判断：

站立时习惯把双手插入裤袋的人，城府较深，不轻易向人表露内心的情绪；性格偏于保守、内向；凡事步步为营，警觉性极高，不肯轻信别人。

站立时常把双手置于臀部的人，自主心强，处事认真而绝不轻率，具有驾驭一切的魅力。他们最大的缺点是主观，性格表现为固执、顽固。

站立时喜欢把双手叠放于胸前的人，性格坚强，不屈不挠，不轻易向困境压力低头。但是由于过分重视个人利益，与人交往经常摆出一副自我保护的防范姿态，拒人于千里之外，令人难以接近。

站立时喜欢将双手握置于背后的人，性格特点是奉公守法、尊重权威、极富责任感，不过有时情绪不稳定，往往令人莫测高深，最大的优点是富于耐性，而且能够接受新思想和新观点。

站立时习惯把一只手插入裤袋，另一只手放在身旁的人，性格复杂多变，有时会极易与人相处，推心置腹，有时则冷若冰霜，对人处处提防，为自己筑起一道防护网。

站立时喜欢两手双握置于胸前的人，其性格表现为成竹在胸，对自己的所作所为充满成功感，虽然不至于睥睨一切，但却踌躇满志，信心十足。

站立时喜欢双脚合并，双手垂置身旁的人，性格特点是诚实可靠、循规蹈矩而且生性坚毅，不会向任何困难屈服低头。

站立时不能静立，不断改变站立姿态的人，性格急躁、暴烈，身心经常处于紧张的状态，而且不断改变自己的思想观念；在生活方面喜欢接受新的挑战，是一个典型的行动主义者。

（二）坐姿

坐的姿势指的是人们就座以后身体所保持的一种姿势。从根本上说，坐姿是一种静态的人体体位。在现实生活里，坐姿是采用最多的姿势之一，同时也是公关活动中最重要的人体姿势。

1. 正确的坐姿

在任何一种坐姿中，下肢体位的正确与否都至关重要。从根本上讲，坐姿主要与就座者下肢的体位相关。下肢的体位，其实指的就是就座者入座后双腿与双脚所摆放的位置。一般场合可以采用的坐姿主要有八种：

一是双腿垂直式。这又称正襟危坐式或基本的坐姿，适用于最正规的场合。主要要求是：上身与大腿、大腿与小腿都需要形成直角，并使小腿与地面垂直。双膝、双脚包括两脚跟部，都要完全地并拢。此式男女皆宜。

二是垂腿开膝式。它也是一种较为正规的坐姿。主要要求是上身与大腿、大腿与小腿均应形成直角，小腿亦须垂直于地面。允许双膝稍许分开，但不得超过本人的肩宽。此式多为男性所用。

三是双腿叠放式。这是一种造型十分优雅的坐姿。主要要求是双腿一上一下完全地交叠在一起，二者之间没有任何缝隙，犹如一条直线。双脚斜放于左右一侧，斜放双脚后的腿部须与地面呈45°左右的夹角，叠放在上的那只脚的脚尖应垂向地面。此式主要适用于穿短裙的女士。

四是双腿斜放式。此式与上一种坐姿有异曲同工之妙。主要要求是双腿首先并拢，然后双脚向左侧或者右侧斜放。斜放之后，腿部与地面呈45°左右的夹角。此式适合穿短裙的女士在很低处就座时采用。

五是前伸后曲式。此式亦很优美。主要要求是先将大腿并拢，然后向前伸出一条腿，同时把另外一条腿后曲。两脚脚掌均应着地，并且二者前后要保持在一条直线上。此式多为女士所用。

六是大腿叠放式。此式常用于非正式场合。主要要求是：双腿在大腿部分叠放在一起。叠放之后，位于下方的那条腿的小腿应垂直于地面，并且脚掌着地；位于上方的那条腿的小腿则应向内收，其脚尖宜朝向地面。此式仅适用于男士。

七是双脚交叉式。此式在各种场合均可使用。主要要求是：先将双腿并拢，然后双脚在踝部进行交叉。应当注意的是，交叉以后，双脚既可以内收，也可以斜放，但是不宜朝着前方远远地直伸出去。此式男女皆可采用。

八是双脚内收式。此式适用于普通场合。主要要求是：首先并拢大腿，双膝可略为打开，两条小腿在稍许分开后可向内侧曲回，双脚脚掌则宜同时着地。此种坐姿，男女都是适用的。

2. 错误的坐姿

一是双腿过度叉开。面对别人时，双腿过度地叉开，是极不文明的。不管是过度地叉开大腿还是过度地叉开小腿，都是失礼的表现。

二是不妥的架腿方式。坐下之后架起腿来未必不可，但正确的做法应当是两条大腿相架，并且不留空隙。如果架起“二郎腿”来，即把一条小腿架在另外一条大腿上，并且大大地留有空隙，就不妥当了。

三是双腿直伸出去。不要在坐下之后把双腿直挺挺地伸向前方。身前有桌子的话，则要防止把双腿伸到其外面来。不然不但损害坐姿的美感，而且还会有碍于他人。

四是腿部抖动摇晃。在别人面前就座时，切勿反复抖动或是摇晃自己的腿部，这样令人心烦意乱，或者给人以不够安稳的感觉。

五是腿部高跷蹬踩。为了贪图舒适，将腿部高高跷起，架上、蹬上、踩上身边的桌椅，或者盘在本人所坐的座椅上，都是不允许的。

六是脚尖指向他人。坐下来以后，一定要使自己的脚尖避免直指别人。翘

脚之时，尤其忌讳这一动作。令脚尖垂向地面，或斜向左、右两侧，才是得体的。

七是脚跟触及地面。坐下后如果以脚触地，通常不允许仅以脚跟触地，而将脚尖翘起。

（三）走姿

就总体而言，走姿是人体所呈现的一种动态姿势，也是一种最能体现人的精神面貌的姿势。它以站立姿势作为基础，实际属于站立姿势的延续。

1. 正确的走姿

正确走姿的基本要点是身体协调，步姿优美，步伐从容，步态平稳，步幅适中，步速均匀，走成直线。进而言之，主要应当注意下述六个重点环节。

（1）方向明确。在行进时，一定要保持相对明确的方向，并且尽可能地使自己犹如在一条直线之上行走。具体的方法是，行进时应以脚尖正对着前方，形成一条虚拟的直线。每前进一步，脚跟都应当落在这条直线之上，这样便会给人以稳健感。

（2）步幅适度。步幅，又叫做步度，它指的是人们每行进一步时，前后两脚之间的距离。通俗地讲，所谓步幅就是人们行进之时脚步的大小。尽管在生活里步幅的大小往往因人而异，但通常最佳的步幅应与本人一只脚的长度相近。即男子每步约 40 厘米，女子每步约 36 厘米。在行进时，一个人步幅的大小还须大体保持一致。

（3）速度均匀。人们行进时的具体速度，一般被称为步速。在不同的场合，每个人的步速固然可以有所变化。但是在某一特定的情况下，则有必要使其相对地保持稳定，并且比较均匀，不宜过快过慢，或者忽快忽慢，一时间里变化甚大。

（4）重心放准。在走路时，一个人身体的重心能否被放准，对于走姿的正确与否具有重要的影响。要放准自己身体的重心，最重要的是在起步时，身体须向前方微倾，全身的重量要有意识地落在前脚掌上。在整个行进的过程中，要注意使自己身体的重心随着脚步的移动不断向前过渡，务必不要让其停留在自己的后脚上。

（5）身体协调。在走路时，每个人都应当注意使自己身体的各个部位尽可能完美的配合。要想在走路过程中保持身体各部位之间动作的和谐，就一定努力做到走动时，用脚跟首先着地，膝盖在脚部落地时一定要伸直，腰部应该成为身体重心移动的轴线，而双臂则须在身体两侧一前一后自然地摆动。

（6）造型优美。在行进之际保持本人整体身体造型的美观，是不容忽略的一个重要问题。欲使自己在行进中保持身体的优美造型，就一定要做到昂首挺胸，步伐轻松而矫健。其中至为关键的是行进时务必要面对前方，双眼平视，挺胸收腹，直起腰、背，伸直腿，落脚稳重，使自己的全身从正面看上去犹如一条直线一般。

2. 错误的走姿

（1）步态不雅。走路时如果步态不雅，会有损一个人的形象，至少在其仪态方面会给别人留下不良印象。应有意识避免的不雅步态主要有六种：一是鸭子步，即走起路来摇摇摆摆，步履蹒跚。二是螃蟹步，即走路之时横行霸道，不合常规。三是斜行步，即行进时不是直线向前，而是歪歪斜斜。四是点地步，即走路时脚尖首先着地。五是外八字步，即走动时脚跟靠拢，脚尖大幅度地分开。六是内八字步，即走动时脚尖靠拢，脚跟大幅度地分离。

（2）体位失常。常见的失常体位主要有四种：一是头位失常。不论是俯首还是仰观，只要不是双目平视前方、头部直正，便是错误的。二是肩位失常。走路时双肩应当平如一条直线，不可一高一低。三是臂位失常。双臂在行进时应当一前一后地在身体两侧匀速摆动，令其僵直不动或者同向运动，都不可以。四是腿位失常。不要在走路时忘记伸直腿部，或者是使其过分地伸向身体两侧。

（3）方向不明。在行进过程中应保持既定的方向，并且尽可能地选择直线行走的方式。尤其是在公共场合行进时，一定要牢记这一成规。没有特殊原因的话，切勿在行进中反反复复、毫无规律地变换自己的行进方向。尤其要避免在众人的注视之下，不停地走来走去。否则，既会使自己显得神经兮兮，又会有碍于别人。

（4）奔跑蹦跳。在人多之处行走时，切勿过分张扬，有意给别人以招摇过市的感觉。要保持自己的风度，不要使自己过分情绪化。假定有急事需要处理，可在行进中适当地加快自己的步伐。然而若非碰到紧急情况，则最好不要匆匆忙忙地跑来跑去。在公共场合，尤其是在熟悉自己的人面前，更是不要一言不发地狂奔而来或狂奔而去。

（5）制造噪声。在行进时，要体现出个人的良好教养，还必须注意努力使自己的走动悄然无声，而不是大张旗鼓地制造噪声。在下列四个方面，特别需要注意：一是走路应当轻手轻脚。在落脚时切勿过分地用劲，使自己走得“咚咚咚”地直响。二是平时切勿踢来踢去。在走路时，如果踢来踢去，不论是空踢抑或实踢，都可能会形成噪声。三是要慎穿钉跟的鞋子。在比较正式的场合，最好不要穿着钉着金属鞋跟或鞋掌的鞋子，以免它们在走动时不甘寂窠，频频作响。四是要防止鞋子不跟脚。通常所穿的鞋子一定要大小合适，若是它不跟脚，走动时就有可能发出噪声。

二、气质

（一）心理学上的气质

巴甫洛夫把人的气质分为四种：多血质、胆汁质、黏液质、抑郁质。它们的特征分别为：多血质气质的特征是活泼、好动、敏感、反应迅速，喜欢交往，注意力容易转移，兴趣和情感易交换。胆汁质气质的特征是直率、热情、精力旺盛，情绪易于冲动，心境交换剧烈。黏液质气质的特征是安静、稳重、反应缓慢、沉默少言、善于忍耐，注意力稳定难以转移。抑郁质气质的特征是孤僻、行动迟缓、情绪体验深刻，善于察觉到他人不易觉察的细节。

这四种气质类型是根据神经活动的规律来分的，亦是有科学依据的。后来的许多科学家沿袭这一理论并进行了发展。例如：德国精神病学家与心理学家克雷奇默提出的气质体型说认为：瘦长型的人多为分裂气质的人；矮胖型的人多为燥郁气质的人；强壮型的人属于黏着型气质的人。宁静、冷漠、孤僻、神经质、不喜欢与人交往的人，多为瘦长型的人；活泼、开朗、乐观、亲切、温柔、直率、爱社交的人，多为矮胖型的人；认真、仔细、固执、有韧性、思考和理解比较迟钝，情绪稳定而且具有爆发性的人，则多为强壮型的人。这种气质体型说，被许多精神病医生与心理学者接受，这说明它有其合理性。

而美国心理学家谢尔顿从克雷默奇的气质体型理论出发，对人的体型与气质的关系作了更为深入的研究。他提出了“体型气质说”：人的气质类型可分三种，即内脏紧张型、身体紧张型和头脑紧张型。这些类型的特征分为——内脏紧张型的人，行为随和、好交际、图舒服、好美食、好睡觉、会找轻松的事；身体紧张型的人，精力充沛、大胆直率、冲动好斗、武断、过于自信；头脑紧张的人，内心丰富、善于自制、思考周密、倾向于智力活动、不爱交际、敏感、反应迅速、睡眠差、容易疲劳、爱好艺术。关于气质与人本身的生理气质的关系的学说，以上仅举了三种，其实还有很多。总的来说，这些科学家的努力可以证明：人的气质，可以说是与生俱来的。

以上都是从心理学的角度出发，来看气质。

（二）美学意义上的气质

从心理学的角度看，气质是无所谓好坏的。但这就很难解释生活中的对某人气质“好”或“不好”的评价，因此，我们有必要从美学的角度再去考察气质。

从美学的角度看，良好的气质，是以人的文化素养、文明程度、思想品质以及对人生的态度为基础的。气质可以外化为不同的个性，例如有人开朗、潇洒、大方、聪颖；有人深沉、温文尔雅；有人豪爽、粗犷，但内在的基础是决定性的因素。其中，有与生俱来的容貌、体质、血型和微妙的遗传因素，更有后天得来的环境氛围、文化素养、审美情趣、价值观念和心理机制。

从美学的角度来定义气质的话，即指一个人的风格、气度以及风貌。它虽与心理学上的气质有着不可分割的、千丝万缕的联系，但更多的在于后天的塑造。

（三）良好气质的塑造

气质美是由内向外的展现和辐射，所以它是内涵丰富的积储。塑造良好的气质要求我们：

- 有对人生的美好追求。不自怨自艾、顾影自怜，要经得起挫折，有明确的方向，有充实的心灵。
- 加强性格上的涵养。制怒、忌狂、宽容、为他人着想。
- 有高雅、丰富的兴趣爱好。
- 形成独具魅力的言谈举止。不盲目模仿他人。

三、风度

由气质引申出风度。气质美和风度美是本质相通的两个范畴，但气质美偏重于内在，风度美更偏重于外化，可以说风度是气质的外显，而且是一种升华了的显现。

风度是一个人内在的素质、修养及其外部行为的总和，是人们在社会生活中逐步形成的，是人们对于美的人的形态、举止、谈吐、装束、打扮的一种衡量尺度。它并非指人的某一动作，而是人的全部生活姿态提供给人们的综合印象。这个印象包括思想、品德、性格、情操等内在品质，但在言谈举止、神态及服饰打扮等外在方面表现得更多一些。所以，有些交际学者认为“风度是对人体美的一种综合的、高层次的评价”，这就是从风度的外化特点加以定义的。

（一）风度是一种品格和教养的体现

如果没有远大的理想抱负，没有高尚的道德情操，没有优雅的个性情趣，没有一定的文化教养，而是思想品格低下，其举止行为必然粗俗鄙陋，琐秽不雅，毫无魅力可言。

（二）风度是一种性格特征的表现

性格是表现人的态度和行为方面的较稳定的心理特征。性格通过行为表现出来，因此与风度密切相关。因此要想有好的风度，就要加强性格上的修养，努力做到大方而不轻佻，自重而不自傲，豪爽而不粗俗，谦虚而不虚伪，认真而不迂腐，活泼而不轻浮，直爽而不幼稚。

（三）风度是一个人语言的遣词造句、语气腔调、手势表情等的综合表现

风度体现在谈吐上。在交谈中，刻薄的人词多贬义；图虚名的人喜好泛词；好嫉妒的人语好刺人。要做到激扬而不粗俗；风雅而不随便、油滑；旁征博引而不卖弄。谈吐中多称赞他人，以显沉稳。

风度也体现在动作、神态及表情上。人的动作、神态和表情，是沟通人的思想感情的非语言交往工具，是社交风度的具体表现方式。以体态语而言，略为倾向于对方，表示热情和兴趣；微微欠身，显得谦恭有礼；身体后仰，显得坦然随便，稍有过头就有轻慢之嫌；侧转身子表示嫌恶和蔑视；背朝人家，则意味着不屑理睬；自然的微笑是轻松友好的表示；肌肉绷紧、冷若冰霜，或寓敌意，或存拘谨。交际场上语言声调以柔和自然为好，切忌阴阳怪气、冷嘲热讽。人的社交风度是各自心理素质和修养的外在表现，它能反映出人的思想情操、性格、气质、学识教养、处世态度以及交往的诚意。其中，文化知识的素养是风度美的内涵。

一般来说，风度与气质相应。气质不佳者，难以真正有好的风度，而风度往往也取决于气质。和人体美的其他因素相比，风度要复杂得多、深刻得多。人的风度不是一朝一夕可以学得的，也不是模仿他人的肢体动作或改变一下衣着习惯就可以得到的，风度需要的是自知之明，审度自己，不埋没，也不夸张，即使对自己的风度有较高的企求，也不能超离自我而“揠苗助长”。

第四编　交际礼仪

人与人之间的交往和联系要得以正常进行，需要用一定的行为规范来调节和增进彼此间的关系。交际礼仪正是在这种情况下根据实际需要而产生的。特别是随着中国市场经济的发展，随着中国加入世界贸易组织，人们的生活和工作与国际惯例接轨之处越来越多，交际礼仪便成了人们社会生活中不可缺少的内容。讲究礼貌和礼节，遵守一定的礼仪规范，已成为文明社会生活的一项重要标志。

第十一章　日常交际礼仪

从一定意义上说，人们在日常生活中的表现和作为，往往能够更加客观、更加准确地反映出一个人的品德和修养。因此，无论多么亲密的朋友，在交际中还是必须要有所节制的。

第一节　见面礼仪

一、初次见面时的礼仪

在某些场合初次与人交往时，首先遇到的就是见面的礼仪，见面礼仪是很重要的。真挚的问候、良好的礼貌和得体的礼节既能创造愉快气氛，尽快消除生疏感，为进一步交往打下良好基础，创造良好开端，又能给对方留下美好的第一印象。这里的介绍、握手、递换名片又称为初次见面三部曲。

（一）介绍

1. 自我介绍

自我介绍既是一种社交礼节，也是一种社交能力，应该很好地掌握。自我介绍具有内容丰富、形式多样、表达灵活、印象深刻等特点，因此，它的作用也越来越被更多的人所认识。

（1）显示介绍者自我推销的能力。现代社会竞争异常激烈，处于这样一个竞争的时代，需要提高竞争的意识，掌握竞争的手段，以战胜竞争的对手。其中之一就是学习自我推销。而自我介绍又是自我推销的一种有效方式。通过自我介绍的形式，可以缩短了解人的时间，达到提高效率的目的。其中，介绍者表达技巧的高低、语言组织的能力以及内容的安排方法，等等，都是反映介绍者逻辑思维能力、想象能力、应变能力的途径，可以用来考察介绍者自我推销能力的强弱。

现实生活中，有些人很善于在以上几个方面努力表现自己，尽管专业水平稍逊一筹，却能通过自我介绍引起对方注意，给对方留下深刻的印象，从而达到自我推销的成功。而有些人虽然有较深的专业知识，但语言表达能力比较欠缺，不善于恰当地表述自己，结果，很可能在竞争中处于劣势，失去机会。所以，为了使自己把握难得的机遇，展示自己多方面的才能，我们不仅要掌握专业的知识，更要学会自我推销的方法，从而在市场竞争中立于不败之地。

（2）加深对方对自己的全面了解。自我介绍需要一定的时间。介绍者可利用有限的几分钟巧妙地将自己的情况进行恰当安排，通过简洁的语言流畅地表述出来，这是对自我形象必要的、有益的、辅助性的补充，可成为强化和突出自我形象极其有效的手段。比起名片的无声介绍，自我介绍的内容相对丰富得多，显示的价值更大。比如介绍者的专业知识、必要经历、脾气禀性、兴趣爱好、人生态度、价值观念、审美意识、理想追求等，名片上不可能一一加以注明，而在自我介绍时却能充分表述出来，并且根据对方的要求，灵活发挥，恰当取舍，最终让对方有一个满意的，全面的了解。

（3）反映自我介绍者的文学修养。尽管自我介绍需要一定的时间，但是时间不宜过长，一般控制在 2 ~3 分钟。要在短暂的时间内，将各种情况作一全面介绍，又要取得对方的信任和好感，没有一定的文学修养是很难取得成功的。其中，词语的选择，句子的安排，都应准确恰当，以体现介绍者的语言基本功底素养，特别是一些表达手法的运用，诸如比喻、谐音、引用、对比、夸张等，更是展示介绍者文学水平高低的一个标志。如果运用得好，语言简练、句式优美、引用得体、手法多样，可表现出介绍者知识丰富、颇有文采的一面，这样就为自我推销的成功创造了重要的条件。

一般在聚会、演讲、应试、应聘时都需要自我介绍。自我介绍要注意以下几个问题：

第一，要根据需要增删介绍的内容。自我介绍的内容一般包括姓名、年龄、籍贯、毕业学校、专业知识、家庭状况以及其他一些情况。当然，在自我介绍时不必每次都将上述事项逐一说出，而应视交际场合、交际内容、交际对象的需要来决定繁简取舍。一般而言，自我介绍应简明扼要，特别是到外单位联系工作、演讲、会议发言前、聚会等场合更要简洁；而在求职、应聘、参加投标时则可以详细一些。

第二，要掌握分寸，高低适当。自我介绍有时会需要自我评价，在自我评价中一般不宜用“很”、“最”、“第一”等表示极端的字眼，尤其是夸奖的话，出于自己口中，是一种乏味的表现。当然，也不必有意贬低自己。关键在于正确认识自己，掌握分寸，强调实事求是。

第三，要注意宽度与广度，不自我限制。一般来说，人们都希望认识那种知识面宽、兴趣广泛的人。如果在自我介绍中，能根据实际把自己多方面的特长与知识面加以介绍，那么，介绍者就有可能获得更多人的喜爱，从而结识更多的朋友。

2. 为他人介绍

为了使交际双方尽快认识，我们应善于为他人作介绍。

为他人介绍，首先要了解双方是否有结识的愿望，了解双方的身份地位，做法要慎重、自然，不要贸然行事，否则可能会导致某一方的尴尬或不快。

介绍人应注意礼节。首先，介绍前可说一句："请允许我来介绍一下。"使双方有思想准备，不至于感到唐突。其次，介绍时不能含糊其辞，要说清楚，以免双方记不清或记错对方的姓名。再次，介绍时注意不要用手指指人，要礼貌地以手示意。最后，介绍时要避免过分颂扬一个人，以免被介绍人尴尬及给他人造成"吹牛拍马"的不良印象。

介绍的顺序一般是：把先生先介绍给女士；把晚辈先介绍给长辈；把职位低的先介绍给职位高的；后被介绍的应该是双方中比较受尊重的人。当被介绍人都是同性别的而又无法辨明其身份、地位时，可随意介绍。集体介绍时，特别是在正式宴会上，如果你是主人，可以按照当时他们的座位顺序进行介绍，也可以从贵宾开始。公务场合的介绍只考虑职务高低。当丈夫向第三者介绍自己的妻子时，不论第三者是男是女，都应先将对方介绍给自己的妻子；当妻子向第三者介绍自己的丈夫时，不论第三者是男是女，都应先将自己的丈夫介绍给对方。

介绍某人时应该以尊重的口吻恰当地称呼。在社交场合中常见的称呼有先生、小姐、夫人和女士。如果某人有官衔或职称（如局长、教授等）则称呼其官衔、职称更显尊敬，但不能既称先生又加头衔（如某某教授先生、局长先生）。对家庭成员的介绍，注意不要称自己的妻子为"夫人"或称自己的丈夫为"先生"，应该直截了当地说："这是我妻子"或"这是我丈夫"，也不要使用"爱人"来介绍自己的配偶。当介绍家庭的其他亲属时，应说清楚和自己的关系。

介绍时，除年长者外，男子一般应起立，但在宴会桌、会谈桌上则不必，只要微笑点头示意即可。当女士被介绍给男子时，她可以坐着不动，只需点头或微笑示意。

介绍后，一般要互相握手、微笑并互致问候，在需要表示庄严、郑重和特别客气的时候，还可以在问候的同时微微欠身鞠一个躬，握手与否都可以。

此外，在作介绍时，如果不知道某人的名字，最好是先找个第三者打听一下，不要莽撞地问别人："你叫什么名字。"万不得已要问，也应委婉些："对不起，不知该怎么称呼您。"

（二）握手

各国见面的礼节多种多样，握手是国际上最通用的礼节。在人们的日常交往中，见面时习惯以握手相互致意，分别时以握手送别。在别人帮了自己之后，往往以握手表示谢意。别人取得成就时，以握手表示祝贺。别人参加比赛或其他重要活动时，以握手表示鼓励。可以说，握手贯穿于人们交往、应酬的各个环节。

关于握手习俗的来源，有不同的说法。一种说法认为是从原始社会人类摸手演化而来。在原始社会，人们用于防身和狩猎的主要武器是棍棒和石块，传说当人们在路上遇到陌生人时，如果双方都无恶意，就放下手中的东西，伸开双手让对方抚摩掌心，以示友善。这种表示友好的习惯沿袭下来就成为今天的握手礼。另一种说法是认为握手礼起源于中世纪交战骑士的和平表示。中世纪的骑兵相遇并欲表示友好时，就先脱去右手的甲胄，伸出右手来表示没有武器。这两种说法都说明，握手表示的是和平、友好和亲善。

握手时应注意以下两个方面的问题：

1. 正确的握手姿势

正确的握手姿势是：面带笑容，目光望着对方脸部，伸出右手握住对方右手，稍微用力上下摆动几下。握手要掌握好力度，不要握得太紧，不要抓住对方的手使劲摇动，但也不要过于软弱无力，使对方感到你很傲慢、冷淡，好像是在应付差事。握手时间以三秒钟左右为宜，不要久握不放，同时上身略为前倾。可以在握手的同时寒暄一句，例如："您好!""见到您很高兴!""久仰，久仰!""幸会，幸会!""欢迎，欢迎!"等。握手时精神要集中，双目注视对方，微笑致意。不要看着第三者握手，更不能东张西望，这些都是不尊重对方的表现。

2. 握手的顺序

男女之间，男士要等女士先伸手才能伸手，如女士不伸手，无握手之意，男士就只能点头或鞠躬致意；宾主之间，主人应向客人先伸手，以示欢迎；长幼之间，年幼的要等年长的先伸手；上下级之间，下级要等上级先伸手，以示尊重。

多人同时握手注意不要交叉，待别人握完后再伸手。到朋友家中，如客人较多，可只与主人及熟识的人握手，向其余的人点头致意即可。

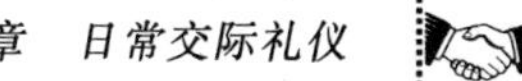

（三）递换名片

名片可分为三类：一是社交名片，名片上只印姓名、地址、邮编、电话号码；二是职业名片，名片上除了上述内容外，还将所在单位、职务或职称、社会兼职等印在上面；三是商务名片，该类名片正面内容与职业名片大体相同，而背面则印上经营范围、项目等。

名片是交际中人们相互结识、相互联系的工具。名片一般在三种情况下使用：一种是带有业务联系的横向交际；另一种是社交中的礼节性拜访；还有一种是在某些表达感情或表示祝贺的场合。

平时，应将名片放在易于掏出的地方。不要摸来摸去，找遍全身口袋也找不到，这样会让人觉得你是个没有条理的人；也不可将名片装在屁股后兜里，否则让人看见，会让对方觉得你不尊重他。与客人交往时，在别人作了介绍或者自我介绍之后，如果认为有必要，可取出自己的名片送给对方。递、接名片时要注意：

第一，应双手递名片，并且客气地说上一句："请多关照！""请多指教！"字的正面朝向客人。

第二，接名片也要双手接，接过名片后要看一遍，表示对对方的尊重。

第三，看过名片后要小心放好，可放在名片夹里或口袋里。千万不要在手里摆弄或随手往桌上一放。

有时，在交往中你想得到对方的名片，但对方并未给你，如是正式场合最好不要直言索取。办法有三：一是把自己的名片主动递给对方。二是采用激将法。可说："我们来交换名片好吗？"三是采用请求的办法。如果对方是尊长，可较为谦恭地说："以后如何向您请教？"如果对方为平辈和晚辈，可说："请问以后如何与您联系？"或"如果没有什么不便的话，能否请您留一张名片给我？"

在公务交往中，名片的使用有四个禁忌：一是名片不得加以更改，要保持干净整洁。二是不宜将所有职务、头衔都印在名片上，一般一张名片一个头衔，顶多两个。三是名片中一般不要印上住宅电话。四是不要像发传单那样散发名片，这会给人一种不严肃、随便的感觉。

二、其他常用的见面礼仪

（一）鞠躬

鞠躬是人们在生活中用来表示对别人恭敬而普遍使用的一种礼节。它既适用于庄严肃穆或喜庆欢乐的仪式，又适用于一般的社交场合。鞠躬礼分两种，一种是三鞠躬，也称最敬礼。鞠躬前，应脱帽、摘下围巾、身体立正、目光平视。鞠躬时，身体上部向前下弯约90°，然后即恢复原状，这样连续三次。另一种是一鞠躬，几乎适用于一切社交场合。晚辈对长辈、学生对老师、下级对上级或同事之间以及演讲者、表演者对听众、观众等都可以行一鞠躬。行礼时，身体上部向前倾斜约15°，随即恢复原态，只做一次，受礼者应随即还礼，但长辈对晚辈、上级对下级不鞠躬，欠身点头还礼即可。

在我国，鞠躬礼主要适用于演员谢幕时、举行婚礼时、参加悼念活动时和演讲前后。

（二）拥抱

拥抱礼是欧美各国熟人、朋友之间表示亲密感情的一种礼节，多用于官方或民间的迎送宾客或祝贺致谢等场合。行此礼时，一般是两人相对而立，右臂偏向上，左臂偏下，右手扶在对方左后肩，左手扶在对方后腰，按各自的方位，两人头部及上身都向左相互拥抱，然后头部及上身向右拥抱，再次向左拥抱，礼毕。

拥抱礼在国际交往中较流行。在欧美，是一种较常用的见面礼。在其他地区的一些国家，只流行于上层社会的交往。在我国一般限于亲近的人。

（三）亲吻

亲吻，是源于古代的一种常见礼节。人们常用此礼来表达爱情、友情、尊敬或爱护。据说它产生于婴儿与母亲间的嘴舌相昵。也有人说它产生于史前人类互舔脸部来吃盐的习俗。据文字记载，在公元前，罗马与印度已流行有公开的亲吻礼。有人认为，古罗马人爱嚼香料，行亲吻礼足以传口中芳香。也有人说，古人用亲吻时努嘴的形状来表示爱情的心形。还有人考证，法国是世界上第一个公开行亲吻礼的国家。当代，许多国家及地区的上流社会，此礼日盛。

行此礼时，往往与一定程度的拥抱相结合。不同身份的人，相互亲吻的部位也有所不同。一般而言，夫妻、恋人或情人之间，宜吻唇；长辈与晚辈之间，宜吻脸或额；平辈之间，宜贴面。在公开场合，关系亲密的女子之间可吻脸，男女之间可贴面，晚辈对尊长可吻额，男子对尊贵的女子可吻其手指或手背。非洲某些部族的居民，常以亲吻酋长的脚或酋长走过的地方为荣。

西方现代的亲吻礼，在欧美许多国家广为盛行。美国人尤其爱行此礼，法国人不仅在男女间，而且在男子间也多行此礼。法国男子亲吻时，常常行两次，即左右脸颊各吻一次。比利时人的亲吻比较热烈，往往反复多次。

在当代，许多国家的迎宾场合，宾主往往行以握手、拥抱、左右吻面或贴面的联动性礼节，以示敬意。

（四）举手

此礼节是世界各国军人见面时的专用礼节，起源于中世纪的欧洲。当时的骑士们常常在公主和贵族们面前比武，在经过公主的座位时，要口唱赞歌，歌词往往把公主比成光芒四射的美丽的太阳，因而武士们看公主时总要把手举到额前作遮挡太阳的姿势。这就是举手礼的由来。行举手礼时，要举右手，手指伸直并齐，指尖接触帽檐右侧，手掌微向外，右上臂与肩齐高，双目注视对方，待受礼者答礼后方可将手放下。

（五）致意

公共场合远距离遇到相识的人，一般是举右手打招呼并点头示意。男子戴帽时应施脱帽礼，即两人相遇可摘帽点头致意，离别时再戴上帽子。有时遇相识者侧身而过，从礼节上讲，也应回身说声“您好”。手将帽子掀一下致意。与相识者在同一场合多次见面，只点头致意即可。对一面之交的朋友或不相识者在社交场合均可点头或微笑致意。

另外，在与人打招呼、迎送时，招手致意也较为多见。通常还可以同时说：“您好。”等。招手时，一般应空手。送行时，当被送者渐渐远去，可挥动帽子、纱巾等物，以使其更容易看见，更显得情深意长。

（六）合十

又称“合掌礼”，原是印度古代的一种礼节，后为各国佛教徒沿用为日常普通礼节。行礼时，两掌合于胸前，十指并拢，以示虔敬。此礼可分为下列几大类：

跪合十礼节：各国佛徒拜佛祖或拜高僧时所行的礼节。行礼时，右腿跪地，双手合掌于两眉中间，头部微俯，以示恭敬虔诚。

蹲合十礼节：某些国家的人在拜见父母或师长时的一种礼节。行礼时，必须蹲下，并将合十的掌尖举至两眉间，以表尊敬。

站合十礼节：一些国家的平民之间、平级官员之间相拜，或公务人员拜见长官时常用的一种礼节。行礼时，要站立端正，将合十的掌尖置于胸部或口部，以示敬意。

（七）作揖

作揖又名拱手礼，是旧时的一种施礼方式。左手握空拳，右手抱左手。行此礼时不分尊卑，拱手齐眉，上下略摇动几下。重礼可作揖后鞠躬。我国目前行拱手礼的场合有：

佳节团拜礼节：机关团体成员在佳节相聚一同互相祝贺时，常拱手为礼，并伴有寒暄语。

节日祝贺礼节：邻居、朋友、同事之间，在过年见面时常口称“万事如意”，拱手为礼，表示祝愿。

业务会议礼节：厂长、经理在订货会、产品销售会和签字会上，常向兄弟单位、上级部门拱手致意，并常伴随着“请大家多多关照”之类的寒暄语。

第二节　聚会礼仪

一、参加宴请的礼仪

宴请是交际活动中的一种重要的礼仪形式，大至国家小至家庭，在一定场合都要举行宴会款待各界朋友和亲人。现在，国际上通用的宴请形式有宴会、招待会、茶会、工作餐等。举办宴请活动采用哪种形式，通常根据活动的目的、邀请对象以及经费开支等因素来确定。参加各种宴会应按约定俗成的礼节来进行。

（一）赴宴前的礼仪

1. 抵达

出席宴请活动，抵达时间迟早，逗留时间长短，在一定程度上反映了对主人的尊重。一般客人宜略早到些，抵达宴请地点，先到衣帽间脱下大衣和帽子，然后前往主人迎宾处，主动向主人问好。如是庆祝活动，应表示祝贺。可以按当地习惯赠送花束或花篮，参加家宴可酌情给女主人赠送少量鲜花。

2. 入座

客人应邀出席宴请活动，应听从主人的安排。如果宴会的桌次较多，在进入宴会厅前，先了解自己的桌次和座位。入座时注意看清桌上的桌签和自己的名字，不要随便乱坐。如邻座是长者或妇女，应主动协助他们先坐下，然后自己再坐。

（二）餐具使用的礼仪

中餐餐具主要是碗、筷。西餐餐具则是刀叉、盘子。通常宴请外国人吃中餐，亦以中餐西吃为多，既摆碗筷，又设刀叉。应设筷子架，否则由于一些国家对使用筷子的讲究和忌讳，客人使用筷子过程中将无处放置。刀叉的使用是右手持刀，左手持叉，将食物切成小块，然后用叉送入口中。欧洲人使用刀叉时不需换手，即从切割到送食物入口均以左手持叉，美国人则切割后把刀放下，右手持叉送食入口。

刀除了用于切割食品外，还用于帮助将食品拨到叉齿上，又可以单独用于进食或取食。欧洲人习惯于刀叉并用，叉齿向下；美国人则经常叉单独用，叉齿向上。有些食物在取食时无须用刀切割，则用叉切割，比如奶酪等。

就餐时按刀叉顺序由外往里取用。每道菜吃完后，将刀叉并拢平放盘内，以示吃完。如未吃完，则摆成“八”字置于盘上，刀口应向内。吃鸡、龙虾时，经主人同意，可以用手撕开吃，或用刀叉把肉割下，切成小块吃。不易叉的食品，可用刀将其轻轻推上叉。

喝汤时，用匙进食。持匙用右手，持法同持叉。汤用深盘或小碗盛放，喝汤时用汤匙由内向外舀起送入口中，即将喝尽时可将盘向外略托起舀食。吃带有腥味或怪味的食品，如鱼、虾、野味等，均配有柠檬片，可用手指将汁挤出滴在食物上，以去腥味。吃冰淇淋一般用小匙。西餐每吃一道菜，就要换一次刀叉。

（三）进餐的礼仪

入座后，主人招呼，即可开始进餐，举止要文雅大方。要注意下面几点：

第一，进餐前勿用餐巾纸去擦餐具。宴会上的餐具都是经过严格消毒的，当着主人的面擦餐具，是一种失礼的行为。餐巾应展开放在膝上。

第二，取菜时不要盛得太多。盘中食物吃完以后，如不够，可以再取。如由招待员布菜，需添加时，由招待员送上再取。如遇本人不能吃或不爱吃的菜肴，当招待员上菜或主人让菜时不要拒绝，可取少量放在盘内，并说声：“谢谢，够了。”对不合口味的菜，切勿露出厌恶的表情。

第三，吃东西注意文雅。要闭嘴咀嚼，不要舔嘴唇或咂嘴发出声音；在咀嚼食物时不要讲话，更不要主动与人谈话；喝汤不要啜，不要发出声响；如汤菜太热，可等稍凉后再吃，切勿用嘴吹；嘴内鱼刺不要直接外吐，可用餐巾捂嘴，用手取出；盘中剩少量菜肴，如不易取时，不要用叉子刮盘底，更不要用手指去拿，应以小块面包或刀子相助上叉；面包一般掰成小块送入口中，不要拿着整块咬；取用黄油或果酱时，也要先将面包掰成小块再抹。剔牙时用手或餐巾遮口。

第四，吃剩的菜，用过的餐具、牙签，都应放在盘内，勿置桌上。就餐时不要狼吞虎咽，也不要一点不吃。当主人劝客再添菜时，如有“胃口”，添食不算失礼，相反，主人也许会引以为荣。

（四）其他礼仪

1. 交谈

无论是主人、客人或陪客，都应尽量与同桌的人交谈，特别是左邻右座。不要只与熟悉的人或一两个人说话。邻座如不相识，可先自我介绍。

谈话时应避免高声失态，当别人讲话时，不可插话，那是很不礼貌的。

一般来说，宴会上的愉快交谈可以说是最佳的社交谈话，讨论问题可深、可浅，可严肃、可轻松愉快。

在宴会上，争论是不可原谅的。热烈的讨论，感情激动地陈述某种观点，维护和抨击某种立场，固然是允许的，但始终应该尊重别人的观点，而且不要带有恶意。如果发生了争吵，则需妥善地处理。

用餐过程中说话，切记注意不要将口中的食物喷出来。一般的做法是：当你在咀嚼食物时，可通过点头等体态语表示意会别人谈话。待食物咽下，喝口饮料或佐餐酒将口腔清洗干净，用餐巾擦嘴，再回答别人的问题。

2. 祝酒

重要的正式宴会，一般都有祝酒的礼节。作为主人，应事先了解为何人祝酒、何时祝酒等，以便做好必要的准备。碰杯时，主人和主宾先碰，人多时可同时举杯祝酒，不一定逐一碰杯。在主人和主宾致辞、祝酒时，应暂停进餐和交谈，并注意倾听，也不要借此机会抽烟。主人和主宾讲完话与贵宾席人员碰杯后，有时还要到其他各桌敬酒，遇此情况应起立举杯。碰杯时，要目视对方致意，不能一手举杯，左顾右盼。

宴会敬酒只是一种礼仪形式，表示友好，活跃气氛，不是为了喝酒，所以切忌喝酒过量。喝酒过量容易失言和失态，因此应控制在本人酒量的1/3以内。另外，不要劝酒，更不要灌酒，灌酒是一种丑恶的行为。当有人为你斟酒或提议碰杯时，当然也不要拒绝，即使不会喝或一滴酒不喝也不算失礼，只要你将杯口在唇上碰一碰以示敬意即可。正式宴会共同祝酒也只有一次，不能没完没了。

3. 宽衣

在公共社交场合，无论天气多么炎热，也不能当众解开纽扣、敞开外衣。小型便宴和家宴，如主人请客人宽衣，男宾可以脱下外衣，搭在椅背上或挂在衣帽架上。

4. 饮茶（或喝咖啡）

饮茶、喝咖啡时，通常均用单独的器皿盛放牛奶和白糖。如愿加牛奶和白糖，可自取放在杯中，用小茶匙搅拌以后，仍将茶匙放回小碟内。喝时右手端杯把，小口小口地喝，不要喝出声来。

5. 吃水果

在宴会上吃梨或苹果时，不要整个拿着啃、大口大口地咬，显得没礼貌。应先用水果刀切成四瓣或六瓣，用刀去皮和核，然后用手拿着吃。削皮时，刀口要朝里，从外向里削。香蕉先剥皮，用刀切成小块吃。橙子用刀切成块吃，切忌边吃边吐果皮、果核。

6. 用水盂

在宴会上，上鸡、龙虾或水果时，有时送上一个小水盂（铜盆、瓷盆或水晶玻璃缸），水上漂有玫瑰花和别的花瓣或柠檬片，也有的放一两粒花石子，供洗手用。洗时两手轮流沾湿手指，轻轻涮洗，然后再用餐巾或小毛巾擦干手。

7. 纪念品

有的主人为每位出席者备有小纪念品或一朵鲜花。宴会结束后，主人招呼客人带上。遇此，可说一两句赞扬小礼品的话，但不必郑重表示感谢。除主人特别示意作为纪念品的东西外，各种招待用品，包括糖果、水果、香烟等，都不要拿走。

8. 告辞

宴会结束后，男主人务必将客人送至大门口，客人在分手时应对主人的盛情款待表示感谢。若是家宴，则应在宴会后一两日内给主人打电话再表谢意。

9. 意外情况处理

在宴会进行中，由于不慎，也会发生意外情况。如使用刀叉用力过大触碟发出声响、餐具掉落地上、打翻酒水等。对意外发生的情况应沉着，不必着急和慌张。餐具碰出声音，可轻轻向邻座和主人婉言道歉。餐具掉落地上，不要弯腰去拾，可唤服务员处理并另送一副。酒水打翻溅到邻座身上，应表示歉意，并协助擦干。如对方是妇女，只将干净餐巾或手帕送上，由她自己擦干即可。

二、参加舞会的礼仪

在各式各样的交际应酬中，号召力最强、最受欢迎的应该首推舞会。实际上，舞会的确是人际交往，特别是异性之间交往的一种轻松、愉快的良好形式。

人们参加舞会不仅仅是为了陶冶情趣，还具有十分重要的交际目的。在优美的乐曲、美妙的灯光、高雅的舞姿的相互衬托之下，人们既可以联络老朋友，结识新朋友，也可以与交往对象在轻歌曼舞之中，传递信息，交流感情。

在舞会上，约束自己的具体表现，主要是要注意修饰、邀舞、拒绝、舞姿、交际五个方面的基本问题。

（一）必要的修饰

在参加舞会之际，每个人都必须依照礼仪规范对自己的仪容、仪表进行修饰。在仪容方面，舞会的参加者均应事先沐浴，并梳理适当的发型。另外，必须特别注意两点：一方面，务必注意个人的口腔卫生，认真消除口腔中的异味；另一方面，外伤患者、感冒患者以及其他传染病患者，应自觉地不参加舞会，以免传染给他人或影响大家的情绪。

参加舞会之前，还可以进行适度的化妆。因舞会大都在晚间举行，并有各种彩色灯光的照耀，故舞会妆可以相对浓一些。男士化妆一般着重于美发、护肤和祛味。女士一般侧重于美容和美发。

另外，舞会的参加者必须注重自己的着装。若举办者对着装有明确的要求，则应遵循。若举办者没有特别声明，舞会参加者可以穿格调高雅的礼服、时装或民族服装。在舞会上，不允许戴帽子、墨镜，或者穿拖鞋、凉鞋、旅游鞋，也不能穿得过露、过透、过短或过紧。

（二）舞伴的邀请

邀请舞伴时，一般惯例是男士去邀请女士，不过女士可以拒绝。女士也可以主动邀请男士，但一般只能邀请在一起跳过舞，彼此相知的男舞伴跳舞，男士无论如何不能拒绝，若因非常重要的原因不能应邀，应请女士在他身边坐下或陪她去酒吧。

在正式的舞会上，同性之间切勿共舞。若两位男士一起共舞，会给人以关系异乎寻常之感，同时对在座的女士是不敬的。若两位女士一起共舞，则意味着对男士不满，男士见到这一情况后，应及时补救。补救的办法是：两位男士一起共舞至两位女士旁，然后一人邀请一位跳舞。

邀舞时，男士应注意仪表风度，服装要整理好，手擦干净，身体弯一些，面带笑容，不要未等对方表示愿意与否时，就伸手去拉对方；不要嘴里吃着东西、叼着烟去邀请舞伴。

依据惯例，舞会的第一支曲子，男士应邀请与自己一同前来的女士共舞。若有必要，二人还可以在结束曲时再共舞一次。一般来说，一对舞伴只宜共舞一支曲子。为了扩大自己的交际面，接下来应当再邀其他的人共舞，千万不要在舞会中只邀请一位舞伴跳舞。

（三）拒绝的方法

在舞会上，被邀一方若要回绝他人的邀请，一定要讲究态度和措辞。

别人邀请自己共舞，是尊重自己的表现，因此切不可对对方视而不见、扭头不理或粗率拒绝。应当相告具体原因，并向对方致歉，对其说一声，“实在对不起”或是“很抱歉”。被拒绝之人要有自知之明，千万不要自找没趣，胡搅蛮缠。当自己拒绝了一个人后，不要马上接受另一个人的邀请，尤其是不能当着前者的面。否则，会被前者视为是对自己的侮辱。

拒绝别人的邀请，应使用委婉、暗示的词语。在礼仪上，这种词语叫托词。在舞会中，最常用的托词有以下六种：

一是“已经有人邀请我”。

二是“我想休息一下”。

三是“我不会跳这种舞”。

四是“我不喜欢跳这种舞”。

五是“我不熟悉这支曲子”。

六是“我不喜欢这支曲子”。

在说托词之前一定要表示歉意，同时注意说话的语气。按照惯例，如果之前已经拒绝了某人，当他再次来邀请时，一般情况下不得再拒绝。

（四）得体的舞姿

要做到舞姿优美，一方面，要讲究舞姿须合乎规范的标准；另一方面，还须使舞姿文明大方。总体要求是姿态优美端庄，表情明朗温和。

跳舞时，身体应当保持平衡，步法切勿零碎、杂乱。要掌握运步方向的技巧，应当依逆时针方向进行，以确保舞池的正常秩序。当有乐队伴奏时，跳舞者应当在曲终时面向乐队立正鼓掌，以示感谢，然后方可离去。另外，已共舞一曲的男女双方，应相互欠身致谢。男士还应当把自己的舞伴送回其原来休息之处并致谢以后，才可再去邀请其他女士共舞。

在舞池中跳舞时，舞姿要合乎规范，切不可自己创造一些夸张、怪异或粗俗的动作。要注意跳舞时与其他人之间的距离。万一不小心碰撞或踩踏了别人，应当向对方道歉。另一方也应大度地表示“没关系”。

与自己的舞伴共舞时，除必要的以手相互持握之外，两人身体的其他部位都要保持一拳左右的间隔。另外，双目应当注视对方脖颈以上的部位，切不可双目四处扫描。

离开舞池时，一般仍须女士行进在前，男士随行在后。有时，男士亦可在道别后站立于原处，目送女士离去。

（五）适当的交际

舞会之所以亦被称为交谊舞会，是因为舞会是以联谊、交际为主的。因此，参加舞会时，除了一展舞姿以外，还应当多多走动，进行适当的交际活动。

舞会上有时可能会遇见老朋友、老关系，应当与这些熟人抽时间在一旁叙叙旧，致以必要的问候，并且传递适当的信息。切不可一味地在舞池中翩翩起舞。

舞会上也可以结识一些新朋友，通常的做法有三种：

一是主动上前把自己介绍给对方。

二是请主人或其他与双方都熟悉的人士代为介绍。

三是通过邀请舞伴的方法，借与对方共舞一曲而相识。

在舞会上所结识的朋友，不应当进行长时间的交谈。若想与对方以后再叙，可以留下电话等联系方式。若对方无意以后继续交往，切不可强求索要对方的联系方式。否则，会被人视为怀有其他不良目的。

与初次相识的舞伴跳舞时，可以略作交谈。其内容以轻松话题为主，可称赞对方的舞姿、舞技，表扬乐队的演奏，等等。应避开工作、经济效益、复杂的人际关系或病丧等话题。要注意在交谈时不可打探对方的个人隐私、贬低他人的舞技。无论如何，都不要在共舞之际向对方提出以后单独见面的请求，更不能贸然向对方表示自己对对方“一见钟情”的爱慕之意。这些都是有失风度、缺乏修养的行为，也是对对方不尊重的表现。

三、参加沙龙的礼仪

“沙龙”是法语 Salon 一字的译音，原指法国上层人物住宅中的豪华会客厅。从 17 世纪，巴黎的名人（多半是名媛贵妇）常把客厅变成著名的社交场所。进出者，多为戏剧家、小说家、诗人、音乐家、画家、评论家、哲学家和政治家等。他们志趣相投，聚会一堂，一边呷着饮料，欣赏典雅的音乐，一边就共同感兴趣的各种问题促膝长谈，无拘无束。后来，人们便把这种形式的聚会叫做“沙龙”，并风靡于欧美各国文化界，19 世纪是它的鼎盛时期。

正宗的“沙龙”有如下特点：一是定期举行；二是时间为晚上（因为灯光常能营造出一种朦胧的、浪漫主义的美感，激起与会者的情趣、谈锋和灵感）；三是人数不多，是个小圈子；四是自愿结合，三三两两，自由谈论，各抒己见。

沙龙形式自然、内容灵活、品位高雅，可以使渴望友谊、注重信息的人们，既正规又轻松愉快地与其他人进行交际。

按照人们在聚会中所讨论的中心话题或从事的主要活动来区别，沙龙又有许多种类。具体来讲，包罗万象、内容众多的，叫做综合沙龙；亲朋好友、同事、同学相互之间以保持联络为目的的，叫做交际沙龙；主要是为了接待来访者，意在相互了解，加深认识的，叫做联谊沙龙；以学术讨论为主要内容的，叫做学术沙龙；主要由文学艺术爱好者发起的、参加的，叫做文艺沙龙；以休闲、娱乐为主要活动形式的，则叫做休闲沙龙。

在沙龙盛行的时代，我们每个人都有可能在某个时候参加到其中，因此，应该了解一些必要的礼仪常识。

（一）交际型沙龙的筹办

在通常情况下，交际型沙龙的地点、时间、形式、主人和参加者，均应事先议定。它可以由一人发起、提议，也可以由全体参与者群策群力，共同讨论，决定。

1. 地点选择

应当选择条件较好的某家客厅、庭院，或是宾馆、饭店、餐馆、写字楼内的某一专用的房间。它至少应当做到面积大、通风好、温风适中、照明正常、环境优雅、没有噪声、不受外界的其他任何干扰。

2. 举办时间选择

一般应为 2 ~4 小时。在具体执行上，则不必过分地严格。只要大家意犹未尽，那么将其适当地延长一些是完全必要的。通常，为了不影响正常工作，交际型沙龙以在周末下午或晚间举行为好。

3. 举办形式

应根据具体目的，而加以选择。如果大家只想“见一见”，或是“聚一聚”，那么就应当选择较为轻松、随便的同乡会、聚餐会、联欢会、节日晚会或家庭舞会。要是打算好好地“谈一谈”，或是“聊一聊”，则不妨选择不宜“跑题”、分神的咖啡会、座谈会、讨论会等形式。当然，在具体操作上，这几种形式也可以彼此交叉，或同时使用。有时，不确定具体程序或具体“议题”，而听凭参与者们任意发挥，也是可行的。

4. 沙龙主持人的选定

如果是在某家私宅内举行，其主人自然就是此次沙龙的主人。如果它是在外租用场地举行的，则一般应由其发起者或组织者担任主持人。若他独身未婚或配偶不在本地，则应由其父母、子女、同事或秘书来临时充任男主人或女主人。按惯例，沙龙的主人应当有男有女，以便“对口”去分别照顾男宾、女宾们。

5. 沙龙参与者的选定

沙龙的参加者，大体上应当事先确定好。在某些较为正式的沙龙上，参加者彼此之间相识者居多。唯其如此，才有助于大家多交流，少拘束。当然，也不绝对地排斥“新人”加入。只不过“新人”的加入，应提前征得主人的首肯，并以不会同有前嫌的人在沙龙上“狭路相逢”为前提。

(二) 参加沙龙的礼仪

1. 注重仪表

参加沙龙前应认真对自己的仪表、服饰进行必要修饰与斟酌，这样既可体现自己的生活品质，也是参加者对与会人员的尊重。在选服饰和妆容时可根据沙龙主题的内容对应选择赴会的着装和修饰。

作为东道主，男女主人的穿戴，应当尽可能地向自己的身份靠拢。应当指出的一点是，要求主人讲究着装，并不是要求他们过于时尚和豪华。主人的穿着打扮，如若刻意要在沙龙上“鹤立鸡群”，其实反而显得失礼。

2. 恪守规定

就是要求参加沙龙时，要遵守时间，按时赴约，不得无故迟到、早退或是爽约。准时到场或迟到三五分钟，是比较规范的。万一临时有事难以准点到达，或不能前往，需提前通知主人，并向大家表示歉意。迟到太久了，一定要向主人和大家说“对不起”。制造任何借口，都不能“以理服人”。

3. 尊重他人

一是尊重妇女、长者。主动自觉地尊重、照顾、体谅、帮助、保护妇女和长者，并积极地为其排忧解难。许多人平常津津乐道的绅士风度和高尚修养，其实都不是空谈，它们在现实生活中，是与尊重妇女、尊重长者紧密联系在一起的。要尊重妇女、尊重长者，就不允许在他们面前胡言乱语，行为嚣张。不应当在妇女、长者面前说“脏”字，开无聊过头的玩笑，不准把失敬于人的话语挂在嘴上。不允许与妇女、长者动手动脚，打打闹闹。行走时，应请其优先。就座时，应让其为尊。携带物品时，应为其代劳。安排活动时，应首先考虑他们的状况。

二是体谅与尊重主人。所谓体谅主人，就是要求在参加沙龙活动时，应当设身处地地时时处处多替主人着想，并尽可能地对其援之以手。参加沙龙之初，不要忘了去问候主人。在沙龙举办期间，可以找机会向主人询问一下“我能做一些什么”。在沙龙结束时，在向主人道别之后，方可告辞。在沙龙举办期间，即使有些事情不一定尽如人意，也要保持克制、别说怪话。不要对主人所作的安排评头论足，说三道四。不要当着他人的面，翻出让主人难堪的“历史旧账”，或是指责、非议、侮辱主人。在主人家中参加沙龙时，不要自以为与主人过从甚密，便可以不讲公德。比方说，不管主人有无要求，都不可吸烟、随地吐痰或乱扔东西。不允许擅自闯入非活动区域，如到书房、卧室、阳台、储藏室等处“参观访问”，翻箱倒柜，乱拿或乱动主人的物品。

第三节 往来礼仪

一、拜访的礼仪

拜访是一种双向的聚会活动，它一般是指前往他人的工作地点或其私人住所，会晤、探望对方，或是进行其他方面的接触。不论在公务交往还是私人交往中，拜访都是人们习以为常的一种交际方式。在拜访中，对于宾主双方都应依照相应的礼仪规范行事。

（一）预先有约

拜访他人，一般应当预约，以便对方安排自己的日程。尤其是对待一般关系的交往对象，不宜充当不邀而至、扰乱对方计划的不速之客。从某种意义上讲，拜访需要有约在先，这既体现个人修养，更是对主人的尊重。

预先有约的含义既包括时间、地点、人数的约定，还包括要如约而至。即在事先约定了拜会时间以后，必须认真遵守，轻易不再更改。万一有特殊原因，需要推迟或者取消拜会，应当尽快以合适的方式通知对方，切不可让对方空等。当然，也不要早到，让对方措手不及，出现令双方尴尬的局面。

（二）登门有礼

一是要先行通报。在抵达主人办公室或私人住所门外后，无论与主人的关系多好，也绝不可不打任何招呼，便破门而入。应采用合乎礼仪的方式，向对方通报自己的到来。一般来讲，可以请其秘书或家人转告，也可以敲门。敲门时，以食指轻叩二三下即可；按门铃时，则让铃响二三下即可。若室内没有反应，可过一会儿再按一次。不可用拳头擂门，用脚踢门，或把门铃按个不停。

二是要施礼问候。若与主人是第一次见面，应先对自己略作介绍，向对方主动问好，并与对方握手。如果遇见主人的同事或亲属在场，应当主动向对方打招呼、问好，不应旁若无人，不理不睬。

一般来说，前往拜访对象的办公处拜访，不必携带礼品。但若前往亲朋好友的私人居所做客时，可以给对方携带一些小礼物，如鲜花、糖果、书籍等。在进门之后，应立即向主人呈上自己的礼物，不要等到告辞时再拿出来。

三是要注意着装。在拜访时，应对自己的着装进行认真的选择。着装应当干净、整洁、庄重，过分随意的服装是不宜选择的。

进门之后，一般应当主动脱下外套，并且摘下帽子、墨镜、手套，将其放于适当之处。如果携带了手袋、雨伞等东西，应当在征得主人的同意后，将其放在就座后右手下面的地板上或主人指定的地方，而不宜将其放在主人的桌椅或茶几上。

四是要应邀就座。进入室内之后，不可立即见到座位就坐下，一般应就座于主人为来宾指定的位置。就座时，最好与其他人，尤其是主人一起落座。

（三）会客有方

在拜访期间，要注意围绕主题、限定范围和适时告辞这三件事情。

一是围绕主题。登门拜访，是“无事不登三宝殿”，一般都有明确的目的。所以，拜访者应抓住会见的主题，而不要“跑题”。可向主人开门见山地表明来意，并力争解决问题。切不可言不及题，态度暧昧，或是随意变更主题，令主人摸不清你的来意，无所适从。

二是限定范围。要使拜访围绕主题进行，就应当自觉地限定自己的交际范围和谈话范围。因此，客人不宜对主人的同事、亲属或友人表现出浓厚的兴趣，也不可询问主人的个人隐私，或是未经主人允许在室内到处走动、乱动、乱翻主人的物品。

三是适时告辞。一般来讲，拜访时间的长短双方已事先约定好了，所以客人应当谨记在心，到时便告辞。如果双方事先没有约定会见时间的长短，一般应以 1 小时为限，初次拜会，则不宜长于半个小时。

告辞时要注意：要辞就坚决辞，不要在主人表示客气后又坐下来；告辞要选在自己讲话告一段落时，不要在有人进来时马上告辞；刚吃完饭不要告辞；若有多人在场，告辞时只向主人和发现的人打招呼即可。告别时，应与主人握手作别，并对其招待表示谢意。切不可听任对方相送甚远，或是长时间与主人在门口惜别。

二、待客的礼仪

待客的核心在于主随客便，待客以礼。

（一）精心准备

在与来访者约定时间后，应当立即着手待客的准备工作，以免当客人到来后，自己手忙脚乱。一般而言，作为主人，要从以下几个方面做好准备工作：

一是要布置好环境。若是准备一次较为正式的拜会，就要事先专门进行一次清洁卫生工作，以便创造出良好的待客环境，并借以完善个人的整体形象。同时，也体现出主方对客方的尊重。

二是要备好待客用品。第一，要准备一些饮料、糖果、点心和水果；第二，可准备香烟，但不能勉强对方；第三，可准备一些报纸、杂志或玩具，以供客人尤其是随其而来的孩子使用；第四，还可以准备一些娱乐用品。

三是要备好膳食。若为客人预先准备了膳食，应当在会面之初就向客人表明自己的留饭之意。切不可只顾自己用餐，而不招待来宾，让对方空腹而归。另外，若是接待外地来的朋友，必须考虑其住宿问题。

四是要准备好必要的交通工具。作为主人，一定要为客人考虑好其来去的交通问题。如果自己有能力，可以为对方主动安排或提供交通工具。这样做，不仅是为客人排忧解难，而且也能体现主人的待客之道与善解人意。

（二）热情待客

客人前来拜访，主人一定要热情对待，使其有宾至如归之感，也使其更好地感觉到主人是真心诚意欢迎自己的。可从以下三个方面考虑：

一是要一心一意。倘若有客来访，自己仍忙于自己的私事，如看书读报，忙于家务，打起电话没完，与家人或同事聊天，甚至闭目养神，对客人爱理不理，这只能说明自己对客人三心二意，是一名不合格的主人。

二是要兴趣盎然。主人在客人面前，应当充当一名称职的“主持人”和最佳的听众。切不可使主宾之间的交谈出现冷场，或是对客人的谈吐明显地表现出毫无兴致。作为“主持人”，主人的任务是为双方寻找共同的话题，而不使大家相对静坐，无话可说。万一客人之间的交谈不甚融洽时，主人还需出面转移话题；作为听众，主人需要在客人讲话时洗耳恭听，并对此抱有浓厚的兴趣，令对方谈兴剧增，有话可谈。

三是要主次分明。主次分明在此具有两层意思。一方面，在待客之时，来宾即为主人活动的中心，主人的私事应从属于来宾接待这一中心。另一方面，在待客之时，应把此时此刻正在接待的客人视为最重要的客人。也就是说，对于后到的来宾既要接待，又不能为此转而抛弃目前正在接待的客人。应当以正在接待的客人为主，以将要接待的客人为“次”。若有可能，一般要尽量避免让重要的客人同时到场。万一遇上了这种局面，既可以合并在一起接待，也可以先请他人代为接待一下后来之人，自己打过招呼即应回去继续接待先到之客。

（三）以礼迎送

主人对来访的客人应当以礼迎送。既要热情欢迎，也要热情相送，充分表现自己的好客之意。迎送宾客，一般须考虑以下五个方面的问题。

一是迎候。对常来常往的熟客，主人一旦得知对方来访，应当立即起身，相迎于室外。不可让他人特别是孩子代为迎客，或是当客人到来后依旧在做自己的事。

对于重要的宾客和初次来访者，主人可以亲自前往或派人前去迎候。迎候外地来客，可恭候于其抵达本地的机场、港口、车站，或是其下榻之处，并要事先告知对方。

二是致意。客人来访，应当面带微笑，与对方热情握手，同时向对方真诚地表示欢迎，并致以亲切的问候。一般来说，握手、问候、表示欢迎是主人必不可少的迎宾三部曲。

假如客人来访时，恰有家人、朋友、同事或其他客人在场，主人应当为其进行相互介绍。切不可不予答理，或是让其自行接触。

三是让座。客人来访，主人在握手、问候、表示欢迎之后，应当尽快让客人落座。切不可把客人拦在门口说个没完，这只能表明主人对客人不甚欢迎，向对方暗示其来得不是时候。

四是均等。当主人面对众多的来访者时，一方面要注意待客有序，另一方面则要注意一视同仁。待客有序是指与客人握手、问候和让座、献茶时，要依照惯例依次而行。一般讲究女士先于男士，长者先于晚辈，位高者先于位低者。所谓一视同仁，是要求主人在接待多方来宾时，在态度与行动上，均要对其平等相待、一视同仁，切不可有意分亲疏，论贵贱，讲性别，厚此薄彼。

五是送别。一般来讲，告别是由客人先提出来的，此时要认真诚恳地加以挽留。只有在客人执意要走时方可起身送行。

对本地客人来讲，送行的地点应为大门口、楼下或是其所乘的车辆离去之处。至少，也要将客人送至室外。对外地来客，可以在机场、港口、车站或其下榻之处为其送别。

与客人告别时，主人应与之握手并道“再见”。当客人离去时，应向其挥手致意。当对方离开之后，主人方可离开。若是在机场、港口、车站为客人送别，应当在对方所乘的交通工具消失于自己的视野之后，主人方可离开。切不可在对方的交通工具尚未开动时，主人已抢先离去。

三、馈赠的礼仪

馈赠是人际交往中一种表达友情、敬重和感激的形式。正当的馈赠是心甘情愿的，并且应当给他人带来欢乐。如果把它当做一种负担，或一种炫耀自己富有的方式，甚至是为了能够得到更多的回礼，都是极其庸俗的。

馈赠的目的在于沟通感情和保持联系，所以它不仅是一种形式，更为重要的是馈赠者的人品和诚心诚意。要恰如其分地做到这一点，必须注意礼品的选择、馈赠的时间和方式。

（一）礼品的选择

馈赠之前，要对礼品进行认真的选择。馈赠的一方要考虑受礼一方的性别、婚否、教养和嗜好。挑选具有鲜明的特色、突出的标志，并能够使其经常看见或经常使用的礼品，所送的礼品既不要增加受礼者的心理负担，又要使之产生受重视的感觉。礼品要有创造性，并为受礼者所喜爱。

一般而言，所有礼品都可分为以下两种。其一，可以长期保存的礼品。如工艺品、书画、照片、相册等。其二，保存时间较短的礼品。如挂历、电影票和一次性消费品等。前者礼重意深，后者经济实用。馈赠可根据自己的实际情况加以选择。馈赠的要诀是：实用，恰当。

在选择礼品时，要注意以下几点：

1. 礼品要有特色

首先，送礼之前，应了解受礼人的爱好、习惯、文化层次、修养等情况，千万不要不知对象，仓促送礼。否则对方收下礼物后说不定就放在一边了，起不到礼物应有的作用。比如对一些讲究实惠的人，宜送些实用的礼物；对追求精神享受的人，宜选择一些精美高雅的工艺品；对生活困难者，应缺什么送什么，有时送些钱效果更佳。

其次，可选择一些具有一定纪念意义的、有一定艺术性和趣味性的礼品，如给喜欢集邮的人送上一套珍贵的邮票，给喜欢音乐的朋友送上几张 CD 唱片，这都是富有情趣又值得纪念的珍贵礼品，往往能带给对方意外的惊喜。

2. 礼品不可太贵重

俗话说：“礼轻情谊重。”送礼不必太贵重，太贵重的礼物往往不妥当，一来增加受礼人的心理负担，二来有“重礼之下必有所求”之嫌。礼物是否贵重要根据送礼者的经济情况和双方感情深度而定。社会上一般的朋友交往送的礼品都是礼节性的，如逢年过节，朋友之间走动，带些小礼物就可以了。平时，朋友之间也可以相互送些礼物，一般都是以什么事为理由。比如：朋友家人过生日、孩子升学、外出参加工作等，这时可送些小纪念品。再如：朋友有什么喜事，还可送去鲜花，表示祝贺，东西虽少，可是很受欢迎，能提高交际档次。

3. 礼品要注意包装

赠送的礼品一定要带包装，而且要装潢精美。切不可把乱七八糟的礼品放在一起，随便用一件什么东西，或提包一装就送去了，这样礼品再多别人也不会高兴的，这是对对方不尊重的行为。另外，礼品的价格标签应在事先除去。

（二）馈赠的时机

一般来说，当接到请帖时，便应考虑送礼。但也有例外，如业务上联络的请帖，受请的人都无须送礼，其他几乎是有请必送，接到请柬而不送礼的情形是很少见的。

送礼应该注意的是宴会举行的日期和地点。按照惯例，礼物应在宴会举行之前送往主人家才表示恭敬。除非路途较远或接到请柬过迟，否则不要携礼赴宴。虽然普通在家举行的小宴如老友或同事孩子满月之类，临时送礼也不足为怪。但是若遇婚嫁、大寿等大宴会就失礼了。至于事后补送礼，是绝无仅有的，除非宴会举行时不在本地，而对方又是老友。

归纳起来，下面几种情况应该考虑送礼：

1. 喜庆嫁娶

乔迁新居、过生日、生小孩、庆祝寿诞，遇到亲友家中这些喜庆日子，一般应考虑备礼相赠，以示庆贺。亲友去世，家境又不大富裕的可考虑馈赠一定财物，以帮助他们解决困难。

2. 欢庆节日

遇到我国传统节日如春节、端午节、中秋节、重阳节等，亲朋之间往来走动可送礼；法定节假日如元旦、五一、国庆节也可以送些适当的礼物表示祝贺。

3. 探视病人

到医院或别人家中去探望病中的亲友、同事、领导，可以送些水果、食品和营养品，以表示关心。

4. 酬谢他人

当自己在生活中遇到困难或挫折时，亲朋好友对你伸出过援助之手，事后应考虑送些礼物表示酬谢。

5. 亲友远行

同窗数载毕业后各奔东西，亲朋远行，甚至到异国他乡，为表示自己的惜别之情，一般宜送些礼物。

6. 拜访、做客

这些时候可以备些礼物，送给主人，特别是女主人和主人家的小孩。

7. 还礼

“来而不往非礼也”是中国的传统，接受别人礼物后，一般都应考虑回赠一些礼品，以示感谢。

（三）受礼的礼仪

中国人受礼后一般要等客人走后才打开，外国人则习惯当着客人的面打开包装，并说上几句赞美礼品的话。要是知道了礼品比较贵重的话，还是当面拆开包装为好，原封不动地放在一边是不好的，那会使人觉得你对别人所送的礼品毫无兴趣，因而产生不愉快的感觉。即使收到的礼品不合心意，也应当像接受自己所喜欢的礼品一样，说上几句感激对方和称赞礼品的话。

收到别人的礼品，应双手捧接，并立即表示感谢。中国人一般在这时要客套几句，馈赠的一方要表示礼轻情谊重，受礼的一方要推辞一下，但注意不要表现得过分。

假如准备退还礼品，应在 24 小时内进行。同时要感激馈赠者，并说明为什么不能接受礼品。在商业活动中，拒收礼品时，可以附上专门的信件说明一下原因。对此处置要恰当，不能使用讥讽、挖苦、侮辱性的词句。

此外，接到别人的馈赠后，要想办法回礼才合乎礼仪。如果刚接受了亲友送你的礼物，不宜当场就回赠，这样会显得很俗气，也会令送礼者为难。可以在客人临走时回赠。一般适宜在客人小坐一会儿以后，离开告辞时回赠礼品，以表示感谢。也可以在接受礼物一段时间之后登门回访，顺便带给对方一些礼物表示谢意。还可以寻找机会回赠，如在对方婚丧喜庆的日子送上适宜的礼物以表示你的感谢。

（四）馈赠禁忌

古今中外，都有各自的民俗禁忌。在选择礼品时，也应考虑到各种民俗禁忌，以避免被人以为无知和无礼。

1. 数字禁忌

在我国有“好事成双”之说，故逢喜事送礼一定要送“双礼”，如酒送两瓶，钱不能送单数等。西方人普遍忌讳“13”，楼没有 13 层，房间没有 13 号，用“12A”来代替 13 层或 13 号；影院、会场、航班、宴席桌次等均没有 13 排、13 座、13 号等；每月的 13 日也是诚惶诚恐的日子。日本人、朝鲜人忌讳“4”字，因“4”同“死”谐音。日本人还忌讳“9”字，因为“9”的发音与“苦”相近。海外华侨和港澳台同胞中的广东籍人，也忌“4”。故在选择礼物时，均应避开上述数字。

2. 颜色禁忌

中国人普遍忌讳黑色，认为黑色是凶灾、哀丧之色，不吉利，故礼物不能用黑色纸包装。对白色，有些场合也忌讳，认为这是悲哀、贫穷之色。多偏爱红色，认为红色是大吉大利的。欧美人也不喜欢黑色，认为黑色是哀丧之色，遇到丧事，多以黑色为丧礼的颜色。西方人崇尚白色，新娘穿白衣，送礼也用白纸包，白绸带系，表示纯洁。印度人视白色为不受欢迎的颜色。巴西人认为紫色表示悲伤，棕黄色为凶灾之色，若两者配在一起，定会引起凶兆。日本人忌绿色，认为绿色是不吉祥的。埃及人不喜欢蓝色，认为那是恶魔颜色。土耳其人认为花色是凶兆，忌用花色装饰房间。故在选择礼品时，应根据不同人的爱好，避免有禁忌的颜色的礼品。

3. 物品的禁忌

在我国，非常忌讳在婚礼时送钟、送梨和送伞，因“钟”与“终”、“梨”与“离”、“伞”与“散”是谐音，很不吉利。在我国台湾等地，手巾、粽子都是禁送之物，台湾俗语有“送巾断根”之说，非丧事一律不能送手巾；台湾的居丧之家习惯既不蒸甜食，也不包粽子。如果以粽子赠人，会被误解为把对方当做丧家，所以非常忌讳。

在美国，特别忌讳送带有你单位标志的便宜东西，但头巾和手绢除外。如果你是男士，不要送给美国女士香水、衣物和化妆品。

4. 图案禁忌

英国人忌有大象图案、山羊图案、孔雀图案的物品，他们认为大象是蠢笨的象征，山羊在英语里是不正经男子的代号，孔雀在英国是淫鸟、祸鸟。法国人不喜欢仙鹤图案，认为仙鹤是蠢汉和淫妇的代称。北非利比亚忌讳狗的图案。瑞士忌讳猫头鹰的图案，认为那是“死人的象征”。捷克和斯洛伐克忌用“红三角”，认为它是有毒的象征。在送礼时，切忌把有关这些图案的礼物送给这些国家的人。

5. 花木禁忌

在欧洲，人们送鲜花时，除了生日和命名日之外，忌用白色鲜花。探望病人时忌送香味浓烈的鲜花，也忌用白色和红色拼配在一起的鲜花。忌用菊花送礼，因为菊花是丧葬墓地用花。

对日本人严禁以根花、盆花为礼探视病人。因为日文的“根”与“睡”发音相同。日本人探视病人忌用山茶花、仙客来花、淡黄色花和白色花，因为山茶花凋谢时整个花头落地，很不吉利；仙客来花，日文发音“希苦拉面”，而“希”同日语的“死”发音相同。印度人和日本人忌以荷花作为赠礼，因为他们多以荷花作为祭祀之花。

波兰人忌讳送人造花、干花或枯萎的花。波兰人认为，送干花或枯花，意味着情谊的终结。德国人忌以郁金香作为赠礼之花，认为郁金香是无情的花。英国人忌以黄玫瑰作为赠礼之花，认为黄玫瑰象征亲友分离。

第四节　通信礼仪

在现代生活中，各式各样的通信工具正在源源不断地问世，并且广泛地介入每一个人的生活空间。通信礼仪，通常是指人们利用传统的或现代化的通信方式（如书信、电话、电子邮件等）时，所应当自觉遵守的礼仪规范。

一、书信礼仪

书信是个人与个人、个人与单位、单位与单位之间，借助文字交流思想感情、互通情报、联系工作、讨论问题，洽谈业务的一种通信手段。它虽是一种传统的方式，但在现代生活中仍然发挥着重要的作用。

在应用书信这种通信手段时应注意：

（一）称呼要合适

称呼即称谓，它是人们由于亲属和其他方面的相互关系，以及由于身份、职业等而得来的。写信一开始便要根据写信人与收信人的关系选用恰当的、符合礼仪的称呼。

写给长辈时，如有亲属关系的就按辈分称呼；无亲属关系的就按习惯称呼，如“××同志”、“×先生”、“×经理”、“×教授”等；对高龄者可称“×老”。对长辈的称呼前面一般可加上表示亲热或尊敬的修饰语，如“亲爱的爸爸”，“敬爱的×教授”等。同时要注意，有亲属关系的不要直呼其名，无亲属关系的也应尽量避免指名道姓，否则是失礼的。

写给平辈，不论有无亲属关系，均可称兄道弟，如“××兄”，但不要加姓。也可按习惯在对方的姓前加“老”或“小”，如“老王”、“小李”等。

写给小辈，有亲属关系的一般是名字后加上称谓，如“×儿”，也可只用称谓；没有亲属关系的可按习惯称“××同志”，也可在姓前加“小”字，以示亲近。

称呼应顶格写，并单独成行，这是尊敬与礼貌的表示。

（二）问候要热情

问候是人与人交往的必不可少的礼节。写信虽不直接见面，但也是一种交往。所以，不论与对方是否相识，也不论交情深浅，都要向对方热情问候。

问候语可长可短。使用什么样的问候语都应以使对方感到自然，亲切，心情舒畅为原则。常用的问候语有“您好”、“你好”、“你们好”等。如果遇上过年过节，婚生庆典等情况，问候语则可灵活运用，如“新年好”、“生日快乐”、“开张大吉”等。

问候语应写在称呼之下，另起一行空两格写。

（三）正文要得体

所谓得体，就是有礼貌，有分寸，不要失礼，不要引起对方的不快或者误会。

在内容安排上，应先写对方的事（回答对方来信想问之事或托办之事），再写自己的事，以示对对方的尊重。在语言上，遣词造句要有分寸，不要打官腔，不要盛气凌人，不用命令语气，不要伤害对方的自尊心。注意词义的褒贬，意义的轻重。一字一句都应仔细斟酌，做到亲切、自然、有礼貌、有感情。在行文上，要尽量做到简洁明白，如果拖沓累赘会浪费对方的时间，引起对方的厌烦，这不但会影响工作，而且也是失礼的。

同时，在书信中还要正确使用敬语和谦语。如尊称对方的亲人为“令尊”、“令堂”、“令兄”、“令妹”，对自己的亲人则称“家父”、“家母”、“家兄”、“舍妹”，等等，称别人的书信为“大札”、“惠书”，称读别人的书信为“捧读”、“拜读”，还有“愚兄”、“贤弟”、“高兄”、“拙兄”等，使用时不要用错了地方、用错了对象，以致弄巧成拙。

此外，还要注意不写错别字，不要因错别字造成误会。

（四）祝颂要诚恳

书信的祝颂语，如朋友告别，互道珍重等，也是一种礼貌的表示。祝颂语对长辈常用“敬祝健康”、“恭请大安”等；对平辈常用“祝你健康”、“祝工作顺利”等；对晚辈常用“即问近好”、“望努力向上”等；对组织、对同志（包括不太熟悉的人）的公务信函则常用“此致、敬礼”。祝颂语多种多样，还可根据实际情况选用，如对教师可用“教安”，对作家、编辑可用“撰安”，在春季可用“春安”等。

祝颂语在写法上有一定的格式要求。一般在正文写完之后，紧接着写“祝你”或“此致”，另起一行顶格写“健康”或“敬礼”等，以示尊敬与礼貌。如正文写完已无空余的地方，可另起一行空两格写“祝你”或“此致”，再另起一行顶格写“健康”或“敬礼”，也可在正文写完后另起一行空两格写“祝你健康”等。

（五）落款要恰当

落款和称呼一样，要根据写信人和收信人的关系而定。如果写给熟悉的亲属、朋友，可在名字（不加姓）前加上相应的称呼，如“弟”、“妹”、“儿”、“侄”等。也可在名字前加上谦语，如“愚弟”、“后学”等。写给关系不太密切的人或写给组织的信，则应姓名全写上。如果落款不恰当是有失礼貌的。

（六）信封要标准

所谓标准，一是用标准信封，二是书写清晰，文字规范。如果不标准，马虎潦草，不但会给投递带来困难，而且是不尊重对方、不礼貌的表现，还会造成对方对你的修养和能力的怀疑。

（七）收信后要及时处理

收信后应及时拆阅，对对方提出的问题和请求应明确答复，热情相助，如本人或本单位不能解决，可提供信息，或作解释，致以歉意，以便对方及时另想办法。如遇特殊情况，像长时间出差未归或信在投递途中被耽搁等，未能及时回信也应作出说明，请求原谅。对来信搁置不顾，延误时间，冷淡厌烦，能助而不相助，都是失礼的表现。

二、电话礼仪

随着通信业的发展，固定电话、移动电话日益普及，已成为现代交际的一个重要工具和手段，如何打电话、接电话是现代人的必修课。现在有些国家已经开始提出“电话文化”的新概念，号召向接电话粗鲁的态度开战。接电话的态度不仅反映个人的涵养和风度，更体现一个组织的形象。具体来讲，在使用电话时，无论是作为拨打电话的一方还是作为接听电话的一方，在礼仪规范上都有不同的详尽要求。

（一）固定电话使用礼仪

1. 拨打电话

在通话过程中，拨打电话者始终处于主动、支配的地位，因此，要注意把握好以下几个问题：

（1）挑选适宜的通话时间。一是要选好通话时机。通话的最佳时机有：①双方预定的时间；②接听电话者方便的时间。除非有要事相告，一般不宜在他人休息或用餐的时间内给对方打电话。二是要注意通话长度。基本的要求是以短为佳，宁短勿长。在电话礼仪里有一条“三分钟原则”，其含义是每次通话的时间，应当被有意地限制在三分钟之内。

（2）控制通话内容。在通话时，拨打电话者必须做到内容简洁明了。要做到通话内容简练，以下三点必须注意。

一是要事先准备。每次通话前，尤其是打重要电话前，拨打电话者都应当尽量提前做好准备。若有可能，最好是事先动笔开列出一份通话提纲。这样在通话时便不至于现想现说、丢三落四、啰啰唆唆了。它的优点是不仅利已利人，而且还可以显得自己训练有素。

二是要直言主题。拨打电话，一定要做到务实不务虚。应在通话之初便直接转入正题。不论与通话对象关系如何，都千万不要在打电话时与对方东拉西扯，大“煲电话粥”。在电话上与对方玩“猜一猜”，则更会令人讨厌。

三是要适可而止。拨打电话时，只要把正事讲完了，即可终止通话。根据通话礼节，应当由拨打电话者负责终止通话。在打电话时，不要将某些内容说来道去，好像在怀疑通话对象记忆力欠佳。使用公用电话时，更是应当力求速度越快越好。

（3）注意通话行为。在通话过程里，拨打电话者要对自己的所作所为加以约束。这既是为了尊重通话对象，也是为了维护拨打电话者的自尊。特别要注意下述三点。

一是语言要文明。通话之时，不论对方与自己的关系如何，都不得使用“脏、乱、差”的语言，有三句电话基本文明用语是每次通话时非讲不可的。第一句话，是要在电话接通后，首先问候对方“您好”或者“你好”，随后方可转入正题。不允许以“喂”代之，更不可以对对方连一声招呼都不打。第二句话，是要向接听电话者酌情进行自我介绍，以便让对方了解。不要过于简略，不可以“我”代之。第三句话，是要在终止通话，预备放下话筒时，先对接听者道上一声“再见！”否则会让对方觉得有些突如其来。

二是态度要文明。拨打电话者在通话时，除了要注意语言文明之外，还必须对自己的态度加以约束。通话的具体态度，是一个人“电话形象”的重要内容。需要总机接转电话时，应先向总机的话务员问好，在得到对方服务之后，应当主动向对方道谢；假如自己所找的人不在现场，需要别人代为寻找或转告时，除了“请”、“麻烦”、“谢谢”等礼貌用语必不可少外，在电话上还要不失态度上的谦和；要是自己拨错了电话号码，一定要当即向接听者说明原因，并且表示歉意，不能一言不发，挂断电话了事；在通话过程里，假如电话突然中断，按照礼仪规范，应由拨打电话者主动负责再次拨打，并向对方说明原因。

三是举止要文明。在拨打电话时，任何人对自己的举止动作都不应当自由放任，若在别人面前拨打电话，则更要注意礼节。在通话时，不要将话筒夹在脖子下面或抱着电话机随意走动，也不要趴着、仰着、靠着、卧着与人通话。拨号时以笔代手，通话时一心二用，也是失态的表现。通话之中，嗓门不宜过高，并且使口部与话筒之间保持3厘米左右的距离。终止通话时，应以双手将话筒慢慢地、轻轻地放下。千万不要用力一摔，令接听电话者产生误解。假如通话半途中断，或者拨号时一再被占线，应当表现出应有的耐心。

2. 接听电话

具体来说，接听电话者在本人受话时和代接电话时，在礼仪规范上各有各的要求。

（1）本人受话：一是接听应当及时。电话铃声一旦响起，接听电话者即应立刻停止自己所做的事情，尽快赶去接听。接听电话及时与否，实质上反映一个人待人接物的真实态度。在电话礼仪里，有一条“铃响不过三声”原则，它的含义是：接听电话时，应当迅速及时，以在电话铃响三次左右拿起话筒最为恰当，过早会显得突兀，过迟则会给人以怠慢之感。

二是应对应当谦和。在拿起话筒之后，接听电话者首先应当向拨打电话者问好，并且随之自报家门。向拨打电话者问好，既是一种礼貌，也是为了说明有人正在接听电话，此刻一言不发是很不应该的。在一般情况下，自报家门时可以报出自己的姓名或者单位，也可以报出自己所使用的电话号码。倘若拨打电话者先行询问自己“怎么称呼”时，不可以不予作答。

在通话中，应当始终聚精会神地接听电话，同时要关注对方提出的问题，不允许一言不发，有意冷落对方。当通话终止时，不要忘记向拨打电话者道上一声“再见”。当通话因故暂时中断后，应耐心等候对方再把电话拨过来。若接听到不相识者误拨进来的电话，不要勃然大怒，出口伤人，有条件的话，还应给予对方一定的帮助。

三是主次应当分明。在接听电话的过程中，不允许与身边的人进行交谈、打闹，也不允许同时读书报、看电视、听广播、吃东西等。一般情况下，尽量不要直截了当地对拨打电话者表示对方的电话“来得不是时候”。

万一在处理重要事情或接待重要客人期间有人打进来电话，而此刻不宜与对方深谈的话，可在接听电话时向其讲明原因、表示歉意，并且约上一个具体时间后再由自己主动打电话过去。倘若对方打进来的是长途电话，尤须注意此点，别让对方再次破费。约好下次通话时间后，即应认真遵守。

假如正在接听一个电话时，恰逢另外一个电话打进来，切忌对后者不予答理。可先对正在通话的对象略作说明，请其小候片刻，然后立刻去接另外一个电话。待接通之后，可请对方稍候，或者过上一会儿再来电话，或者等一会儿由自己把电话再打过去，随后即应回过头来继续接听前一个电话。让前者或后者稍候的时间，通常不宜长于 2 分钟。

不管自己多么繁忙，都不应当拔断电话线，同外界实行自我隔绝。将假的电话号码、别人的电话号码以及莫须有的电话号码交给别人，也是不适宜的做法。

（2）代接电话：当替别人代接、代转电话时，应注意以下几条：

一是要礼尚往来。在接听电话时，假如拨打电话者要找的人不是自己，应当热情帮助对方。家人、邻居、同事之间，相互代接电话是互助互利之事，因此，要讲究礼尚往来。

二是要尊重隐私。替人代接，代转电话时，不要充当"包打听"，向其双方打探彼此之间是何种关系。当受到拨打电话者的委托，被要求向某人转达某事时，一定要守口风，切勿辜负对方的信任，随意进行扩散。当别人接打电话时，不要有意旁听，更不宜随便插嘴打岔。

三是要记录准确。如果拨打电话者要找的人不在，在代接电话时，可询问一下是否需要自己代为转达。若对方有此请求，应当作好笔录。在一般情况下，记录他人的电话，至少需要包括拨打电话者的姓名、单位、通话时间、通话要点、是否需要回电话给对方、回复对方电话的号码、回复对方电话的时间等项内容。

（二）手机使用礼仪

当前，以手机为典型代表的移动通信工具正在国内迅速普及。在使用手机时，不仅应当掌握正确的方法，而且还应当同时掌握基本的礼仪规范。

第一，在公共场合，手机不用时要放在合乎礼仪的常规位置。手机只不过是通信工具，所以不可将其作为装饰品加以炫耀和展示。在公共场合中，把手机握在手里，挂在衣服外面，放在自己身旁，或者有意当众对其加以摆弄，都是很不得体的。一般来说，携带手机的最佳位置，一是公文包里面，二是上衣衣兜之内，三是其他不显眼的地方。

第二，在会议或和别人洽谈时，最好把手机关掉，起码也要调到震动或静音状态。切不可任其随时随地地大呼小叫，妨碍别人。

第三，跟客户联系时，先打对方的座机，找不到本人时再打手机。在商务活动中，经常要和客户联系，切不可为了自己的方便而随意拨打对方的手机，当对方在外地出差、休养或者在开会时，打对方手机不一定会达到目的，还可能引起对方的不便甚至不快。

第四，通常给忙碌的人打电话时，"现在通话方便吗?"是拨打手机的第一句问话。此外，在电话中谈论重要问题前，也要先征求对方是否方便谈话，特别是涉及人事方面的问题，应避免当事人在场的情况下谈论。

第五，公共场合不可旁若无人地使用手机，即使要用，应该把自己的声音尽可能地压低一下，免得侵犯他人的权利。需要与别人通话时，应当寻找无人之处，切勿当众高声喧哗。前往法庭、影剧院、歌舞厅、展览会、博物馆、咖啡屋、宴会厅以及商场、超市时，都应对此切记不忘。

第六，用餐中需接听或拨打电话，应离席到餐厅一角或餐厅外进行；起身前表示歉意。在正式宴会上，最好关掉手机或是把手机调到震动状态。

第七，在短信的内容选择和编辑上，应该和通话文明一样重视。与通话相比，短信具有方便、快捷、可存储的特点，因此深受大家的欢迎。但要注意，不要转发一些无聊的、带有黄色内容的短信；也不要群发一些没有任何个性的祝贺短信。

第八，如果需经常用手机联系业务，手机的铃声和彩铃的设置也要注意，不要影响个人和公司的形象。不要用怪异或格调低下的彩铃；铃声要和身份相匹配，过于个性化的铃声与年轻人的身份比较匹配，一些长者或者有一定身份的人如果选择与自己身份不太匹配的铃声，会损害自己的形象；无论是座机还是手机铃声，都不能调得过大，以离开座位 2 米可以听见为宜。

第九，当与朋友面对面聊天时，不要正对着朋友拨打手机。手机有辐射大家都知道，尤其是手机接通时的辐射最强，所以，拨打手机时不要正对着对方。

第十，不要用手机偷拍。现在的手机大部分都可以拍照，但不要因为拍得方便就随意拍照。在用手机拍照或者摄影时，应该征得对方的同意；不要在车厢、剧院、餐馆等地方用摄像手机对着行人拍照。如果对方允许你拍照存到你的电话簿里，也不能未经对方同意便将他（她）的照片转发给其他人欣赏，甚至传到网络上广为传播。

三、收发电子邮件的礼仪

电子邮件，又叫做电子信函或者电子函件。它是利用电子计算机所组成的互联网络，向交往对象所发出的一种无纸化电子信件。使用电子邮件同外界进行联络，不仅具有安全保密、节省时间、防止丢失、清晰度极高、不受篇幅限制的优点，而且还可以使通信费用相对而言大大地降低。现在，电子邮件已成为一种越来越重要的对外联络方式。

（一）使用电子邮件的基本礼仪规范

1. 精心撰写

向他人发出的电子邮件，一定要缜密构思，精心撰写，认真遵守用笔沟通的常规。撰写电子邮件，要把握三个原则，即主题明确、语言流畅、内容简短。

2. 谨防滥用

在信息社会里，时间对于每一个人而言都无比珍贵。因此，不宜任意向别人滥发电子邮件。没有特殊原因，不要动不动就以电子邮件联络别人。尤其是不要小题大做，在短短的时间里再三再四地给同一个人发电子邮件。最好不要利用电子邮件来来往往地跟别人聊天。目前，有不少网民经常会因为自己的电子信箱内堆满了无数无聊的电子邮件，甚至是陌生人的电子邮件而烦恼不堪。对其进行处理，既浪费自己的时间和精力，还有可能会耽搁自己的正事。

3. 循礼行礼

在收发电子邮件的过程里，始终都要讲究礼仪。

一是要注意自爱。发电子信件时，不要轻易匿名。在与他人进行电子邮件的往来时，不论双方是否相识，都不要口出轻狂、污秽、放肆之言。

二是要严禁盗取。在任何情况下，都不允许不讲究“网德”，充当“黑客”，随意侵入别人的网站，擅自盗取别人的资料，或偷窥别人的私人电子邮件。

三是要及时回复。应当养成定期检查本人电子信箱的习惯。一经发现需要回复的电子邮件，通常均应尽快回复。万一无法立即回复的话，也要及时有所表示。例如，可告知对方，将在某个时间之前详细作答。

四是要适时留言。假如外出实习、出差或者探亲、度假，事先可请某位至交代替自己核收电子信件，并且代为回复。启动自动回答功能，在电子信箱里留言相告亦可。

（二）收发电子邮件时的常见错误

1. 不使用主题表明信息或主题不明

一封电子邮件是否重要，经常是由它的主题决定的。没有主题的邮件很可能会被删除，或者让收件人费些周折。从礼仪的角度讲，应该是尽量少给对方增加麻烦，所以，要保持邮件主题简短、明确、有关联性，让人一目了然。

2. 过于随意

当你想给对方留下好印象的时候，最好在邮件中正式一些，而不要太随便。尤其是初次来往。

一是对对方要有比较正式的称呼，如“尊敬的×××先生（女士）”，然后在邮件的开头就要集中重点。

二是自己的名称不要随意。试想，如果你发送一封很正式的求职信，但是发件人的名字显示却是“爱谁谁”、“狗尾巴草”、“本人不怕你”，等等，哪怕你的信件内容再规范，也难以让人产生信任感。

三是不要过于简要。一般来说，邮件的内容要言简意赅，但是，必要的内容却不可省略，如果只发送附件而不写封哪怕是很简短的信，这样会显得很生硬，甚至可能会留给对方不礼貌、不耐烦的印象。

四是出现错别字和错句。在点击“发送”之前一定要核对。一定要确定是你想要表达的意思，确保所有的人名正确，不要有错别字。

3. 使用奇特的装饰

鲜明的颜色、闪烁的图标或者跳动的笑脸（情绪图标）在私人邮件中是非常有趣的，但在商务邮件中要尽量避免。

4. 发送带有情绪的邮件

电子邮件可以传达很强烈的感情，但很容易被误解。应避免出现的不稳定因素，如解雇别人、终止合同，这种情况最好当面解决。千万别在发火的时候发送邮件，先冷静下来，邮件发出前再读一遍，避免出现任何可能会导致后悔的内容。面部表情、声音的变化和肢体语言是没有办法在电子邮件中表达出来的，所以你的信息可能会被误解成过于刺耳、过于严厉或过于随意。当你进行面对面的沟通，或者通过声音交流，是很容易回答问题或澄清可能的误解，保持相互尊重的。

5. 不及时回复

如果有人发邮件询问问题，而你没有办法立即给出答案，就要给发件人回邮件，解释你正在研究他的问题，或者目前忙于进行其他的计划，一旦有什么消息就会在第一时间内通知发件人，这是一种有礼仪的行为。否则，发邮件的人会觉得自己的邮件没有发到你的邮箱。

6. 邮件给人不必要的挫折感

下面是电子邮件使用者给别人带来不必要的挫折感的6种方式：

- 发送连锁信（收件人需转交他人）；
- 忘记发送附件；
- 发送病毒；
- 忘记检查自己的邮箱，结果由于信件爆满处于拒收状态；
- 格式化的电子邮件，采用“尊敬的先生”这样的词汇，便是你没有进行过对收件人的调查；
- 写信给某人却写错了姓名。

第十二章 涉外交际礼仪

一般来讲，涉外交际礼仪是指在国际社会人们的交往活动中约定俗成的为大家所共同遵守的交际形式。在官方或民间的交往中，对外礼仪和礼节都至关重要，因为这在一定意义上反映了一个国家和民族的文明程度和文化、社会面貌。

第一节 涉外交际观念和惯例

一、东、西方文化价值观念差异

文化价值观念是指在不同社会文化体系中对事物进行评价的普遍的规律性的价值观，这种文化价值观形成人们对各种事物的态度，从而支配和限制在交往过程中的言行。

价值观念因文化而异是普遍现象。有学者专门对美国、希腊、印度、阿拉伯和日本等文化的价值观进行了比较。结果发现：美国人高度崇尚自信、个人进步、适应性、地位、心灵的平静和成就；希腊人则崇尚归属、社会兴盛和遵守规范；印度人却对个人社会地位的升迁、荣耀、社会兴盛等极端崇拜；日本人则崇尚宁静、美的享受、知足、进步和适应性；阿拉伯人则把好客、慷慨、勇敢、荣誉和自尊放在首位。

东方文化体系和西方文化体系是世界上两大重要文化体系，这两种文化体系在交际的价值观上有很多差异，不了解这些差异，就很容易产生交际障碍。下面是两位美国学者收集的部分数据，他们将价值观分为第一重要、第二重要、第三重要和可忽略的四等。用 W 表示西方文化，E 表示东方文化，B 表示美洲文化，A 表示非洲文化，M 表示穆斯林文化。从中可以看出，有些特定的价值观念的重要性，在某些文化中可能占第一位，而在另一文化中却可能占第二位或第三位，甚至是可以忽略的。

表 12－1　文化价值观分类比较表

序号	地位 文化价值	第一重要	第二重要	第三重要	可忽略的
1	感恩戴德	EA	MB	W	
2	和睦	E	B	WA	M
3	金钱	WAB	M	E	
4	谦逊	E	BAM		W
5	守时	W	B	ME	A
6	争先	W	B		EAM
7	集体责任感	EAM	B		W
8	尊重老年	EAM	B		W
9	尊重青年	W	MABE		
10	殷勤好客	EA	B	MW	
11	男女平权	W	EB	A	M
12	人的尊严	WB	EAM		
13	效率	W	B	EMA	
14	教育	WB	EAM		
15	率直	W	BEMA		

从上表中可以看出，西方文化和东方文化在谦逊、守时、殷勤好客、尊重老年、效率等方面的价值观有很大差异。由于文化价值存在差异，在相同的交际情境中会表现出不同的行为。我们从以下几方面来分析一下东西方文化体系中价值观的差异在交际中的表现形式。

（一）时间观念

相对来说，中国人使用时间比较随意，灵活性强。中国是农业文化，时间显得较为充足，而且节奏慢。中国人在使用时间时，可以较随意地支配时间，包括改变原来的时间和先后顺序，如教师上课时，因为有一些重要内容没有讲完，可以拖一段时间，直到讲完为止。平常的生活中，也显得悠闲自得。从一定程度上来说，中国人是时间的主人，但西方人则是时间的奴隶，时钟客观地操纵人们的社会活动，时刻表决定他们做什么，不做什么，什么须先做，什么可以留到最后一分钟。

西方人把时间看做一种宝贵的财富，高度重视时间的价值，把时间看成金钱，每一分钟都安排得合理，讲究交际效率。特别是美国人，他们受时间的“铁腕”控制。遵守时间是与西方人交往必须重视的一条原则。一位美国商人来到中国一家公司找经理谈生意，事先约定是 14：00 开始。但是中方经理秘书告诉美国客人，经理现在手头有急事要办，请他等一会儿。这位美国人足足等了30分钟，中方经理还没有出现，美国人非常气愤，告诉秘书他不等了，转身走了。结果美国人终止了与这家公司做生意。他认为中方经理没有时间观念，不仅表现得失礼，而且不讲工作效率，与这样的公司合作，难免会赔钱。与西方人交往，一定要守时，约定好的时间不能失约，因为在高效率的时代，时间安排是极为紧凑的，很可能由于一次安排出现变故而影响到许多事情。

西方人的时间观念在交往中有时使东方人觉得不讲情面，对客人不礼貌。例如，一位即将离开美国的中国教授，打算与美国朋友话别，他邀请这位美国朋友第二天去吃饭，没想到这位美国朋友会当面拒绝，他说："噢，对不起，我明天已有安排，很抱歉。"中国人自然会感到美国人太绝情了。再如，在中国，我们如果想去看一位朋友，想起来就去，不管朋友当时是否有事，一聊就是大半天，当然朋友也绝对不会表现出不高兴，因为在朋友看来，"人家大老远地跑来看我，我怎么能怠慢呢?"但是在西方，到别人家里去是应该事先约定的，而且最好是提前几天跟他相约。如果事先没有约定，贸然到别人家，主人可能并不给你让座，甚至可能不邀你进房间，就站在门口，把你的事情尽快说完就走。你可能觉得西方人太不尊重客人，但是他认为你太不尊重他，他认为不尊重别人所拥有的时间是对人的最大不尊重。

（二）自我观念

在美国人的文化观念中，"自我"占有重要的地位，他们强调自我独立性，强调自我尊严和自我责任心。在交往中如果对美国人过分问寒问暖，他会不认为这是好意，反而认为这是一种站在优越地位的教训口吻。中国人见面打招呼爱说："你上哪儿去?""你一个月挣多少钱?""你这件衣服多少钱买的?"这些问话在西方人看来是不可思议的，他们认为这些问话干涉人的隐私权。他们认为一个人的私事是不能随便打听的，这是"自我"观念在交际中的表现。在西方人的办公室里、家里不应该随便翻看主人的书籍、文件、报纸，不应该随便参观每个房间，这些都被视为个人的领域。

（三）谦虚观念

在东方文化中谦虚被看做是一种美德，谦虚被认为是对别人的尊重和彬彬有礼。但是西方人对东方人的谦虚常常不能理解。如：一位美国人夸奖一名中国大学生外语说得好，中国大学生往往谦虚地说："不，我的外语还差得远呢!"美国人会不理解："明明说得很好，为什么还说差得很远呢?"在中国，大会报告人在发言的开头总是要谦虚几句："我没有什么准备，水平也不高，随便说几句，不对的地方请大家批评指正。”西方人会不理解，既然没什么准备，又没有高水平，为什么要耽误大家的时间呢？实际上大会报告人已做了充分准备，只不过要表示一下自己的谦虚态度而已。按照中国的文化习惯，主人宴请客人时，总会客气地说：“今天请各位吃点便饭，没有什么好吃的，大家随便吃。”这话如果对西方客人说，人家会觉得奇怪：既然没什么好菜为什么要请客呢？甚至会怀疑主人故意怠慢。事实上却是美味佳肴，好菜好酒，令西方人纳闷。主人招待客人喝茶，问客人“喝不喝茶?”客人会谦虚地说：“不用麻烦了，我一会儿就走。”也许他想喝，也渴了，这是谦虚客套，是为了不给主人添麻烦的表示。

因此，在涉外交往中，我们应该更加直率和坦诚，对西方人不要过分谦虚，过分谦虚可能会使外宾认为我们不行或没有诚意。

（四）好客观念

殷勤好客是东方文化认为第一重要的，而西方文化却认为是第三重要的。当然并不是说西方人就不好客，而是指东西方在好客方面的表达方式有所区别。中国人与朋友上餐馆吃饭，大家都会争着替别人付账。西方人邀请你去餐馆，如果事先没有表明请客，只是提议与你一起去餐馆用餐，通常是各人付各人的账，或者大家均摊。西方人认为这样表示对各位客人自尊心的尊重，如果执意替人家付账反而是不尊重人家。中国人在别人家做客，如果想告辞，而主人极力挽留，客人常说：“我已经打扰你这么长时间了，实在过意不去。”这样说是不符合西方人习惯的，西方人会说：“感谢你使我度过了一个愉快的下午。”客人告辞，在中国的习惯是，主人送客到大门口，甚至胡同口、马路上，告别的话说了一遍又一遍，一方坚持要送一程，另一方坚持不让送，推推搡搡，客人真的走了，还听见主人与客人大声嚷嚷：“再来啊!”“再见了，走好啊!”“你们快回去吧!”一直到互相看不见为止。如果在西方也这样的话，左邻右舍会以为是有人吵架呢。国外送客与我国不同的是，送客只送到大门口，客人无须说“请留步”之类的话，因为除非你邀请，不然你就别指望人家远送你。这并不是西方人对客人不热情，而只是中外文化传统不同罢了。如果你对车站或回去的路不熟悉，希望主人送你到车站或送你一段路，那么你应当主动提出来，说明你的困难之后，主人会欣然同意的。否则，他们不会送你更远。

二、涉外交际惯例

社会约定俗成某种规则往往需要时间磨合，一旦规则形成便有了相对的稳定性，特别是一些具有共通性的规则往往可以超越历史时间和空间，成为永久性规则。

（一）女士优先

女士优先是国际社会公认的一条重要的礼仪原则。主要适用于成年的异性进行社交活动之时。它的含义是：在一切社交场合，每一名成年男子，都有义务主动自觉地以自己的实际行动，去尊重妇女、照顾妇女、体谅妇女、关心妇女、保护妇女，并且还要想方设法、尽心竭力地去为妇女排忧解难。倘若因为男士的不慎，而使妇女陷于尴尬、困难的处境，便意味着男士的失职。人们一直认为，这是一种绅士风度，反之，则会被视为没有教养。

女士优先的原则还要求，男士们对于所有妇女要一视同仁。外国人强调女士优先的主要原因，并不是因为妇女被视为弱者，值得同情怜悯，更为重要的是，他们将妇女视为“人类的母亲”。他们认为，对妇女处处给予优遇，就是对“人类的母亲”表示感恩之意。具体的做法：如讲演、介绍、握手、进餐、走路、上下楼梯、开车门等。

当然，女士优先并非放之四海而皆准的，它主要适应于社交场合，而在公务场合，人们强调的是男女平等，或者是忽略性别。

（二）以右为尊

在正式的国际交往中，如果需要将人们分为左右而进行并排排列时，其具体位置的左右大都有尊卑高低之分，按国际惯例，最基本的规则是右高左低，即以右为上，以左为下，以右为尊，以左为卑。

1. 站立、行走与就座

按照惯例，在并排站立、行走或者就座的时候，为了表示礼貌，主人应主动居左，而请客人居右；男士应当主动居左，而请女士居右；晚辈应当主动居左，而请长辈居右；未婚者应当主动居左，而请已婚者居右；职位、身份较低者应当主动居左，而请职位、身份较高者居右。

应当说明的是，按照国际惯例，在接待外宾的过程中，当主人前往外宾下榻之处进行拜会或送行时，主人的身份应当是“客人”，而外宾在此时此地则“反客为主”了。在有必要为二者进行并排排列时，应当使主人居右，而使外宾居左。其实际的含义是：外宾在主人为其提供的临时居所之中，理应被视为“主人”，而不是“客人”。从这一意义上讲，以上做法与“以右为尊”原则一点儿也不矛盾。

有时，进行国际交往的宾主双方往往都不止一人，当有必要为之进行并排排列，如需要会见、合影时，仍需要恪守“以右为尊”的原则。只不过宾主双方届时需要在属于自己的一侧，再具体排定一下各自人员的位次罢了。

2. 正式谈判

举行正式谈判时，假定谈判双方需要分别坐在谈判桌的两侧，而谈判桌竖放于室内的话，则谈判桌的两侧的位置仍有上下之分，在进行确定时，“以右为尊”原则依旧有效。其具体方法是：假定有一个人正在推门而入，并且面向室内，则应以其右侧为上座，使客方谈判人员在其右侧就座；以其左侧为下座，使主方谈判人员在其左侧就座。

谈判桌横放于室内时，以面对正门的一侧为上座，以背对正门的一侧为下座。但是届时各方人员进行具体排列时的做法，与谈判桌竖放于室内时的情况却相类似，即位于主谈者右侧的位置，在地位上高于位于其左侧的位置。

3. 国际会议

举行国际会议时，会议主席台上依次的排列也是讲究“以右为尊”的。不仅如此，发言者所使用的讲台亦须位于主席台的右前方，这是给予发言者的一种礼遇。

在排列涉外宴会的桌位、席次时，同样必须应用“以右为尊”原则。在宴会厅内摆放圆桌时，通常应以“面对正门”的方法进行具体定位。如果只设两桌时，一般须以右桌为主桌。此处所说的右桌，指的是在宴会厅内面对正门时居于右侧的那一桌。若是需要设置多桌时，则在宴会厅内面对正门时位于主桌右侧的桌次，应被视为高于位于主桌左侧的桌次。

在同一张宴会桌上确定席次时，一般以面对宴会厅正门的位置为主位，由主人就座。主宾则大都应当就座于主位的右侧。其他人的位次一般均为距离主位越近，位次则越高。而在与主位距离相同时，则位于主位右侧的位次高于位于主位左侧的位次。

4. 乘坐轿车

乘坐由专职司机驾驶的双排座轿车时，车上具体位次的确定，亦应遵守“以右为尊”原则。具体而言，通常以后排右座为第一顺序座，应请尊长或贵宾在此处就座。接下来的第二顺序座、第三顺序座则分别应为后排左座、后排中座。至于位于轿车前排的副驾驶座，在由专职司机驾车时，一般被称作“随员座”，在绝大多数情况下，它是属于陪同、秘书、翻译或警卫人员的专座。这一位置从理论上讲安全系数最低，故此一般不应请尊长、贵宾在此就座。参加社交性质的活动时，让妇女或儿童坐在那里，显然也是不合适的。当然，有一个例外，那就是当主人亲自开车时，客人应主动坐到副驾驶位上，否则，将主人当做“专职司机”是不礼貌的。

5. 悬挂国旗

在进行官方往来、召开国际会议、举办国际博览会，或是从事国际体育比赛时，按照国际惯例，经常需要悬挂有关国家的国旗，国旗是一个国家的象征，也是其主要标志之一。在国际交往中依照惯例悬挂本国和其他相关国家的国旗，既表达了对本国的热爱，也表达了对他国的尊重。必须予以强调的是，在国际交往中悬挂国旗是一件极其严肃的事情。悬挂他国国旗，并借此向他国表示尊重与敬重之时就更是如此。不仅不能将他国国旗弄错、挂错，而且还须在悬挂他国国旗时给予其适当的礼遇。

目前，在各类国际交往中所悬挂的国旗，大都采用并排悬挂的方法。在进行操作时，必须以“以右为尊”原则为指针。

具体而言，并排悬挂两国国旗时，按惯例应以国旗自身面向为准，以右为上，悬挂来访国国旗；以左为下，悬挂东道国国旗。

在重要国宾搭乘的轿车上同时悬挂两国国旗时，一般应以轿车行进的方向为准，以驾驶员右侧为上，悬挂来宾所在国国旗；以驾驶员左侧为下，悬挂东道国国旗。

需要同时悬挂多国国旗时，通常的做法是，应以国旗自身面向为准，令旗套位于其右侧。越往右侧悬挂的国旗，被给予的礼遇就越高；越往左侧悬挂的国旗，被给予的礼遇就越低。在确定各国国旗的具体位次时，一般的做法，是按照各国国名的拉丁字母的先后顺序而定。在悬挂东道国国旗时，可以遵行这一惯例，也可以将其悬挂在最左侧，以示东道国的谦恭之意。

上述种种实例表明，在国际交往中有必要排定并排位次的尊卑时，遵循“以右为尊”原则，就可以化繁为简，化难为易，以不变应万变，轻而易举地处理好种种难题。

值得一提的是，在确定并排排列的位次时，我国的传统做法是“以左为尊”，也就是以左为上，以右为下。注意一下国内举行会议时的主席台排位，就会发现这一点。不过，在国际交往中，还是要注意“内外有别”，坚持“以右为尊”为好。

（三）热情有度

热情有度的含义是要求人们在参与国际交往、直接同外国人打交道时，不仅仅待人要热情而友好，更为重要的是，要把握好热情友好的具体分寸，否则就会事与愿违，过犹不及。因为在外国人的心目中，过分热情意味着对别人能力的贬低，因此要把握好“度”。对于这个“度”的最精确的解释，就是要求大家在对待外国友人热情友好的时候，务必要记住，这一切都必须以不影响对方、不妨碍对方、不给对方增添麻烦、不令对方感到不快、不干涉对方的私生活为限。与外国人交际应酬时，如不注意恪守这个“度”，而是一相情愿地过“度”热情，必然引起外国人的反感或者不快。

具体来说，包括四个方面：

1. 关心有度

不宜对外国人表现得过于关心，不要让对方觉得我方人员碍手碍脚，管得过宽。

中国人在相互之间一向倡导“关心他人比关心自己为重”。可是，在国外，人们大多强调的是个性独立，自强自爱，绝对自由，反对他人对于自己的过分的关心。因此，切不可随意运用中国人所习惯的关心、规劝，不分对象地去对待外国人，他们一般不会领情，弄不好还嫌你多管闲事。

因此，万不得已，在与外国友人打交道时，非得涉及此类问题不可的话，应当尽量使用委婉一些的语气，并且要采用商量、建议的方式，最好不要采用祈使句，免得对方听起来有“下命令”之嫌。

2. 批评有度

即在一般情况下，对待外国朋友的所作所为，只要其不触犯我国法律，不有悖于伦理道德，没有侮辱我方的国格人格，不危及其人身安全，那么通常就没有必要去评判其是非对错，尤其是不宜当面对对方进行批评指正，或是加以干涉。这一做法，有时亦称“不得纠正”。

中国人之间交往，彼此之间讲究待人以诚，遇上亲朋好友做了你认为不对的事，及时对其不留情面地批评指正，才会被视为是够朋友，是对对方真正的关心。但在涉外交往中，这是行不通的。

一方面，外国人讲究的是独善其身，反对别人多管闲事。他们认为，除去法律明文禁止做的事外，其他任何事情自己都有权利去做，别人无权干涉。另一方面，由于中外文化、习俗本身有差异，双方在日常生活中的许多方面，是非曲直的标准未必一致，有时甚至大相径庭。国内许多司空见惯的事，到了国外未必尽然。因此，以自己的见解去强加于人，显然是不合适的。

再者，在涉外交往中，讲究友谊为重。当着对方的面，甚至当众指出他人的失误或短处，不仅会使对方难堪至极，而且也会使自己显得为人尖刻。

3. 距离有度

此处所指的距离是指空间距离。交际中，人们总是要保持一定的空间距离。在交往中，应视双方关系的不同，而与对方保持与双方关系相适应的适度的空间距离。中国人有时为了表示亲近，喜欢有意靠近交往对象一些。但在国际交往中，对交际距离是很注重的，处理不好会使人有“侵犯”或“受冷遇”之感。

4. 举止有度

举止指人们的肢体动作。在心理学上，人的举止动作被称为“形体语言”，能够同样真实、准确地反映人的心理活动，因此，每个人都要有意识地对自己的举止多加检点，切勿因为自己的举止动作过分随意，从而引起误会，或是失敬于人。

一是不要随意采用某些意在显示热情的动作。在中国，朋友相见时，彼此拍拍肩膀；长辈遇见孩子时，抚摩一下对方的头或脸蛋；两名同性在街上携手而行；等等，都是常见的表示亲热、喜爱动作。但在涉外交往中不要采用这些动作。

二是不要采用不文明、不礼貌的动作。例如，当众擤鼻涕、挖耳朵、抓痒痒、脱鞋子、伸懒腰、打哈欠、双手抱在脑后，或是与人交谈时对人指指点点，不高跷二郎腿乱晃乱抖等。

（四）不为先

不为先原则是指在涉外交往中，面对自己一时难以应付、举棋不定，或者不知道到底怎样做才好的情况时，如果有可能，最明智的做法，是尽量不要急于采取行动，尤其是不宜急于抢先，冒昧行事，这样就不至于弄巧成拙。因此，“不为先”在很多时候也被称为“紧跟”原则，或是“模仿”原则。

由于对国外的情况所知不多，再加上世界各国“十里不同风，百里不同俗”，不少人在参与国际交往时，经常会感到缺乏自信，不知所措，即使事先经过了认真的准备，每个人的个人经历有限，也不可能在国际交往中事事通晓、料事如神，如：称呼、问候、餐具使用等，如何表现得临阵不慌，既得体又不失礼呢？记住不为先这一原则即可。

（五）慎问隐私

所谓个人隐私，是指一个人出于个人尊严和其他某些方面的考虑，因而不愿意公开，不希望外人了解或是打听的个人秘密、私人事宜。在国际交往中，人们普遍讲究尊重个人隐私，并且将尊重个人隐私与否视作一个人在待人接物方面有没有教养、能不能尊重和体谅交往对象的重要标志之一。

因此，在涉外交往中，对于凡涉及对方个人隐私的一切问题，都应该自觉地、有意识地予以回避。千万不要自以为是，在同海外人士交谈时信口开河。甚至为了满足自己的好奇心，不管对方如何反响，依然故我。否则的话，极有可能会令对方极度不快，甚至还会因此损害双方之间的关系。

一般来说，在国际交往中，不宜向对方询问下列八个方面的隐私问题。

1. 经济收入

在国际社会里，人们普遍认为，任何一个人的实际收入，均与其个人能力和实际地位直接存在因果关系。所以，个人收入的多寡，一向被外国人看做自己的脸面，十分忌讳他人进行直接或间接的打听。除去工薪收入之外，那些可以反映个人经济状况的问题，例如，纳税数额、银行存款、股票收益、私宅面积、汽车型号、服饰品牌、娱乐方式、度假地点等，在交谈时也不宜提及。

2. 年龄

在国外，人们普遍将自己的实际年龄当做“核心机密”，轻易不会告之于人。这主要是因为，外国人一般都希望自己永远年轻，而对于“老”字则讳莫如深。中国人听起来非常顺耳的“老人家”、“老先生”、“老夫人”这一类尊称，在外国人听起来却有如诅咒谩骂一般。特别是妇女，最不希望外人了解自己的实际年龄。此外，西方人普遍信奉基督教（天主教），教徒有一种忌讳，即“将真实的年龄告诉陌生人是不吉利的”。

3. 婚姻状态

中国人的风俗和习惯，是对亲友、晚辈的恋爱、婚姻、家庭生活时时牵挂在心，并且时时询问，以示关心，被询问者往往心存感激。但是绝大多数外国人却对此不以为然。他们认为，面对一个交往不深的朋友，去回答他“有没有恋人”、“结了婚没有”、“为什么还不结婚”、“为什么还不生孩子”等问题，都不仅不会令人愉快，反而会让人难堪。在一些国家里，跟异性谈论此类问题，极有可能被对方视为无聊之至，甚至还会因此被对方控告为“性骚扰”，从而“吃上”官司。

4. 健康状况

在中国人相遇后彼此打招呼时，通常会问候对方：“身体好吗?”要是确知交往对象身体曾经一度欠安，那么为了表示对对方的关心，与其见面时，人们往往还会热心而关切地询问对方：“病好了没有?”如果彼此双方关系密切的话，则通常还会直接向对方打探：“吃过一些什么药”，“怎么治疗的”，或是向对方推荐名医、偏方。可是在国外，人们在闲聊时一般都是“讳疾忌医”，非常反感其他人对自己的健康状况关注过多。因为在市场经济的条件下，每个人的身体健康都被看做是他最重要的“资本”。

5. 家庭住址

在中国人的交往中，大家对于自家的住址通常是不保密的。对于自己的家庭住址、私宅电话号码等，人们一般都会有问必答，甚至还会主动相告于人。不仅如此，中国人还喜欢串门，并且往往乐于请人上门做客。而外国人大都视自己的私人居所为私生活领地，非常忌讳别人无端干扰其宁静。在一般情况下，除非知己和至交，他们一般都不大可能邀请外人前往其居所做客。因此，他们都不会轻易地将个人住址、住宅电话号码等纯私人资讯告诉别人，尤其是初次见面的人，也非常反感别人主动问起。

6. 经历

初次会面时，中国人之间往往喜欢打听一下交往对象“是哪里人”、“哪一所学校毕业的”、“以前做过什么”，等等，总之，是想了解一下对方的“出处”，打探一下对方的“背景”，摸一摸对方的“老底”。然而外国人却大都将这些内容看做是“商业秘密”，反对询问交往对象的既往经历、随随便便地擅自查对方的户口。外国人还认为，要是一个人在与人初次见面时就对别人的过去非常好奇，并不见得是坦诚相见，相反却有可能是别有用心。

7. 信仰政见

在国际交往中，由于人们所处国度的社会制度、政治体系和意识形态多有不同，所以要真正实现交往的顺利，合作的成功，就必须不以社会制度画线，抛弃政治见解的不同，超越意识形态的差异，处处以友谊为重，以信任为重。如果动不动就对交往对象的宗教信仰、政治见解评头论足，甚至横加责难、非议，或是将自己的观点、见解强加于人，都是对交往对象不友好、不尊重的表现。最为明智的做法，就是在涉外交往中对此避而不谈。

8. 所忙何事

在国内，熟人见面时，免不了要相互询问一下对方“忙什么”、“上哪里去”、“从哪儿回来”、“怎么好久没见到你”，等等。但是，外国人对于这一类的问题却极为忌讳。他们认为，这些问题皆属个人私事，绝对没有必要让别人知道。向别人探听与此相关的问题的人，不是好奇心过盛、不懂得尊重别人，就是别有用心，或者具有天生的窥视欲。所以，当被问及这类问题时，外国人往往会王顾左右而言他，甚至还会缄口不语。

第二节　涉外活动中的交际礼仪

礼宾原意是指以宾客之礼相待。礼宾，是指人际的、社会的乃至国际的交往过程中应具有的相互表示敬重和友好的行为规范，是对礼貌、礼节、礼仪的抽象与概括。礼貌、礼节、礼仪（通称三礼）的概念均从属于礼宾这个大概念，并且具体体现礼宾的规范和要求，故礼宾的基本点为尊敬、坦诚、谦恭、和谐、得体。

在国际交往当中，无论是通过官方的或是通过民间的各种外事活动统称为国际礼宾工作。它是通过各种交际礼宾活动进行的，国际礼宾工作的内容主要有：迎送、会见（拜见）、会谈、宴请、文艺晚会、电影招待会、体育表演、舞会、庆祝与凭吊等。

一、迎送礼仪

迎来送往是人们在社交生活中的一种很常见的社交礼仪，在国际交往的迎送中，要视其身份、两国关系、访问目的等来安排迎送工作。礼宾工作的迎送分两类：官方性的和非官方性的。

（一）官方性的迎送

各国的国家元首、政府首脑的正式访问是官方的，某一机构的有特殊身份的也属官方迎送。官方迎送的特点是：都要举行隆重的仪式。反映在机场、宾馆、车站、码头、新闻宣传报道等方面，从这些可反映隆重程度。隆重仪式其一反映在群众场面，其二反映在政府官员和新闻记者出席的多少上，其三还反映在新闻报道上。欢迎仪式一般安排仪仗队、检阅式等。现在一般都略去繁杂的仪式，重要访问才安排欢迎仪式。访问分两种：国事访问和友好访问。对来访者，不论是民间团体、官方人士、知名团体还是知名人士，都要在各处进行迎送。

1. 如何确定迎送规格

对迎送规格，各国不尽相同，一般来说，友好访问或本国邀请来的就要特别隆重，来求援访问等可以简单些。主要陪同人员要注意与来宾的身份相当，如果遇到来访首脑突然来不了，改由副职访问，那就要灵活改变迎送方法，注意与来宾身份相当，主人的身份与客人身份不要相差太大。

主要迎送人员是指职位、身份与来宾相当的人员，随员不是团员，访问团员是指参与谈判的人员。

接待来宾有升格接待和降格接待两种方式。在特殊情况下，有时从发展两国关系或当时的政治需要出发，打破常规接待，安排较大的迎送场面和给予较高的礼遇，叫升格接待。升格接待要注意尊重国际惯例，注意必要的平衡，避免其他国家产生不必要的误会，造成厚此薄彼的印象。升格体现在接待人数、场面隆重、下榻宾馆等级等方面，也体现在宴会上。宴会隆重不是指菜谱，而是指餐具的等级，比如是镀银或纯银等。

2. 掌握抵达和离开的时间

要把时间安排等通知各部门，如交通、公安、宾馆等有关单位和有关合作者。遇到误点情况，要安排好后续工作。一般迎送要提前一个小时到达，在客人到前排列好，客人走后再撤离。

3. 献花

迎宾仪式中都有献花的内容。婚礼送平面扇形的，上圆宽下略窄，枝短；迎宾送花枝长的，可以献的花有：兰花、玫瑰花、马蹄莲、满天星、长青绿色叶等。忌送：菊花、石竹花、杜鹃花、荷花，黄色花不能送。不能送假花，且花束要保持新鲜、整洁、鲜艳。送花不能由男士送，必须是30岁以下的女士或儿童，女士要未婚，儿童要7岁左右，太大太小都不行。送花人不能有残疾，要面目清秀，送花时间是主要领导人握完手15秒后，送花人与客人要有一定距离。

4. 介绍

介绍一般由礼宾工作人员负责，不能是翻译介绍，先把谁介绍给谁有讲究。

5. 陪车

客人抵达后欲到下榻处或要离去时要陪车。当主客同乘一车时，客人坐主人右侧，警卫坐前面。引客乘车时，要从车尾引；如在引车时引其坐错了位置，就顺其自然，切不可更改换回。

（二）对民间团体及一般客人的迎送

1. 对民间团体的迎送

迎送民间团体时，不举行官方正式仪式，但需根据客人的身份，安排对口部门、对等身份的人员前往接待。对身份高的客人，事先在机场（车站、码头）安排贵宾休息室，准备饮料，并在客人到达前尽可能将住房和乘车号码通知客人。如果做不到，可印好住房、乘车表，或打好卡片，在客人到达时，及时发到每个人手中，或通过对方的联络秘书转达，以便客人做到心中有数，主动配合。

2. 对一般客人的迎送

迎送一般客人，主要是做好各项安排。如果客人是熟人，则可不必介绍，上前握手，互致问候即可；如果客人是首次来，又不认识，接待人员应主动打听，主动自我介绍；如果是大批客人，也可事先准备特定的标志，如小旗或牌子等，让客人从远处就能看到，以便客人主动前来接洽。

二、会见与会谈礼仪

（一）会见

会见在国际上称为接见或拜会，指在国际交往中，主客双方的见面仪式。凡身份高的人接见身份低的人，或是主人接见客人叫召见、会见；身份低的见身份高的、客人见主人叫拜会。拜见君主，又称觐见、谒见。我国一律称会见。

接见、召见、拜会、拜见都要有回访，称为回拜。一般普通人不能叫会见。

会见分多种形式。有礼节性的、政治性的、事务性的，也有兼而有之的。礼节性的会见时间短、内容广泛；政治性的会见时间长、内容严谨，一般涉及双边关系、国际局势等重大问题；事务性的会见可长可短，涉及外交交涉、业务洽谈等。

（二）会谈

会谈是指双方或多方就某些重大的政治、经济、文化、军事等问题以及其他双方共同关心的问题交换意见。从内容上看，会谈除涉及双方的政治、边界等问题外，也可涉及洽谈公务，或者对某些具体业务进行谈判。会谈的内容较正式，政治性或专业性较强。

会谈的安排一般是：

1. 双边会谈

通常用长方形、椭圆形或圆形桌子。宾主相对而坐，以正门为准，主人占背门一侧，客人面向正门。主谈人居中。我国习惯把译员安排在主谈人右侧，但有的国家亦让译员坐在后面，一般应尊重主人的安排。其他人按礼宾顺序左右排列（如图 12－1 所示）。

如会谈长桌一端向正门，则以入门的方向为准，右为客方，左为主方（如图 12－2 所示）。

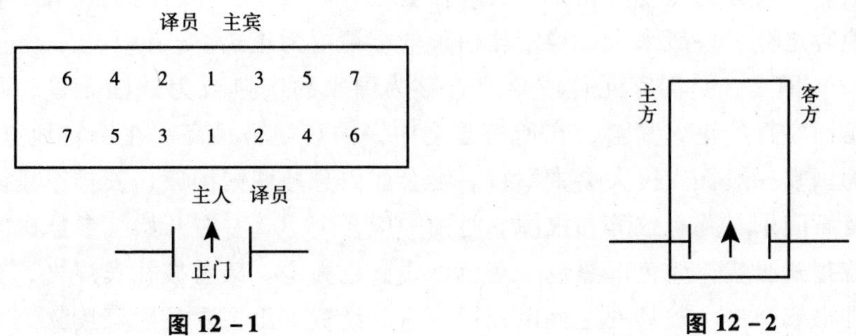

图 12－1　　**图 12－2**

2. 多边会谈

座位可摆成圆形、方形等（如图 12－3 所示）。

小范围的会谈，也有不用长桌，只设沙发，双方座位按会见座位安排。

会见与会谈的区别：会见以政府官邸为主，或以象征性的建筑为主，比较豪华，气氛轻松，话题广泛，无目的性，职务有差距。会谈有指定地点，气氛严肃，正式的应在谈判大楼，专业性、政治性、目的性极强，身份对等，职务相当。

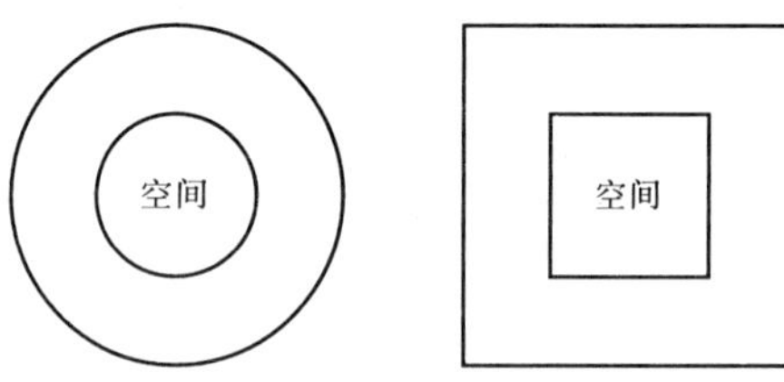

图 12 – 3

三、涉外宴请礼仪

（一）宴请的含义及常见形式

涉外宴请指国际交往中出于某种需要设宴招待客人的礼仪活动，它是最常见的交际形式之一。各国宴请都有本国和本民族的特点和习惯。国际上通行的宴请形式有宴会、招待会、茶会、工作餐等。下面分别介绍一下几种宴请形式。

1. 宴会

宴会是指在正餐时间举行的宴请活动，特点是必须坐下进食，由服务员依次上菜。宴会分为国宴、正式宴会和便宴三种。按举行的时间，又有早宴、午宴和晚宴之分。一般来说，晚宴比白天的宴请更为正式。

（1）国宴。是国家元首或政府首脑为国家的庆典或为外国元首、政府首脑来访而举行的正式宴会，在所有宴会中，国宴规格最高。在特定地点举行，我国的国宴一般在人民大会堂举行。宴会厅内悬挂两国国旗，安排军乐队演奏国歌及席间乐，并有致辞和祝酒。时间一般在 19:00 左右开始。参加国宴时必须穿着正式服装，颜色以黑色、灰色、浅蓝色为主。菜肴按礼宾规格，有可能破例升格或降格。餐具的选择以瓷器为主。经费支出主要是国家拨款。

（2）正式宴会。除不挂国旗、不奏国歌以及出席规格不同外，其余安排大体与国宴相同，有时亦安排奏席间乐。宾主均按身份排位就座。许多国家正式宴会十分讲究排场，在请柬上注明对客人服饰的要求。

外国人对正式宴会服饰比较讲究，往往以服饰规定体现宴会的隆重程度，一般穿着比国宴华丽的正式服装。正式宴会的经费是非国家拨款，一般由企业出资。此外，正式宴会上对餐具、酒水、菜肴道数、陈设以及服务员的装束、仪态等要求都很严格。通常菜肴包括冷盘、汤和几道热菜（中餐一般用四五道，西餐多用二三道），最后上点心、甜食和水果。国外宴会餐前还要上开胃酒。常用的开胃酒有：雪梨酒、白葡萄酒、马提尼酒、金酒加汽水（冰块）、苏格兰威士忌加冰水（苏打水），另外也上啤酒、果汁、矿泉水等饮料。席间佐餐用酒，一般多为红、白葡萄酒，很少用烈性酒，尤其是白酒。餐后在休息室上一小杯烈性酒，通常为白兰地。

（3）便宴。便宴即非正式宴会，常见的有午宴、晚宴，有时亦有早上举行的早宴。这类宴会形式简便，可以不排席位，不作正式讲话。菜肴道数亦可酌减。西方人的午宴有时不上汤，不上烈性酒。便宴较亲切、自然，宜用于日常交往。

（4）家宴。家宴即在家中设便宴招待客人，西方人喜欢采用这种形式，以示亲切友好。家宴往往由主妇亲自下厨烹调，家人共同招待。

2. 招待会

招待会是指各种不备正餐的较为灵活的宴请形式，备有食品、酒水饮料，通常都不排席位，可以自由活动。常见的招待会主要有冷餐会和酒会两种。

（1）冷餐会。又称自助餐。菜肴以冷食为主，也可用热菜，连同餐具陈设在餐桌上，供客人自取。客人可自由活动，可多次取食。酒水可陈放在桌上，也可由招待员端送。冷餐会在室内或在院子里、花园里举行，可设小桌、椅子，自由入座；也可不设座椅，站立进餐。

西方人喜欢在花园里举行冷餐会。我国举行的大型冷餐招待会，往往用大圆桌，设座椅，主宾席排座位，其余各席不固定座位，食品与饮料均事先放置桌上，招待会开始后自动进餐。冷餐会的隆重程度体现在场地上和来宾身份上，不体现在饮食、餐具上。在时间的安排上，官方正式冷餐会一般在12:00～14:00；17:00～19:00举行。社交、礼节性的冷餐会一般在14:00～16:00；19:00～21:00举行。

（2）酒会。又称鸡尾酒会。特点是形式活泼，便于广泛接触交谈。招待品以酒水为主，略备小吃。酒会不设座椅，仅置小桌或茶几，以便客人随意走动。酒会举行的时间亦较灵活，中午、下午、晚上均可，但要与正餐时间错开。请柬上往往注明整个活动延续的时间，客人可在期间任何时候到达和退席，来去自由，不受约束。

鸡尾酒会上的酒水是开盖的，不可以是软包装，饮料是倒在容器里的，不能上烈性酒。因鸡尾酒会是外来的，所以一般不上中国酒。小吃是小体积的，酥皮、掉渣的不上。不上硬的食品，可上不带皮的干鲜果。水果一般上香蕉、苹果，且削皮切成小块。

3. 茶会

茶会是一种最简便的招待形式。举行的时间一般在16:00（亦有10:00举行的）。茶会通常设在客厅，不用餐厅。厅内设茶几、座椅。入座时，有意识地将主宾同主人安排坐在一起，其他人随意就座。茶会是请客人品茶，因此对茶叶、茶具的选择有所讲究。一般用陶瓷器皿，不用玻璃杯，也不用热水瓶代替茶壶。外国人一般用红茶加牛奶、红糖、柠檬等，略备点心和地方风味小吃。亦有不用茶而用咖啡的，其组织安排与茶会相同。在国外，茶会往往比酒会花费更大。

（二）宴会的桌次和座位安排

1. 宴请的桌次安排

按国际惯例，桌次高低以离主桌位置远近而定，右高左低。桌数较多时，要摆桌次排。这样既方便宾、主，也有利于管理。

宴会可以用圆桌，也可以用长桌或方桌。一桌以上的宴会，桌子之间的距离要适当，各个座位之间也要距离相等。

团体宴请中，桌次排列一般以最前面的或居中的桌子为主桌（如图12－4所示）。

只有两桌的小型宴会，可根据餐厅具体情况横排或竖排（如图12－5所示）。

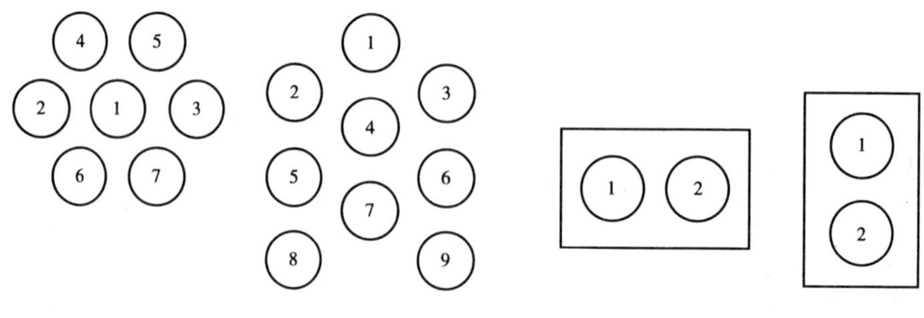

图12－4　　**图12－5**

2. 宴请的座位安排

凡正式宴会，一般均排座位，也可以只排部分客人的座位，其他人只排桌次或自由入座。无论采用哪种做法，都要在入席前通知每一个出席者，使大家心中有数，现场还要有人引导。大型的宴会最好先安排座位，以免混乱。席位高低以离主人的座位远近而定。

礼宾次序是安排席位的主要依据。这方面既有外国习惯，也有我国习惯。按外国习惯，主桌上男女穿插安排，以女主人为准，主宾在女主人右上方，主宾夫人在男主人右上方。我国习惯按各人本身职务排列，以便交谈。如夫人出席，通常把女方安排在一起，即主宾坐在男主人右上方，其夫人坐在女主人右上方。两桌以上的宴会，其他各桌第一主人的位置一般与主人桌上的位置相同。

图 12－6、图 12－7 是常见的几种座位排法。

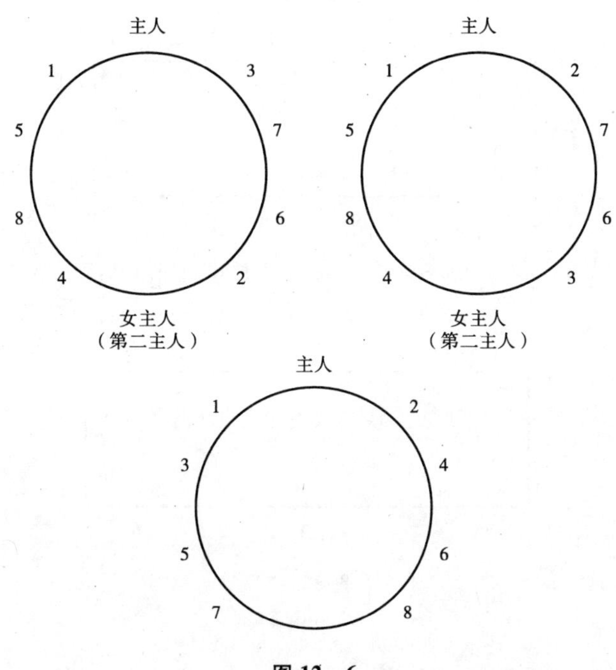

图 12－6

席位排妥后着手写座位卡。我方举行的宴会，中文写在上面，外文写在下面。卡片用钢笔或毛笔书写，字应尽量写得大些，以便于辨认。便宴、家宴可以不放座位卡，但主人对客人的座位也要有大致安排。

冷餐会的菜台用长方桌，通常靠四周陈设，也可根据宴会厅情况摆在房间的中间。如坐下用餐，可摆四五人一桌的方桌或圆桌，座位要略多于全体宾客人数，以便客人自由就座。

酒会一般摆小圆桌或茶几，以便放花瓶、烟灰缸、干果、小吃等，也可在四周放些椅子，供妇女和年老体弱者就座。

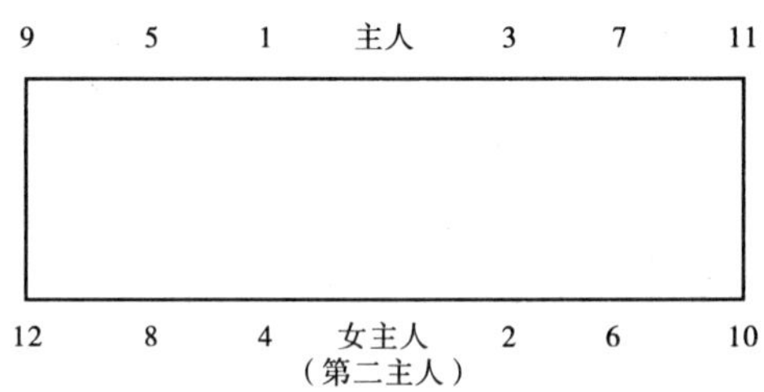

注：此种摆法谈话集中，但一般不能把客人排在末端，而由陪同人员坐在末端。

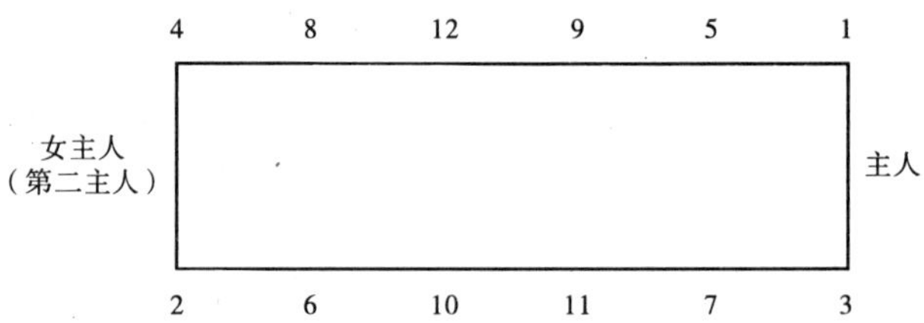

注：此种摆法可避免客人坐在末端，同时提供两个谈话中心。

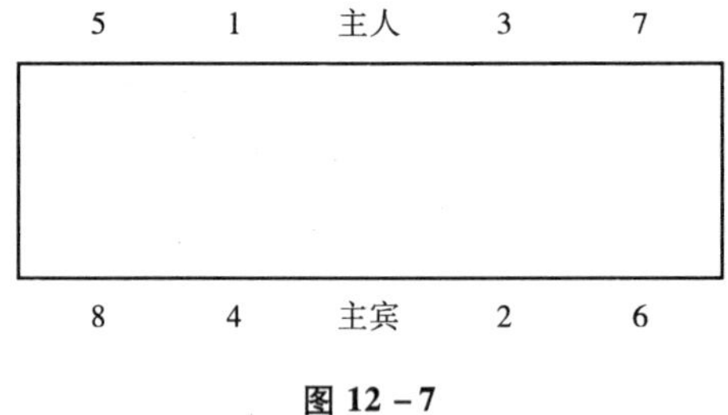

图 12－7

第三节 涉外交际风俗

一、世界各国主要宗教

（一）佛教

佛教、基督教与伊斯兰教并称为世界三大宗教。佛教起源于公元前 6 世纪至公元前 5 世纪的古代印度，其创始人为释迦牟尼。佛教可分为大乘、小乘、密宗三大教派。目前，它有 3.4 亿教徒，广泛分布在日本、印度、斯里兰卡、尼泊尔、泰国、缅甸、中国等亚洲国家。

对于出家的僧尼和其信教徒，佛教有严格的饮食戒律。出家僧尼终年素食，不吃荤腥、不饮酒。他们认为荤、腥、酒这类食物会乱性，不利修定，所以被佛教所禁止。对于一般的信教徒的饮食，规定不一，有终年素食，也有每年固定月份素食的，还有每月中固定数日素食的，没有统一的戒律。

佛教的重要节日有“浴佛节”，也称“佛诞节”，是为纪念释迦牟尼的诞生而定的。在节日期间，各寺院都要举行诵经活动和“浴佛”仪式。他们沿袭“佛生时龙喷香雨浴佛身”的说法，用香水来灌洗佛身，并以各种花卉供奉佛祖，还举行施舍及放生活动。

佛教寺庙里设有住持和两序职事。住持即一寺的主僧，在我国还称为方丈。在住持之下就是两序职事，分为东、西两序职事。东序职事长于世法，又称为知事，按次第分为：座元、首座、西堂、后堂、堂主、书记、藏主、知藏、参头、烧香、记录等职；西序职事长于学问德行，又称为头首，按次第分为：教监、监院、副寺、维那、僧值、知客、衣体、汤药、悦众、寮元、管堂、库头、钟头、殿主、夜巡、门头、香幻、司水等职。

我们常常见到佛教徒在见面时，以两手挡胸，十指相合来行礼。这就是佛教的通常礼节“合十”或“合掌”。他们在行礼时专注一心，绝无散漫之意，以表示对对方的敬意。在向佛、菩萨或上座行礼时，应该双膝着地，前额叩地，两手手掌向上翻起触地，就是我们常说的“五体投地”。这种行礼式称为“顶礼”。这是一种对佛或菩萨至虔至诚的表示。

一般非信教徒对于僧尼的行礼，以行“合十”礼为最宜。在佛教中不兴握手，所以在与僧人交往中忌讳与他们握手。对于他们的称呼只在职称后面加上“师”或“师父”就可以了，如当家师、知客师等。但在不知道僧尼的身份职称以前，可以通称其为法师（僧众）或师太（尼众）。这是一种对出家人的尊称。此外，为了方便称呼，需要询问法师的法名时，不应以平常的方式问他们的尊姓大名，而应用“法师上下如何?”或“法师法号如何?”因为出家人用由师父赐予的法号，而不用俗名俗姓。

佛寺是清静的圣地，作为观光旅游的非佛教人士在进入寺庙时应注意自己的言行仪表。应做到：衣饰整洁，不穿背心和拖鞋进庙；不高谈阔论、高声喧哗，特别是在举行宗教仪式的场所应神情严肃，不能有任何扰乱宗教秩序的言行；不经职事人员的允许，禁止随意闯入僧人寮房和某些不对外开放的坛口。

（二）伊斯兰教

伊斯兰教起源于公元 7 世纪的阿拉伯半岛，由穆罕默德创立。信仰真主“安拉”为唯一的神，认为世间一切事物由安拉所制定。伊斯兰教教徒被称为穆斯林，占世界人口1/7的穆斯林广泛分布在阿拉伯地区、亚洲和非洲。

根据伊斯兰教的经典《古兰经》，穆斯林禁止食用自死之物及其血液、猪肉以及未诵安拉之名而宰的牛、羊、驼、鸡、鸭、飞禽等；此外，勒死的、捶死的、跌死的、角抵死的、野兽吃剩下的动物都是禁食之物。他们认为这些都是“不洁之物”。虔诚的穆斯林不喝酒、不沾酒，也不卖酒。他们特别爱饮茶，甚至在走亲访友时也以茶叶和糖、干果等配料作为“茶礼”送人。

穆斯林的衣服一般是双襟白衬衫和白裤子以及白布缝制的袜子。姑娘喜欢在衣服袖口、裤脚和鞋帮上绣上边饰。在服饰上最具特色的是头部装饰。伊斯兰教妇女不论老少都要戴“盖头”，因为伊斯兰教认为妇女的头发是羞体，应该用布把它遮盖起来。这种“盖头”其实就是一顶大帽子，它从头顶垂到肩上或背心处，把头发、耳朵、脖子都遮在里面，只露出一张脸。穆斯林男子多带无檐小帽，有黑、白两种颜色。清真寺的教长、阿訇在做礼拜时戴“太斯塔尔”（缠头），在佩戴时有一定的规则，它要把留在后背的一端折成尖形，分出层次，并做出花纹。

伊斯兰教的主要节日有“开斋节”和“古尔邦节”。“开斋节”在斋月结束后的第一天，为伊斯兰历的十月初一。这一天人们聚会美餐，庆祝斋戒的结束。“古尔邦节”又称“忠孝节”、“宰牲节”、“牺牲节”，在伊斯兰历的十二月十日举行。节日这一天，人们要按照规定仪式宰杀牛、羊和骆驼，还举行重大的宗教仪式。

穆斯林敬拜安拉的主要仪式叫“礼拜”，即在规定的时间以固定的程序，面向圣地麦加“克尔白”（天房）朝拜安拉。礼拜可以在清真寺内举行，也可以在家里、郊外、车船等干净的地方举行。

伊斯兰教每日有五次礼拜，在一天不同的五个时间内做拜功，它们是拂晓至日出前的晨礼、正午到日偏西的晌礼、日偏西至日落前（约16:00）的晡礼、日落至天黑的昏礼、天黑至拂晓前的宵礼。

“阿訇”是伊斯兰教对于宗教职业者的通称。它是对伊斯兰教学者、宗教家及教师的尊称。穆斯林在见面时有互道祝安词的礼俗，如维吾尔族的穆斯林见面时边致祝安词，边将右手置托胸前，表示发自内心的祝愿。在穆斯林之间，无论职位高低都以兄弟互称，或叫“多斯提”（在波斯语中为好友、教友之意）；而对德高望重，有相当学识和地位的穆斯林长者，尊称为“筛海”、“真人”、“握力”、“巴巴”和“阿林”等。

清真寺作为穆斯林举行宗教仪式、传播宗教知识的圣洁之地，非宗教人士进入时互道“色兰”问候语，进入礼拜大殿时要脱鞋。在做礼拜时，应做到

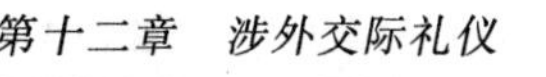

专心致志，不与人说话，不打扰和影响别人礼拜，更不应在做礼拜前吃葱、蒜等有气味的食物。在礼拜时最忌讳的是东张西望，口中含有食物，穿有人物（或其他生物）形象的衣服。

（三）基督教

基督教是世界上最大的宗教，为天主教、东正教、新教及其他一些小派系的统称。在公元1世纪由巴勒斯坦拿撒勒人耶稣所创立。基督教奉耶稣基督为救世主，以《旧约全书》、《新约全书》为圣经。

基督教的共同节日为圣诞节和复活节。天主教还有纪念圣母玛利亚的节日。

由于基督教各派在信仰、教义方面存在差异，导致了各派的礼仪及教徒的习俗也不尽相同。下面以天主教和新教为例分别予以说明。

1. 天主教

天主教通称公教，崇拜上帝，并尊玛利亚为“圣母”。在天主教神职人员中神甫、主教的服色一般为黑色，唯有教宗一人为白色。神甫在宗教场合身穿黑色道袍，颈部带有白色硬领。这种黑色道袍长及脚跟，腰围宽大，腰带还附有黑色两根飘绺，胸前饰有竖式成排的细纽扣。主教的服装与神甫大致相同，为黑道袍、白硬领。所不同的是腰带、飘带、绺头和道袍边缝为紫红色，并且戴象征神权的“权戒”。挂黄色项链和十字架。教宗的道袍颜色与神甫和主教的黑袍截然相反，它为纯白，并多一条白色小披肩。

天主教徒的日常祈祷仪式为屈膝礼、跪拜和拜圣体。屈膝礼用于在圣体内的耶稣前行的礼仪，具体做法为：信徒走进教堂，蘸圣水画十字后，在耶稣前屈一下右膝，然后找一位置或坐或站。跪拜礼即教徒双膝跪拜天主。它适用于许多场合，如信徒在参与简礼弥撒或“圣体降福”时都用跪拜礼。拜圣体也称为“拜圣堂”，指的是信徒去教堂拜访圣体中的耶稣。

在通常情况下，平信徒（指平常、通常的信徒，是与教会的神职人员相对而言的）遇见神甫时应主动点头问候，说声“神甫好”，神甫也应礼貌地回答“教友好”。神甫与神甫相遇时，以称呼对方“神甫”、“司铎兄”、“神兄”来表示互致敬意，对于相互了解的也可直呼其名或洗礼圣名。

2. 新教

新教又称基督教或耶稣教，它否认罗马教皇的权威，反对尊称玛利亚为“圣母”。

新教徒的饮食习惯是在就餐前要祷告。在以信教徒为主的进餐时，有人领祷，形式为一起站着或坐着做祈祷仪式。但若以非信教徒为主，则通常是个人默祷。有的新教徒有守斋和忌食习惯。守斋的新教徒在每星期五和圣诞节的前一天（12 月 24 日）为斋戒日，这一天他们只吃素菜和鱼类，忌食一切肉食和酒。因教派不同，其忌食内容也不尽相同。有的忌食猪肉、兔肉及一些爬行动物，有的忌喝一切含有酒精的饮料。

祈祷是新教徒与他们意念中的上帝和耶稣基督的一种思想交流形式，教徒用这种方式或忏悔自己的罪行或感谢、赞美上帝的恩惠。按不同的信仰习惯，有出声的口祷和不出声的默祷。

在新教内部常设有主教、牧师、长老、执事和传道员。对于神职人员常以姓和所任职位称呼。对传道员则称为先生或弟兄，师母或小姐。不论职业教徒还是非职业教徒，所有的新教徒都可以“同道”互称，意为共同信仰耶稣所传的道。但是非新教徒却不能以“同道”来称呼。

二、世界各国主要节日及风俗

在国外，每一个国家和民族都有自己独特的节日习俗和礼仪。每逢重大节庆日，各国都要以各自的方式举行各种庆典仪式和纪念活动。了解并掌握这些民俗的内容和礼节要求，对于认识世界，扩大视野，适应日益扩大的对外交往活动的需要，有重要意义。这里主要介绍外国的几大官方和民间传统节日的内容、特色和习俗。

（一）外国官方节日习俗

对于官方节日，各国都极其重视，并以各自的方式举行庆典仪式和纪念活动。对此，各有关其他国家和人士都会根据两国关系、当地习惯做法，以当事人的身份，以各种方式表示祝贺。外国官方节日主要有国庆节、建军节、建交日和友好条约签订日等。

1. 国庆节

国庆节，是指各独立国家的开国纪念日。某些君主立宪国，常以君主的生日或登基日为国庆节。各国在国庆节一般都要举行不同形式的庆典，比如国庆招待会、阅兵式、群众游行、文艺晚会、节日焰火等，并邀请国宾、外国驻当地使节和各界知名人士出席。招待会以酒会形式居多。随着国际礼宾程序简化渐成趋势，我国国庆节的庆祝活动只举行招待会和文艺晚会，一般不举行阅兵式和群众游行等隆重活动。

在国庆节，各国驻外使馆都要在馆内举办国庆招待酒会，邀请驻在国领导人、有关方面人士以及各建交国使节夫妇和外交官出席。

一般遇到别国国庆节，都要发贺电、贺函，以示祝贺。在官方，一般以国家元首或政府首脑名义致对方相应领导人；在外交界、民间人士之间，常使用祝贺名片或函件。收到贺电、贺函后，一般应以相应方式回复，以示谢意。

2. 建军节

建军节，是指各国在建国或独立过程中建立正式武装力量的诞生纪念日。建军节，一般由各国军方主持庆祝活动，由国防部长等军方最高首长出面，举行庆祝招待会，邀请各建交国武官和使节出席。各国驻外武官也同时举行建军节庆祝招待会，邀请驻在国军方人士和各建交国派驻该国的武官以及驻在国有关部门人士及使节出席。

3. 建交日和友好条约签订日

指两国建立正式外交关系或签订友好条约的日子，以正式签字发表公报为准。以后每年逢该日，各有关双方国家领导人或外长都要相互致电祝贺。两国驻对方国使馆有时也举行庆祝招待会，邀请对方政府官员和友好人士出席。

（二）民间节日习俗

民间节日，顾名思义，是民间产生的。几千年的人类发展，各个民族形成了很多独特的民族节日和宗教节日，名目繁多。这里主要介绍一下在世界上较有影响和特点的节日。如日本年节，印度灯节，缅甸泼水节，柬埔寨佛诞节，伊斯兰圣纪节、开斋节、古尔邦节，菲律宾五月花节，基督教和天主教的圣诞节、复活节、感恩节、狂欢节、母亲节、父亲节、圣瓦伦丁节（情人节）、愚人节，等等。

1. 日本年节

日本年节，又称“御正月”，原指从中国传入的“春节”，但从明治时代起，已改在公历的元旦日。在年节，日本人一般都在 12 月 15 ~ 28 日，给亲朋好友、同事师长及与己有恩者寄送贺年卡，恭贺新年，感谢慰问。邮局也将在元旦日一起送给收信人。但如有人当年家中有过丧事，则会提前通知亲友：敬请在服丧之年免送贺年卡。日本人为了过年，从 12 月 20 日起开始捣年糕（除 12 月 29 日，因“9”的发音与“苦”相同，故避讳）。各个公司、单位要举行忘年会和新年会，以忘掉旧年的辛苦和烦恼，迎接新年。除夕之夜，日本人按传统习惯，全家老少围坐一起吃团圆荞麦面，守岁听寺庙的子夜钟声（现在已由电视台播放）。年节日，日本人举家赴神社寺庙参拜，或去亲友家拜年，小孩可得到压岁钱。新年头三天，称作“三日贺”，喝“屠苏酒”，吃吉祥饭菜。这三日内，不动烟火，食物均已事先准备好。三日贺后，初四商店开门，初五机关办公。

2. 印度十胜节

印度十胜节是印度人最喜爱的节日之一。一般在公历 10 月或 11 月，长达

10天之久。十胜节源出史诗《罗摩衍那》，是指罗摩与恶魔罗波那激战10天，在第10天终于战胜恶魔的故事。十胜节就是欢庆罗摩胜利的日子，一共庆祝10天。节日期间，印度全国街头到处是彩灯、彩旗，一片节日的喜庆气氛。每天晚上，到处鼓乐喧天，人们载歌载舞，前九天晚上，到处搭台演"罗摩哩拉"的戏。在第10天，庆祝活动达到高潮，在各地广场上，都要进行火攻三个恶魔巨型模拟纸像的活动，从中得出"善有善报，恶有恶报，正义战胜邪恶"的真理。

3. 印度灯节

印度灯节是印度教的重要节日之一。在每年的10~11月，即印历8月见不到月亮之后的第15天。一些印度人把它称作他们的新年，其庆祝活动达半个月之久（其中前十天为十胜节）。灯节来源于十胜节同一故事。说的是罗摩战胜了恶魔罗波那，返回京城时，家家户户都在门外点灯，欢迎他凯旋，就此这天成了灯节，表明光明战胜了黑暗，并延续至今。

灯节期间，人们张贴神像、准备供品，灯节仪式由婆罗门祭司主持。他在供品前席地坐下，带领人们开始祈祷，然后，代表神将供品分送给人们，并把名叫崩加莫里德的供品（用牛奶等五种东西混合而成的饮料）分给人们喝掉并将剩余的抹在头上。祭司最后给每个人的前额点上朱红。仪式结束，人们同邻居交换点心、水果，以图招财进宝。人们还喜欢放烟火、鞭炮欢庆节日。商人们一般都在过节时进行结账，改换新账本。据说罗其密女神喜欢住在商人家，因为他们有钱财。因此，所有的印度教徒都热烈而隆重地庆祝这一象征财富的节日。

4. 缅甸泼水节

缅甸泼水节是缅甸人的春节，也是缅甸特有的传统节日中最盛大、最热闹的一个节日。一般在每年公历4月（缅甸历一月）13日起到4月17日止。13日是节日的除夕，17日是新年的第一天。据考证，泼水节早在古代蒲甘王朝时期就有了。现在则是在泼水节到来之前，先由国家有关部门宣布当年泼水节时间，并统一做好各项准备工作。泼水节除夕这天不能泼水，必须在除夕后三天内进行。泼水节期间，到处洋溢着节日的气氛，人们身穿节日盛装，外出接受泼水，或互相泼水，尽情嬉戏。入夜，则举办各种形式的文艺表演，甚至通宵达旦。另外，缅甸人还经常进行一种叫"田架"的块板比赛，以幽默、诙谐的形式揭露、讽刺时弊，令人捧腹。缅甸人还经常在此期间行善事以积公德，如举行放生会，把与年龄相符的小活鱼放到江河湖泊里。总之泼水节常被缅甸人看做是吉祥和幸福的象征，以洗尘消灾，祈求来年风调雨顺，五谷丰登，人畜兴旺，健康长寿。

5. 柬埔寨佛诞节

柬埔寨佛诞节是纪念佛祖释迦牟尼诞生、成道和涅槃的节日，定于每年佛历六月上弦十五日举行。这个节日最早始于1855年的安东王朝时期。每逢这个日子，全国各个寺庙都修饰一新，晚上则灯火通明，香烟缭绕。从王室成员到平民百姓，都要到附近的寺庙进香拜佛，听僧侣讲解佛祖的生平和佛法经文。

6. 巴基斯坦圣纪节

巴基斯坦的圣纪节是为了纪念伊斯兰教创始人、先知穆罕默德诞辰的节日，定于每年伊斯兰教历太阴年三月十二日举行。每逢这一天，巴基斯坦全国各地都要举行隆重的纪念活动。人们身穿节日盛装，到附近的清真寺做礼拜，念《古兰经》，唱赞美诗，颂扬先知穆罕默德的功德。通常各地还要举行宗教性集会和盛大的游行。游行队伍抬着巨大的用纸做的清真寺模型，街上不时有人向游行队伍喷洒香水。路边还摆放着用于施舍的抓饭和甜食。夜间，城市里家家户户张灯结彩，灯火通明，到处洋溢着节日的气氛。这一天，全国放假一天。

7. 巴基斯坦开斋节

巴基斯坦开斋节又称“甜尔德节”，是伊斯兰教最隆重的节日，主要为纪念先知穆罕默德在1300年前该月夜间传授《古兰经》。时间一般是在伊斯兰教历九月封斋后的第29天黄昏时。如果望见新月，第二天就过开斋节，否则就推迟一天。每年由国家组织知名伊斯兰教学者组成“中央新月观察委员会”，负责观察新月的出现，并通过新闻媒介向全国宣告斋月的起止时间和开斋的开始。10月1日清晨，人们沐浴盛装，妇女还戴上各种首饰，手足都画上棕色图案，去清真寺做礼拜。亲友见面拥抱三次互相祝贺节日。礼拜后再到亲属墓前为死者祈祷，然后才能回家吃各种甜食和糕点。下午，人们开始享用为节日准备的各种丰盛食品。节日持续三天之久，人们主要是赶集购物、探亲访友或外出旅游。长辈则要给小孩节日礼物。

8. 巴基斯坦古尔邦节

巴基斯坦古尔邦节，又称“宰牲节”，是为纪念阿拉伯人先知易卜拉欣对真主的忠心而形成的伊斯兰节日，其隆重程度仅次于开斋节。时间一般是伊斯兰教历太阳年十二月十日开始，持续三天。节日期间，穆斯林教徒沐浴盛装到附近清真寺做礼拜（时间比开斋节要短）。根据教规，凡经济独立的穆斯林都要在此期间宰牲献祭，可以一人宰一只整羊，也可以由7人合伙宰杀一头牛或一峰骆驼献祭。献祭的东西应是自己最珍爱的，并分成三份，分别用于馈赠亲友、施舍穷人和留作自享。

9. 菲律宾五月花节

菲律宾五月花节又称圣克鲁斯节，在每年百花盛开喜庆丰收的时节，各地自定某一天分别庆祝该节日。在节日的黄昏，人们齐集教堂，由3～12岁的女孩向圣母献长环和撒花朵，然后开始丰富多彩的游行。游行队伍由一个铜管乐队领头，后跟一辆华丽的花车，车上坐着一位由最美丽的姑娘装扮的凯伦娜女皇。她身穿洁白长裙，手捧十字架，旁边有一个少年装扮成君士坦丁王子。花车后面是一些身穿高贵艳丽衣裙的姑娘，扮成“天使之后”、“花朵之后”和“公正之后”，还有一位“穆斯林公主”和一位身穿律师袍的姑娘，她们手捧鲜花和白色蜡烛，仪态优雅，美若天仙，身后还有一位丑陋但最长寿的“马塞沙拉”。群众跟在队伍后面，也手持点燃的蜡烛，齐唱由多种乐队伴奏的圣诗和民歌。游行结束后，众人被邀请到装扮凯伦娜女皇的姑娘家做客共进晚餐，饭后还有游戏和节目演出，类似的宴请每晚轮流在各家举行，目的是为了感谢神恩和庆祝丰收。

10. 圣诞节

圣诞节又称耶稣圣诞节，是基督教徒纪念传说中的耶稣基督诞生的节日。354年，罗马天主教会规定每年12月25日为圣诞节。从此，各国基督教徒和天主教徒就把这天作为盛大节日来庆祝。但因基督教各派使用的历法不同，因此纪念圣诞节的实际日期也不尽相同。如俄国东正教的圣诞节在1月6日。圣诞节一般从12月25日前夜（圣诞夜）开始直到次年1月6日在主显节前夜结束。从12月14日起，各国均开始放假，并举行丰富多彩的庆祝活动。如在教堂或公共场所举行圣诞颂歌和读圣经等宗教活动，在剧院演出圣诞音乐剧、儿童剧等，亲朋好友互相走访，互送圣诞礼物和圣诞卡。圣诞日中午还要全家团圆，享用丰盛的传统正餐，桌上装饰着五彩缤纷的圣诞树。在圣诞之夜，孩子们热切地盼望着圣诞老人给他们送来心爱的礼物。

11. 复活节

复活节是基督教徒纪念“耶稣复活”的节日，一般在每年3月21日至4月25日，即春分月圆后第一个星期日举行。据《圣经》记载，耶稣是上帝的独生子，他为了拯救人类，降世成人，在巴勒斯坦等地传教，后被犹太教当局拘送给罗马总督彼拉罗，判处极刑，钉死在十字架上，但三天以后却复活了。在复活节前一周的星期一，人们就开始庆祝，用橄榄枝、鲜花和椰子叶等装饰室内外，摆放在圣像周围，并纷纷去教堂做弥撒。复活节这天，是圣周（复活节前一周为圣周）节日的高潮，教堂都要举行宗教仪式。人们在教堂做完祈祷后，纷纷涌上街头，观看街头表演。表演一般是展示圣母玛丽亚和耶稣战胜死神和魔鬼的故事。因死神代表冬天，魔鬼象征疾病，这两者被战胜了，就预示着冬天过去了，疾病被赶走了，人们开始了新的春天。耶稣的复活也是春天的复活，祝愿新年里人人交好运，家家获丰收。晚上，人们全家聚餐，亲友互访，互赠象征生命和富裕的彩蛋。

12. 美国感恩节

美国感恩节是美国最古老的节日，时间是每年 11 月的第四个星期四。它由移居北美大陆的第一批英国清教徒所创。1620 年 9 月，有 102 名英国清教徒为摆脱宗教和政治上的迫害，乘“五月花”号木船，经过 65 天的海上漂泊，抵达美国马萨诸塞州的普利茅斯，饱受饥寒劳苦，第一个冬天就死了一半人。后来幸存者在当地印第安人的帮助下，学会了渔猎、种植等技艺，并获得了丰收。为庆祝丰收和增进同印第安人的友谊，他们准备了火鸡、南瓜等佳肴，邀请印第安人一起举行庆祝活动。他们连续三天白天设宴，进行摔跤、赛跑、射箭等体育比赛，夜晚则燃起篝火，载歌载舞。如此年复一年，逐渐形成了一年一度的感恩节。现在的感恩节，美国各地放假三天，举行化装游行和文体娱乐活动。家家户户欢聚一堂，享用火鸡、南瓜馅饼等传统食品。成千上万的美国人还要到普利茅斯游览。

13. 巴西狂欢节

巴西狂欢节是世界上最著名的狂欢节，一般在每年 2 月中下旬举行，连续三天，是巴西人的传统节日。它最早由葡萄牙传入，属罗马天主教的节日，但现在宗教色彩已很淡薄。在巴西各地，规模最大、最激动人心的当属旧都里约热内卢。节日期间，该市大街小巷和广场披着节日盛装，满城彩旗飘扬，彩灯闪烁，人们如痴如醉地跳着巴西最流行的传统桑巴舞，并组成舞蹈队伍游行，簇拥着节日“国王”、“王后”以及红影星、红歌星的彩车。人们通宵达旦地狂歌劲舞，整个国家沉浸在欢乐的海洋里。因此，每年都有几十万世界各地的游客专程前往该市，欣赏狂欢节的风采。

14. 美国母亲节

美国母亲节是个纪念母亲的节日，时间是每年 5 月的第二个星期日。这一天，美国各地的母亲们都会收到儿女们送来的节日贺卡、鲜花和礼物，人们利用这一天来表达对母亲的爱。

这一节日的最早倡导者是西弗吉尼亚州费城的一位女教师——安娜·扎维德，她为了实现母亲生前曾设想创立一个纪念母亲的节日的遗愿，怀着对母亲的思念，在全国各地各阶层发起了创立“母亲节”的倡议活动。在她的推动下，1912 年成立了国际母亲节协会。1914 年，美国总统威尔逊正式宣布每年

5月的第二个星期日为全国母亲节。

15. 美国父亲节

美国父亲节是纪念父亲的节日，时间是每年6月的第三个星期日。这一节日最早由华盛顿州斯波坎市的一位姑娘（后来的科德夫人）发起倡议。在当地牧师协会和青年基督教协会的支持下，1910年6月19日，该州州长签署文件，确认每年6月的第三个星期日为全州父亲节。1972年，尼克松总统签署了国会两院提案，正式将父亲节定为全国节日。现在每逢父亲节，美国人一般都要送给自己的父亲节日贺卡、礼物和一枝红玫瑰，对已故父亲则用白玫瑰纪念。纽约市还一年一度举行父亲授奖大会。会上宣布当年的“美国父亲”及在社会、文化、家庭方面有突出贡献的父亲，当选者被授予奖金，其夫人则得到一束红玫瑰。

16. 美国愚人节

愚人节始于美国，但很快便在世界各地流行起来，尤其是西方国家。时间是每年4月1日。这一天，人们可以不分老少男女，贫富贵贱，互相大搞恶作剧，让人受骗出丑。这种愚弄别人的行为，不会受到斥责和惩罚，反而以能互称“四月傻瓜”为快事，皆因这一天是专门定下来让人寻欢作乐的。因其具有戏谑性和娱乐性，故无论是风流倜傥的法国人、热情洋溢的意大利人，还是古板认真的德国人、绅士派头的英国人，都可能在这一天玩弄一下小把戏，得到一点看别人西洋镜的乐趣。

17. 美国情人节

美国情人节又称圣瓦伦丁节，时间是每年2月14日，原为古罗马的牧神节。在牧神节期间，男青年从一个盒子里抽签，盒子里的条子上写着姑娘的芳名，抽到谁，谁就是男青年的“心上人”。后来这一节日又改为纪念两位名叫瓦伦丁的基督教圣徒。现在人们通常在情人节这天向情人、亲友表达爱心，但主要是情人之间互赠礼物。许多情人节礼品上都饰有古罗马爱神丘比特的弓和箭。最常见的是互赠心形糖果、巧克力，或是男子给女子送鲜花。但如果是女子在这天送给男友一根领带的话，则表示要断绝关系。另外，年轻人还常在这天举办一些充满浪漫情调的舞会和庆祝聚会。

三、与世界各国（地区）人士交往

（一）与日本人交往

日本人总的特点是勤劳、守信、遵时，生活节奏快，工作效率高，民族自尊心强。他们非常注重礼节，见面时互致问候，脱帽鞠躬，表示诚恳、可亲。

初次见面，相互鞠躬，交换名片，一般不握手。日本人的鞠躬，可分为30°、45°、90°三种，越表示恭敬，躬身越深。如果是老朋友或比较熟悉的人就主动握手，甚至拥抱。如遇女宾，女宾主动伸手才可握手，但不要用力或久握。如需要谈话，应到休息室或房间交谈。日本人很注意讲话的礼貌，讲话时低声细语，不干扰别人，他们认为大声喧哗、吵吵闹闹是很失礼的。

日本人注意穿着打扮，平时衣着大方整洁。在正式场合一般穿礼服。即使在天气炎热时，若主人未请客人宽衣则不能脱衣。如需要宽衣，应先征得主人的同意。在一般场合，光穿背心或赤脚是失礼的。

日本人饮酒时，认为将酒杯放在桌上，让客人自己斟酒是失礼的。主人或侍者斟酒时，要右手执壶，左手托壶底，壶嘴不能碰杯口；客人则右手拿酒杯，左手托杯底，接受对方斟酒为礼。在一般情况下，客人接受头一杯酒为礼节，而客气地谢绝第二杯不为失礼。谢绝第二杯酒的客人，千万不要将酒杯倒放，要等大家喝完酒后，一起把酒杯倒放在桌上，这才是礼貌的做法。

日本人用筷子很讲究，在餐桌上有放筷子的筷托，以讲卫生。还忌八种用筷的方法，叫做"忌八筷"，即忌舔筷、迷筷、移筷、扭筷、插筷、掏筷、跨筷、剔筷。同时，还忌用一双筷子让大家依次夹取食物，也不能把筷子垂直插在米饭中。

（二）与韩国人交往

韩国人勤劳勇敢，性格刚强，民族自尊心强，十分讲究礼貌，能歌善舞，热情好客。见面时，一般以咖啡、不含酒精的饮料或大麦茶招待客人，客人不能拒绝。晚辈见长辈、下级对上级规矩很严格：握手时，应以左手轻置于右手腕处，躬身相握，以示恭敬；与长辈同坐，要挺胸端坐；若想抽烟，须征求在场的长辈同意；用餐时不可先于长者动筷。

韩国长期与西方国家接触，故养成互相通报姓氏的习惯，并与"先生"等敬称联用。韩国人在进行业务洽谈时，习惯在饭店的咖啡室或附近类似的地方举行。办公室大多有一套会客用的舒适家具，在建立密切的工作关系之前，举止是否合乎礼仪至关重要。

韩国人一般不轻易流露自己的感情，在公共场所不大声说话，颇为稳重有礼。妇女在发出笑声时要用手帕捂住嘴，以免失礼。在韩国，妇女对男子十分尊重，双方见面时，女子先向男子行鞠躬礼，致意问候。男女同坐时，男子位于上座，女子则位于下座。多人相聚时，往往根据身份高低和年龄大小依次排定座位。

如应邀去韩国人家里做客，不可空手前往。按习惯要带一束鲜花或一份小礼物，并用双手奉上。进入室内时，要将鞋子脱下留在门口，是不可疏忽的礼仪。

韩国人对“4”字非常反感，许多楼房的编号严忌“4”字，军队、医院等绝不用“4”字编号。在饮茶或饮酒时，主人总是以1、3、5、7的数字来敬酒、敬茶、布菜，并力避以双数停杯罢盏。

（三）与印度人交往

到印度人庙宇或住宅做客，进门要脱鞋。主客见面时，用双手合十（合掌）致意，口中念道：“纳马斯堆。”（梵文原意为“向您点头”，现意为问好或祝福。）晚辈为表示对长辈的尊敬，常在行礼时弯腰摸长者的脚。迎接贵宾时，主人献上花环，套在客人的颈上。花环大小视客人的身份而异。献给贵宾的花环很粗大，其长度过膝；给一般客人的花环仅及胸前。妻子送丈夫出远门，最高的礼节是摸脚跟和吻脚。

印度人在交谈中，如同意对方意见并非点头称是，而是将头向左摆动，不同意时则点头。对印度妇女不可主动握手。许多家庭妇女忌见陌生男子，不能在大庭广众前露面，不轻易与外人接触。

印度是个多民族的国家，信奉多种宗教，因此习俗各不相同。印度教徒最忌在同一食盘取食。素食者较多。印度人用右手拿食物、礼品或敬茶，不用左手，也不用双手。许多印度妇女额部眉间都有一个彩色的圆点，印度人称之为“贡姆贡姆”，我国则称为“吉祥点”。在印度教里，吉祥点本来是表明婚嫁状况的，现在已成为广大妇女化妆和美容不可缺少的组成部分了。

印度奉牛为神圣，一般人忌穿牛皮鞋和使用牛皮箱。还崇拜蛇，认为杀蛇是触犯神明的行为。忌用澡盆给孩子洗澡，认为是“死水”，是不人道的行为。

（四）与泰国人交往

泰国人在待人接物中，有许多约定俗成的规矩。朋友相见，双手合十，互致问候。晚辈向长辈合十行礼，双手要举到前额，长辈也要合十回礼，以表示接受对方的行礼。年纪大或地位高的人还礼时，手部不必高过前胸。行合十礼时双掌举得越高，表示尊敬的程度越深。在特定场合下，平民、贵官直至总理拜见国王及其近亲时行跪拜礼。国王拜见高僧时也须下跪。儿子出家为僧，父母亦跪拜于地。

泰国人进寺庙烧香拜佛或参观时必须衣冠整洁，进入寺庙时要摘帽脱鞋，以表示对神的尊重。穿背心、短裤或赤胸露背者进入，被视为玷污圣堂、亵渎神灵，是严格禁止的。

在泰国，如有长辈在座，晚辈只能坐在地上，或者蹲跪，以免高于长辈的头部，否则被视为对长辈极大不尊；别人坐着时，也不可把物品越过其头顶，给长者递东西时必须用双手；一般人递东西用右手，表示尊敬，如不得已需用左手时，要说一声“请原谅用左手”，也不能把东西扔给别人，这是不礼貌的行为，从坐着的人们面前走过时，要略微躬身，表示礼貌。

泰国人非常重视头部，认为头颅是智慧所在，是神圣不可侵犯的。如果用手触摸泰国人的头部，则被认为是极大的侮辱，如果用手打了小孩的头，则认为小孩子一定会生病；睡觉忌头向西方，因日落西方象征死亡；忌用红笔签名，因人死后用红笔将其姓氏写在棺木上；脚被认为是低下的，忌把脚伸到别人跟前，也不能把东西踢给别人，否则均为失礼；忌用脚踢门，否则会受到别人的指责。此外，泰国人就座时最忌跷腿；把鞋底对着别人，被认为是把别人踩在脚下，是一种侮辱性的举止；妇女就座时双腿要并拢，否则会被认为缺乏教养。

在泰国，所有的佛像都是神圣的，未经允许不准拍照。此外，他们还认为门槛下住着善神，故绝不可以踩踏门槛。夜间也不能开窗户，否则恶神会闯入屋内。

（五）与新加坡人交往

新加坡人十分讲究礼貌礼节，服务质量很高。其风俗习惯因民族及宗教信仰而异。华人的传统习俗与我国相似，如两人见面时作揖，或鞠躬、握手。印度血统的人仍保持印度的礼节和习俗，妇女额上点着吉祥点，男人扎白色腰带，见面时合十致意。马来血统、巴基斯坦血统的人则按伊斯兰教的礼节行事。

新加坡人忌说“恭喜发财”之类的话，“发财”两字被认为含有“横财”之意，而“横财”就是不义之财。因此，祝愿对方“发财”，无异于挑逗、煽动他人去损人肥己，是对社会有害的行为。

（六）与美国人交往

美国人一般性格开朗，举止大方，即使素不相识，谈笑间也毫不拘束。他们以不拘礼节著称，第一次同人见面，常直呼对方的名字。不一定以握手为礼，有时只是笑一笑，说一声“嗨”或“哈罗”。这种不拘礼节的打招呼，跟其他国家的正经握手为礼意义相同。在分手时也不一定跟别人道别或握手，而是向大家挥挥手，或者说声“明天见”、“再见”。

如有客人来访，不能穿睡衣迎客。当被邀去朋友家做客时，必须预备小礼物送给主人。在朋友家做客时，打电话要经主人同意；离开时，应留下电话钱，可以说“给孩子买糖果吃”。

美国人在接到礼物、参加宴会、得到朋友帮助时，都要写信致谢；赠送亲友礼品也要写信，或者在礼品上附礼物片。这样不仅使赠送者显得有礼，而且对接受者也表明是礼品，非索要所得。

美国人一般有晚睡晚起的习惯，因此在外出参观时，需及时提醒他们。

美国人忌讳蝙蝠图案，认为它是凶神恶煞的象征，黑猫被视为不祥之物，白象则被喻为无用而累赘之物，故送人玩具或工艺品时应避开这些形象。忌食各种动物的内脏。

（七）与欧洲人交往

与欧洲人见面握手时，男士不能主动向女士伸手，一定要等女士主动伸手，方可去握，而且女士伸手以后，男士反应要快，不能迟疑，否则是一种无礼的行为。戴帽子时，见面可把帽子稍稍抬起，或者用手触碰帽檐示意礼貌。东欧人、南欧人见面比较热情，有拥抱、拍肩膀的习惯动作。

欧洲人的称呼，一般在姓之前冠以先生、夫人、小姐。英语中的“Mr”和“Mrs”是普通对先生、夫人的称呼，但对有身份的人则称为“Sir”和“Madam”。对于欧洲人，除非很亲密，否则不能随便直呼其名。

与欧洲人闲谈，最好谈一些共同感兴趣的话题，比如体育比赛、个人业余爱好、天气等。说话声音不要很大，以免干扰别人。意见有分歧时，不要一味地去说服别人，更不能喧嚷争吵。无论是同人谈话或相遇行礼，如果嘴上叼着香烟，都必须取下。

给欧洲人打电话，如果没有急事，不要冒昧地往对方家里打，更不能在用餐时间打，以免干扰别人。业务上的电话最好预约，否则在一开始应歉意地加以说明，待对方不介意后，方可讲下去。

同欧洲人进餐，应尽量避免餐具碰撞发出声响。大声张口咀嚼、打嗝、打喷嚏，会被认为是没有教养、令人讨厌的。欧洲人没有劝酒、劝烟的习惯，不要向欧洲人敬烟、劝酒。他们认为强迫别人饮酒是极为无礼的行为。喝酒时不要过量，酒醉失态是极为不雅的。

主要参考书目

1. 王承璐:《人际心理学》,上海人民出版社 1987 年版。

2. 李岗:《交际语言学导论》,中国铁道出版社 1997 年版。

3. 佘丽琳:《人际交往心理学》,光明日报出版社 1989 年版。

4. 黄华新、朱法贞:《现代人际关系学》,浙江大学出版社 1998 年版。

5. 臧乐源、陈承镶:《人际关系学》,天津人民出版社 1990 年版。

6. 吴爱明等:《公共关系交际学》,河南人民出版社 1994 年版。

7. 李元授、张掌然:《交际艺术品评》,华中理工大学出版社 1997 年版。

8. [美] 朱迪·C·皮尔逊:《如何交际》,湖南人民出版社 1987 年版。

9. 姚亚平:《人际关系语言学》,辽宁教育出版社 1988 年版。

10. 赵玲华、任英伟:《公共关系中的人际关系》,中国新闻出版社 1989 年版。

11. 潘肖珏:《公关语言艺术》,同济大学出版社 1989 年版。

12. 金正昆:《涉外礼仪教程》,中国人民大学出版社 1999 年版。

13. 金正昆:《社交礼仪教程》,中国人民大学出版社 1998 年版。

14. 田晓娜:《实用礼仪大典》,春风文艺出版社 1994 年版。

15. 何春辉、彭波:《现代社交礼仪》,浙江大学出版社 1995 年版。

16. 林大津:《跨文化交际研究》,福建人民出版社 1996 年版。

17. 陆永庆、崔晓林:《现代旅游礼仪学》,青岛出版社 1998 年版。

18. 史仲文、徐慕坚:《人际关系学》,书目文献出版社 1989 年版。

19. 丛杭青:《公关礼仪》,东方出版社 1995 年版。

20. 贾玉新:《跨文化交际学》,上海外语教育出版社 1997 年版。

21. 唐齐千:《谈判艺术与礼仪》,民主与建设出版社 1998 年版。

22. 禹雄华:《交际美学》,中南大学出版社 2001 年版。

23. 李元授:《交际学》,武汉测绘科技大学出版社 1992 年版。

24. 文泉:《国际商务礼仪》,中国商务出版社 2003 年版。

25. 李元授：《交际礼仪学》，华中科技大学出版社 2007 年版。
26. 赵毅、钱为刚《言语交际学》，上海三联书店 2003 年版。
27. 郑一群：《成功交际心理学》，长春出版社 2010 年版。

责任编辑：谭　燕
责任印制：冯冬青
装帧设计：吴　涛

图书在版编目（CIP）数据

现代交际学：原理与实务/匡玉梅著．--北京：中国旅游出版社，2011.8
ISBN 978－7－5032－4211－3

Ⅰ．①现…　Ⅱ．①匡…　Ⅲ．①人际关系学　Ⅳ．①C912．1

中国版本图书馆 CIP 数据核字（2011）第 144782 号

书　　名：现代交际学——原理与实务

作　　者：匡玉梅
出版发行：中国旅游出版社
（北京建国门内大街甲 9 号　邮编：100005）
http：//www.cttp.net.cn　E-mail：cttp@cnta.gov.cn
发行部电话：010－85166503
排　　版：北京中文天地文化艺术有限公司
经　　销：全国各地新华书店
印　　刷：三河市灵山红旗印刷厂
版　　次：2011 年 8 月第 1 版　2011 年 8 月第 1 次印刷
开　　本：720 毫米×970 毫米　1/16
印　　张：17
印　　数：1－3000 册
字　　数：310 千
定　　价：29.00 元
I S B N　978－7－5032－4211－3